Annette Wohlfahrt

Der Wandel des Lehrer- und Hochschullehrerbildes in der Volksrepublik China

MITTEILUNGEN
DES INSTITUTS FÜR ASIENKUNDE
HAMBURG

Nummer 212

Annette Wohlfahrt

Der Wandel des Lehrer- und Hochschullehrerbildes in der Volksrepublik China

Hamburg 1992

Redaktion der Mitteilungsreihe des Instituts für Asienkunde:
Dr. Brunhild Staiger

Gesamtherstellung: Druckerei Bernhardt & Plaut, Hamburg
Textgestaltung: Dörthe Riedel

ISBN 3-88910-107-0

VERBUND STIFTUNG
DEUTSCHES ÜBERSEE-INSTITUT

Das Institut für Asienkunde bildet mit anderen, überwiegend regional ausgerichteten Forschungsinstituten den Verbund der Stiftung Deutsches Übersee-Institut.

Dem Institut für Asienkunde ist die Aufgabe gestellt, die gegenwartsbezogene Asienforschung zu fördern. Es ist dabei bemüht, in seinen Publikationen verschiedene Meinungen zu Wort kommen zu lassen, die jedoch grundsätzlich die Auffassung des jeweiligen Autors und nicht unbedingt des Instituts für Asienkunde darstellen.

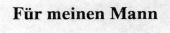

Für meinen Mann

Inhaltsverzeichnis

Tabellenverzeichnis

Abkürzungsverzeichnis

KPCh	-	Kommunistische Partei Chinas
NCNA	-	New China News Agency
VR	-	Volksrepublik
ZK	-	Zentralkomitee

Vorwort

In der vorliegenden Arbeit wird Bezug genommen auf "Lehrer im Staatsdienst", da über diese Gruppe gesichertes Material, auch für einen Nicht-Sinologen, vorliegt. Ausgegrenzt bleiben "Kindergartenlehrer", "Minderheitenlehrer", d.h. Lehrer an Schulen mit zum Teil muttersprachlichem Unterricht der anerkannten 55 Minderheiten, "Sonderschullehrer" an den wenigen Schulen für Blinde, Taube, Taubstumme und geistig Behinderte sowie die rasch wachsende Zahl der "Lehrer an Privatschulen". Wegen ihrer Anzahl nennenswert wären nur die Lehrer an Schulen und Hochschulen der ca. 90 Millionen (1990) Menschen der Nationalen Minderheiten (wie Uiguren, Mongolen, Tibeter, Koreaner). Im Jahre 1985 soll es nach Angaben der Staatlichen Erziehungskommission der Volksrepublik China 565.725 "Minderheitenlehrer" für knapp 12,5 Millionen Schüler und Studenten aus den Nationalen Minderheiten gegeben haben. Jedoch ist der Mangel an bei uns zugänglichem Material über diese Lehrer zu gravierend, als daß gültige Aussagen getroffen werden könnten. So konzentriert sich die Betrachtung in dieser Arbeit auf Lehrer in Grund-, Mittel- und Hochschulen des staatlichen Schulwesens, allerdings unter Berücksichtigung der *minban*-Lehrer, die in den "vom Volk unterhaltenen Schulen" tätig sind, da diese auch in jeder chinesischen Statistik oder Darstellung berücksichtigt werden.

Unter "Wandel des Lehrerbildes" ist die zeitlich sich vollziehende Veränderung der öffentlich vertretenen, durch Partei- und Staatsorgane formulierten Vorstellungen in bezug auf Lehrer, also auf diejenigen Personen, die Kinder, Jugendliche oder Erwachsene berufsmäßig unterrichten, zu verstehen. Ziel der Untersuchung ist, diese Veränderungen, im wesentlichen orientiert an den Fakten und in China selbst entstandenen Einschätzungen, aufzuzeigen. Bisher gibt es hierzu (abgesehen von einem thematisch ähnlichen kurzen Artikel von G. A. Straka und einigen wenigen zur Diskussion anregenden Konferenzpapieren) keine Studie zum Lehrerbild in China in europäischen Sprachen und, soweit bekannt, auch nicht in chinesischer Sprache. Diesem Desiderat abzuhelfen war Motivation, den Wandel des Lehrerbildes zum Gegenstand der vorliegenden Untersuchung zu wählen. So handelt es sich zwangsläufig um eine vorwiegend chronologisch-deskriptive Darstellung, bei der die Analyse als Grundlage für weitergehende Studien dienen soll. Die Komplexität des Themas und seine Bedeutung für das Verständnis der chinesischen Bildungspolitik lassen es wünschenswert, aber auch notwendig erscheinen, die vorliegende Untersuchung weiterzuführen.

Da das "Lehrerbild" nicht erst mit der Gründung der Volksrepublik China entstand, sondern tief in der geschichtlichen Entwicklung des Landes wurzelt, beschäftigt sich das erste Kapitel der vorliegenden Arbeit mit den alten Traditionen, die für das Verständnis des Lehrerbildes Bedeutung haben. Im letzten Kapitel (Kapitel 5: Die "Vier Modernisierungen", 1977 bis zur Gegenwart), kann, nachdem die einzelnen Entwicklungsschritte des sich ändernden Lehrerbildes chronologisch in den Kapiteln 2 - 4 aufgezeigt worden sind, eine allgemeine Bewertung vorgenommen werden, die nur möglich ist unter Einbeziehung der geschichtlichen und politischen Faktoren. Folglich werden im letzten Kapitel die Ergebnisse der Arbeit zusammengefaßt, und gleichzeitig wird auf neue Tendenzen im Wandel des Lehrer- und Hochschullehrerbildes in der Volksrepublik China hingewiesen.

Chinesische Begriffe und Namen werden in der offiziell in der Volksrepublik China eingeführten Pinyin-Umschrift der chinesischen "Gemeinsprache" (*putonghua*) wiedergegeben, auch bekannte Namen wie z.B. der Name der Stadt Peking, der im Text in der Pinyin-Umschrift als "Beijing" erscheint. Dieses Verfahren wurde gewählt, um eine Verwirrung des Nicht-Sinologen durch eine ständig wechselnde Umschrift zu vermeiden. Lediglich bei der Angabe der Literatur wurde die Schreibung beibehalten, mit der das Buch oder der Artikel erschienen ist, um eine Literatursuche für den interessierten Pädagogen nicht zu erschweren. Aus diesem Grunde wurde die Quellenangabe der Artikel wiederum in die Pinyin-Umschrift übertragen, da die Zeitschriften in neueren Bibliotheken unter dieser nun offiziellen Schreibart zu finden sind. In einem der Dissertation angefügten Glossar (Deutsch/Chinesisch) können alle für das Thema der Arbeit wichtigen Begriffe nachgeschlagen werden. Für Sinologen unter den Lesern sind an dieser Stelle auch die chinesischen Zeichen aufgenommen, weshalb in der Arbeit auf ihre Hinzufügung verzichtet wurde. Chinesische Quellen, auch wenn sie in einer englischsprachigen Veröffentlichung zitiert wurden, sind in die deutsche Sprache übersetzt worden; Textstellen, die von englischsprachigen Autoren stammen und in der Arbeit zitiert werden, sind in der Originalsprache belassen worden.

Mein Dank gilt Herrn Dr. Jürgen Henze, der mir die chinesischen Dokumentensammlungen zur Verfügung stellte, ohne die der Arbeit Wesentliches fehlen würde. Da diese Texte nur in der chinesischen Sprache zugänglich sind, findet sich die Übersetzung in der Dokumentation zu dieser Arbeit, so daß jedem Nicht-Sinologen nun das wichtige Material bei Interesse zugänglich ist. Die Übersetzungen sind von mir vorgenommen und von Frau Carolin Blank (Magister im Fach Sinologie) nachkontrolliert worden. Auch ihr sei für ihre freundschaftliche Unterstützung gedankt.

Mein besonderer Dank gilt Herrn Prof. Dr. Bernhard Dilger, der mir stets mit wichtigen Ratschlägen und tatkräftiger Unterstützung z.B. bei der Materialsuche eine unverzichtbare Hilfe war. Mit Umsicht und menschlichem Einfühlungsvermögen hat er es verstanden, zum Gelingen dieser Arbeit wesentlich beizutragen.

Annette Wohlfahrt

1 Die geschichtlichen Voraussetzungen und die Stellung der Lehrer vor der Gründung der Volksrepublik China im Jahre 1949

Die Geschichte der Erziehung in China läßt sich über einen mehrere Jahrtausende umfassenden Zeitraum zurückverfolgen. Zwar können kaum Datierungen mit absoluter Genauigkeit gewonnen werden, aber einige generelle Aussagen lassen sich in bezug auf das chinesische Erziehungwesen machen. So wird in der Literatur eine Unterscheidung zwischen zwei Schulformen getroffen: der *shangxiang* oder Hochschule und der *xiaxiang* oder Grundschule. Obwohl im Laufe der Zeit die Bezeichnungen der Schulen wechselten, blieb ihre Zielsetzung, einen Menschen moralisch und kulturell so auszubilden, daß er von seinem Charakter und von seinen Fähigkeiten her in der Lage ist, das Leben anderer Menschen zu führen und zu beeinflussen, stets gleich. [1)]

1.1 Der Unterricht

Die Erziehung eines Jungen, der später einmal die Beamtenlaufbahn[2)] einschlagen sollte, begann so früh wie möglich. Die Grundlage des Unterrichts bildeten die klassischen konfuzianischen Schriften. Bevor der Elementarunterricht im Alter von sieben Jahren begann, wurden die Jungen - denn nur diese erhielten eine Schulbildung - von der Mutter oder einer anderen ihnen nahestehenden Person im Umgang mit dem Pinsel und in einer Anzahl Zeichen unterwiesen.

1.2 Die Lehrer

Die Eltern schickten die Söhne ab dem siebten Lebensjahr in staatliche oder private Schulen. Diese wurden von Männern geleitet, die sich aus fähigen, bereits pensionierten Beamten rekrutierten, oder aber es handelte sich um Gelehrte, die die Prüfungen nicht bestanden hatten. Ausgewählt wurden diese Männer von den Eltern der Schüler; allerdings kam es auch vor, daß die Lehrer selbst eine Schule gründeten und ihre Dienste anboten. In China unterschied man zwischen Dorf-

1) Vgl. Ping Wen Kuo: *The Chinese System of Public Education*, S.9, 14.
2) Dieser Terminus wird in Anlehnung an Bodo Wiethoff verwendet, der in seinem Buch *Grundzüge der älteren chinesischen Geschichte* auf S.85 schreibt: "im Hinblick auf ihre Funktion in der Späteren (sic!) Kaiserzeit ist es nicht unangebracht, diese Schicht Beamtenschaft zu nennen".

lehrern (*xiangshi*), Oberen Lehrern (*fushi*) und Unteren Lehrern (*shaoshi*). Reiche Familien engagierten einen Hauslehrer. [3)]

Die Lehrer unterrichteten stets in derselben Weise: Nur jeweils ein klassisches Buch bildete den Gegenstand der Unterrichtsarbeit. Der Text wurde abschnittsweise vom Lehrer vorgelesen, und die Schüler mußten das Gehörte wiederholen und auswendig lernen; erst wenn dieses Buch zu Ende gelesen worden war, ging der Lehrer zum nächsten Buch über. Schüler, die im Unterricht nicht aufpaßten oder die nicht richtig auswendig gelernt hatten, wurden vom Lehrer streng bestraft, meistens durch körperliche Züchtigungen. Nur ein strenger Lehrer galt in China als guter Lehrer und wurde respektiert.

1.3 Die Prüfungen

Die klassische Ausbildung, Grundvoraussetzung für die Teilnahme an den Prüfungen, die über eine Beamtenlaufbahn entschieden, sollte im Alter von 15 Jahren beendet sein. Im Anschluß daran bereiteten sich die Kandidaten auf die Prüfungen vor. Wolfgang Franke weist in seinem Buch *The Reform and Abolition of the Traditional Chinese Examination System* darauf hin, daß der Han-Kaiser Wudi im Jahre 124 v.Chr. geeignete junge Männer aus allen Provinzen des Landes auswählen ließ, um sie in der Hauptstadt von Gelehrten, die zu diesem Zweck angestellt worden waren, ein Jahr lang unterrichten zu lassen. Die Abschlußprüfung entschied darüber, ob dem Kandidaten ein offizielles Amt übergeben wurde. [4)]

Zum Ende der Qing-Dynastie (1644-1911) [5)] erreichte das Prüfungssystem seine größte Komplexität; aber nicht nur aus diesem Grunde wird das System dieser Zeit hier beschrieben, sondern auch, weil die Daten gesicherter und die Beschreibungen detaillierter sind als aus früherer Zeit.

1.4 Die Schuleingangsprüfung

Von der Ming-Dynastie (1368-1644) übernahm man die Schuleingangsprüfungen, die ursprünglich nicht zum System gehört hatten; sie hatten den Charakter von

3) Vgl. Biggerstaff, Knight: The Earliest Modern Government Schools, S.11. Ping Wen Kuo: *The Chinese System of Public Education*, S.25.
4) Vgl. Franke, Wolfgang: *Reform and Abolition*, S.2.
5) Vgl. zu allen geschichtlichen Daten vor allem: *The Cambridge History of China*, Vol.14. Wiethoff, Bodo: *Grundzüge der neueren chinesischen Geschichte*.

Vorbereitungstests für die eigentlichen Prüfungen.[6] Nach bestandener Prüfung erhielten die Kandidaten den Status eines Studenten (*shengyuan*) an einer von der Regierung geführten Schule.[7]

Immer mehr Kandidaten begehrten Zugang zu den staatlichen Schulen, so daß sich die Schülerzahl sehr schnell erhöhte. Sowohl Curran als auch Miyazaki weisen darauf hin, daß der Lehrkörper dieser Schulen jedoch limitiert war auf zwei oder drei Männer im Rang eines Professors (*jiaoshou*), Dozenten (*jiaoyu*) oder Lehrers (*xunyao*).[8] Diese Beschränkung geht laut Bing Wen Guo auf ein Dekret des Han-Kaisers Xian Wen (179-157 v.Chr.) zurück, der die Anzahl der Professoren an einer Schule von der Größe der Präfektur abhängig machte, in der die Schule lag. Das kaiserliche Dekret sah vor, den größten Präfekturen zwei Professoren und vier Dozenten, den zweitgrößten zwei Professoren und zwei Dozenten zu bewilligen; kleineren Präfekturen sollten ein Professor und zwei Dozenten und den kleinsten ein Professor und ein Dozent zustehen.[9]

Folge dieser Beschränkung des Lehrkörpers an staatlichen Schulen bei wachsender Studentenzahl waren unhaltbare Unterrichtsbedingungen und ein Prestigeverlust der Lehrer. Dieser ergab sich aus dem Umstand, daß die Lehrkräfte durch die Überforderung den Lehrbetrieb nicht mehr aufrecht erhalten konnten und sich mehr und mehr den eigenen Studien zuwandten; die *shengyuan* wiederum, wollten sie das Lernziel erreichen, mußten sich das Wissen durch Selbststudium aneignen. Der Respekt vor den Lehrern nahm unter diesen katastrophalen Bedingungen immer mehr ab; Schulunterricht im eigentlichen Sinne fand nur noch in den privaten Schuleinrichtungen statt.[10]

Eine Begründung für die Beibehaltung der Lehrkraftlimitierung ließ sich anhand der vorliegenden Quellen nicht finden. Zu vermuten ist jedoch, daß der finanzielle Aspekt eine Rolle spielte.

Zum Prestigeverlust des Lehrberufs trug ebenfalls bei, daß diejenigen Studenten, deren Studienabschlußleistungen den Auswahlkriterien für eine Stellung als Verwaltungsbeamter nicht genügten oder die die Prüfung nicht bestanden hatten, als Lehrer angestellt werden konnten. Zudem blieb denjenigen, die einmal eine

6) Vgl. Franke, Otto: *Ostasiatische Neubildungen*, S.113 f.
7) Vgl. Vetter, Chou Hsiu-Fen: *Korruption und Betrug*, S.22, 56.
8) Vgl. Curran, Thomas D.: *Education and Society*, S.53. Miyazaki, Ichisada: *China's Examination Hell*, S.34.
9) Vgl. Ping Wen Kuo: *The Chinese System of Public Education*, S.38.
10) Vgl. Franke, Wolfgang: *Reform and Abolition*, S.14.

Lehrtätigkeit angenommen hatten, die Beamtenlaufbahn in der Regel für immer versagt. [11]

1.5 Die Provinzprüfung

Im dreijährigen Rhythmus fanden die Provinzprüfungen (*juzi*) in der Provinzhauptstadt statt. Von der Zentralregierung wurden Beamte zur Leitung der Prüfungen ausgewählt; der Verantwortliche Prüfer (*zheng kaoguan*) [12] und der Stellvertretende Prüfer (*fu kaoguan*) wurden von örtlichen Gelehrten, den Prüfungsassistenten (*tong kaoguan*) unterstützt. Dieses Amt wurde oftmals Präfekten oder Beamten, die mit richterlichen oder polizeilichen Aufgaben betraut waren, zugewiesen; niemals jedoch wurden für diese Aufgabe Lehrer der örtlichen Schulen ausgewählt. [13]

Die Prüfer genossen im Gegensatz zu den Lehrern an den staatlichen Schulen hohes Ansehen und wurden von den erfolgreichen Kandidaten lebenslang als ihre Lehrer verehrt. Diese Verehrung des verantwortlichen Prüfers und seines Stellvertreters drückte sich in der Anrede 'meisterlicher Lehrer' (*zuoshi*) aus; die Prüfungsassistenten wurden 'Lehrer' (*fangshi*) genannt, und die Graduierten bezeichneten sich selbst als 'Schüler' (*mensheng*). Miyazaki erklärt dieses Verhältnis mit dem Hinweis auf einen Einstellungswandel, der mit der Etablierung der Prüfungen einherging. Für diejenigen Lehrer, die den Schülern Unterricht erteilten, wählten die Chinesen die Bezeichnung 'Lehrer, von denen wir unsere Unterweisung erhalten'. Da die Lehrer für ihre Bemühungen entlohnt wurden, handelte es sich beim Unterrichten um ein Geschäft, das keinen zusätzlichen Respekt des Schülers dem Lehrer gegenüber erforderlich machte. Der Prüfer hingegen hatte den erfolgreichen Kandidaten aus vielen anderen Bewerbern ausgewählt, ohne daß eine geschäftliche Verbindung bestand, wofür ihm Respekt gebührte. [14]

Alle in den Provinzprüfungen erfolgreichen Kandidaten tauschten ihren *shengyuan*-Status gegen den eines Graduierten (*juren*). Dieser Status, den der Erwerber sein Leben lang behielt, berechtigte zur Teilnahme an der Hauptstadtprüfung im März des auf die Provinzprüfung folgenden Jahres. Ein *juren* konnte allerdings schon Ämter im Staatsdienst übernehmen.

---

11) Vgl. Miyazaki, Ichisada: *China's Examination Hell*, S.34.
12) W. Franke bezeichnet ihn als *zhukao*; vgl. Franke, Wolfgang: *Reform and Abolition*, S.11.
13) Vgl. Miyazaki, Ichisada: *China's Examination Hell*, S.39 f.
14) Vgl. Miyazaki, Ichisada: *China's Examination Hell*, S.56 f.

1.6 Die Hauptstadtprüfung

Um an der Hauptstadtprüfung (*huishi* oder auch *gongju* genannt) teilnehmen zu können, mußten die *juren* eine Wiederholungsprüfung bestehen, die einen Monat vor der eigentlichen Prüfung in Beijing stattfand. [15] Als Leiter der Hauptstadtprüfung fungierte der Minister der Riten (*libu*), dem auch die Wahrnehmung der Betreuung schulischer Angelegenheiten oblag.

1.7 Die Palastprüfung

Nach bestandener Hauptstadtprüfung folgte als Abschluß die Palastprüfung, bei der der Kaiser persönlich als Prüfer fungierte. In der Regel handelte es sich bei dieser Prüfung um eine Formsache, die absolviert werden mußte, um den Titel eines *jinshi* zu erlangen (oft verglichen mit dem Erreichen eines westlichen Doktorgrades). Den Inhabern eines *jinshi*-Grades standen bedeutende Posten in der Administration des Landes offen, die hohes Prestige besaßen. [16]

1.8 Die Privatschulen

Es bleibt festzuhalten, daß sich das öffentliche Schulsystem in China während der Ming- und Qing-Dynastie immer mehr zugunsten der Vorbereitung auf die Prüfung zurückentwickelte. Die Privatschulen übernahmen die Aufgabe, elementare Bildung zu vermitteln. Wie anfangs erwähnt, verdienten Männer, die nur den ersten Grad innerhalb des Prüfungssystems errungen hatten oder aber in der Prüfung durchgefallen waren, ihren Lebensunterhalt, indem sie Söhnen aus wohlhabendem Hause Unterricht erteilten. [17] Die Wahl des Privatlehrers wurde von den Eltern der Jungen gemeinsam getroffen, wobei neben die fachliche Qualifikation moralische und charakterliche Aspekte als wichtige Auswahlkriterien traten, denen ein Bewerber genügen mußte. Auch nach seiner Wahl stand der Lehrer unter der Kontrolle der Eltern seiner ihm anvertrauten Schüler, die dem Unterricht beiwohnen oder das fachliche Wissen der Schüler überprüfen konnten. Die Schule als Teil der Gemeinschaft bot dem Lehrer Schutz, zwang ihn aber andererseits in eine Abhängigkeit vom guten Willen der Eltern; dies ging so weit, daß er jederzeit entlassen werden konnte, wenn er z.B. durch

---

15) Diese Zusatzprüfung war erst während der Qing-Dynastie eingeführt worden.

16) Vgl. Vetter, Chou Hsiu-Fen: *Korruption und Betrug*, S.87-90.

17) Vgl. Anm.3.

Krankheit seinen Verpflichtungen nicht nachkam. [18] Die Lehrer erhielten schriftliche Verträge, die ihnen ein Gehalt und Naturalien als Entlohnung zusicherten. Das Gehalt war jedoch meist sehr gering und hing von dem Wohlstand der Eltern, dem Alter des Lehrers, seinem akademischen Rang und seinen Lehrqualitäten ab. [19]

1.9 Die öffentlichen Schulen

Die Kaiser der Qing-Dynastie versuchten, um der Verbreitung des Privatschulwesens Einhalt zu gebieten, die Verbreitung öffentlicher Schulen, besonders der Grundschulen, zu fördern, indem der Verwaltung jedes ländlichen Gebietes auferlegt wurde, eine Schule einzurichten und bei der Wahl des Lehrers auf folgende Kriterien zu achten: ehrlicher und offener Charakter, Herkunft aus der Umgebung des betreffenden Gebietes, Bildung, klare und der Norm entsprechende Schrift. Die Einstellung eines Lehrers erfolgte stets nur für ein Jahr, verlängerbar nach entsprechender Prüfung. Die Gehaltszuwendungen für Lehrer öffentlicher Schulen errechneten sich in der Qing-Zeit aus drei Faktoren: Zum einen bestand ein finanzieller Unterschied zwischen einer Beschäftigung an einer Schule in der Stadt oder einer auf dem Land, wobei bei letztgenannter schlechter bezahlt wurde; darüber hinaus entschied auch die Stellung in der offiziellen Hierarchie - die durch das Absolvieren der Prüfungen verändert werden konnte - über die Entlohnung, und endlich bestimmten regionale ökonomische Unterschiede die Gehaltszuwendungen. Im Vergleich zu anderen Berufen, die eine gewisse Bildung voraussetzten, so z.B. Buchhalter, waren die Lehrergehälter jedoch sehr niedrig. [20] Bing Wen Guo und Grimm weisen darauf hin, daß seit der Tang-Dynastie (618-907 n.Chr.) den Schulen Ackerland zur Verfügung gestellt wurde, aus dessen Erträgen die Lehrergehälter sowie Stipendien für einzelne Schüler gezahlt wurden. So waren die Lehrer gezwungen, neben der Unterrichtstätigkeit Ackerbau zu betreiben. Eine andere Möglichkeit war, daß die Schulen das Ackerland verpachteten und von den Pachterträgen die anfallenden Zuwendungen deckten. [21]

Diese Umstände, die einhergingen mit dem bereits angesprochenen Prestigeverlust des Lehrberufs, führten dazu, daß viele Gelehrte diesen Beruf mieden. Lang-

---

18) Vgl. Pen Chen Shü: *Die chinesische Erziehungslage*, S.19, 74.
Sakakida Rawski, Evelyn: *Education and Popular Literacy*, S.24-32, 95.

19) Vgl. *Christian Education in China*, S.27.

20) Vgl. Sakakida Rawski, Evelyn: *Education and Popular Literacy*, S.33, 43, 60, 104.

21) Vgl. Grimm, Tilemann: *Erziehung und Politik*, S.73, 77. Ping Wen Kuo: *The Chinese System of Public Education*, S.42.

fristig betrachtet, liegt bereits hier die Wurzel für den späteren akuten Lehrermangel und die ablehnende Haltung der Studenten zur Lehrerbildung, die zu einer großen Behinderung bei der Einführung des modernen Schulsystems wurden.

1.10 Die Missionsschulen

Anstöße zur Modernisierung des chinesischen Schulsystems gingen von den Missionsschulen aus, die sich ab dem Anfang des 19. Jahrhunderts in China in verstärktem Maße etablierten. Der Kontakt mit den Ausländern verdeutlichte den Chinesen, daß sie trotz ihrer Kultur viele Dinge der modernen Zeit nicht kannten. So waren die Missionsschulen zeitweilig die einzigen Einrichtungen, an denen sich junge Chinesen modernes Wissen aneignen konnten, denn der Aufbau eines chinesischen Schulsystems, welches den neuen Anforderungen entsprach, benötigte trotz aller Reformanstrengungen Zeit. Auch fehlten noch chinesische Lehrkräfte, die über das neue Wissen verfügten. [22)]

Nach der Jahrhundertwende wurden die Missionsschulen in der Lehrerbildung besonders aktiv; 1917 (nur für dieses Jahr liegen bei Edmunds Angaben vor) gab es 119 christliche Pädagogische Schulen mit insgesamt 3.125 Schülern. [23)] Das Jahrbuch der Pädagogik, welches Curran als Beleg für seine Zahlenangabe für die seitens der chinesischen Regierung eingerichteten Pädagogischen Schulen anführt, weist für das Jahr 1916 (für das Jahr 1917 werden keine Angaben vermerkt) 195 Schulen mit insgesamt 24.959 Schülern aus, [24)] was die Bedeutung der christlichen Schulen zur Behebung des Lehrermangels unterstreicht. Es wird deutlich - was im folgenden noch eingehender behandelt werden wird -, daß sich das Bewußtsein für die Notwendigkeit einer ausreichenden Anzahl von Lehrkräften zur Entwicklung des modernen Schulsystems gebildet hatte.

In allen Provinzen zusammengenommen unterrichteten um 1918 ca. 8.000 männliche und ca. 3.000 weibliche chinesische Lehrkräfte in den Missionsschulen, jedoch wurden rund 7.000 von ihnen nur im Grundschulbereich eingesetzt. Ihre Arbeitsbedingungen waren ungenügend, da sie wenig Unterstützung und nur ein geringes Gehalt erhielten; es gab viel zu wenige Ausbildungsmöglichkeiten, und

---

22) Vgl. Neugebauer, Ernst: *Anfänge pädagogischer Entwicklungshilfe*, S.37. Ping Wen Kuo: *The Chinese System of Public Education*, S.64.

23) Vgl. Edmunds, Charles K.: *Modern Education in China*, S.64.

24) Vgl. Curran, Thomas D.: *Education and Society*, S.167. Als Quelle nennt Curran: *Jiaoyu nianjian* (Jahrbuch der Pädagogik), D:133.

es fehlten Literatur zu neuen Unterrichtsmethoden sowie gute Lehrbücher. [25)] Der Bericht der chinesischen Erziehungskommission enthält Angaben über die Vergütung der ausländischen im Vergleich zu den chinesischen Professoren. So wird ein Jahresgehalt von US$ 3.112,50 pro ausländischem Professor gemeldet. Dem steht zur gleichen Zeit ein Gehalt von US$ 1.096,00 pro chinesischem Professor gegenüber. [26)] Zudem war die Arbeit der Lehrer an den Missionsschulen sehr oft mit der Übernahme von kirchendienstlichen Aufgaben verbunden, was einer Doppelbelastung der betreffenden Person gleichkam. Die Ansprüche an charakterliche und fachliche Eignung der Lehrkräfte waren jedoch hoch; dabei war das Vorbildideal, dem die Person entsprechen sollte, besonders wichtig. Dieses Kriterium stand für die Missionsschulen bei der Auswahl ihrer Lehrkräfte vor der Eignung als Fachlehrer. [27)] Es ist dies auch ein seit alters her sehr wichtiges Kriterium in der chinesischen Kultur.

1.11 Die modernen Schulen

Wichtig für die Beurteilung des Lehrerbildes in China vor der Gründung der Volksrepublik im Jahre 1949 ist trotz aller entscheidenden Impulse und Bemühungen des privaten und des missionarischen Schulsektors die Entwicklung des modernen Schulwesens unter offizieller chinesischer Leitung. Der Mangel an gesellschaftlicher Entwicklung - eine Folge des unbedeutender gewordenen Schulsystems, das die geistigen Kräfte Chinas im Auswendiglernen konfuzianischer Texte erstarren ließ - wurde offensichtlich, als es darauf ankam, sich gegen die in China eindringenden Ausländer zu behaupten. Die reformfreudigen offiziellen Stellen erkannten, daß sich die Aneignung moderner Technologien nicht umgehen ließ. [28)]

1861 wurde das "Amt für allgemeine Verwaltung der verschiedene Länder betreffenden Angelegenheiten" (*zongli geguo shiwu yamen*; kurz: *zongli yamen*) gegründet, welches versuchte, eine Reform der alten Institutionen durchzuführen und neue politische Linien zu entwickeln. Jedoch sollte das traditionelle, konfuzianische Erbe beibehalten und gepflegt werden. [29)]

Die klassische chinesische Auffassung über den Wert der Bildung wurde unter dem Einfluß der ausländischen Kontakte verändert. Wichtig war nicht mehr das

---

25) Vgl. Stauffer, Milton T. (ed.): *The Christian Occupation of China*, S.302.
26) Vgl. *Christian Education in China*, S.355.
27) Vgl. *Christian Education in China*, S.71 f., 126, 129.
28) Vgl. Wiethoff, Bodo: *Grundzüge der älteren chinesischen Geschichte*, S.216.
29) Vgl. Ping Wen Kuo: *The Chinese System of Public Education*, S.64. Teng, Ssu-yü and John K. Fairbank: *China's Response to the West*, S.49.

Ideal des moralisch, charakterlich und geistig gebildeten Menschen; die Zeit des 19. Jahrhunderts verlangte nach einer praktischen Bildung, um den Erfordernissen, die sie an die Menschen stellte, gewachsen zu sein. Eine Manifestation dessen sind die modernen Schulen, die ab Anfang der sechziger Jahre des 19. Jahrhunderts in China gegründet wurden. Neben Schulen zur Ausbildung von Ingenieuren und fähigen Arbeitern für die neu entstandenen Werften und Waffenfabriken, Marineoffiziersschulen, Militärakademien, Schulen zur Ausbildung von Personal für die Telegraphen-Administration, Marine- und Militärschulen für Medizin und Schulen für Bergbauingenieure waren die Schulen zur Ausbildung von Dolmetschern und Spezialisten für Ausländische Angelegenheiten die wichtigsten. Bei diesen ersten modernen Schulen Chinas handelte es sich um "Behörden zur sprachlichen Ausbildung" (*tongwenguan*).

Unter Aufsicht des *zongli yamen* wurde 1862 ein *tongwenguan* in Beijing gegründet. Der Unterricht mußte in den ersten Jahren ausschließlich von ausländischen Lehrkräften übernommen werden, bis sich die chinesischen Lehrer die Kenntnisse der westlichen Sprachen und Wissenschaften angeeignet hatten. [30)]

Das Shanghaier *tongwenguan*, das unter missionarischer Leitung stand, wurde im Sommer 1864 gegründet. Der Lehrkörper setzte sich komplett aus chinesischen Lehrkräften zusammen. Bei dem Kantoner *tongwenguan*, ebenfalls 1864 ins Leben gerufen, schwankte die Anzahl der chinesischen Lehrkräfte zwischen drei und fünf Personen; sie waren in der Regel nicht für den Lehrberuf ausgebildet. [31)]

Der Reformer Feng Guifen schrieb über seine Vorstellungen bezüglich der Arbeit an diesen Einrichtungen:

> Wenn wir heute westliche Wissenschaften auswählen und nutzen wollen, sollten wir offizielle Übersetzungsbüros in Kanton und Shanghai gründen. Studenten mit hervorragenden Leistungen über 15 Jahren sollten aus jenen Gebieten ausgewählt werden, um in diesen Schulen zu leben und an ihnen zu studieren... Angehörige westlicher Länder sollten eingeladen werden, sie in der Schrift und in der gesprochenen Sprache der verschiedenen Nationen zu lehren, und gute chinesische Lehrer sollten ebenso angestellt werden, sie

---

30) Vgl. Teng, Ssu-yü and John K. Fairbank: *China's Response to the West*, S.73, 75.

31) Vgl. Biggerstaff, Knight: *The Earliest Modern Government Schools*, S.35-43.

in den Klassikern, in Geschichte und anderen Fächern zu unterweisen. Gleichzeitig sollten sie Mathematik lernen. 32)

Alle diese neuen Einrichtungen wurden "Akademien" (*xuetang*) genannt, um sie von den Schulen alten Stils (*xuexiao*) zu unterscheiden. Diese Akademien erzielten jedoch keine allzu großen Erfolge, da das tief verwurzelte und in seiner Bedeutung keineswegs geminderte Prüfungssystem diese hemmte: Auf die Bedeutung dieser Schulen als Impulsgeber für die Modernisierung weist Biggerstaff hin:

> One cannot easily define the contribution of these early government schools to the general modernization of China ... The schools ... trained young men for new activities ... and all of these became components of the Chinese civilization of the twentieth century. Moreover, the schools trained many teachers of modern subjects and in other ways helped prepare the way for the new system of education inaugurated by the Chinese government after 1900. 33)

Dieses neue, moderne Schulsystem nach 1900 wurde durch Verfügungen der Kaiserinwitwe vom 14. September 1901 in Kraft gesetzt; sie verfügte die Umwandlung aller Privatakademien (*shuyuan*) in moderne Schulen, und zwar in den Provinzhauptstädten in Hochschulen (*daxue*), in den Präfekturen und unabhängigen Gebietsstädten in Mittelschulen (*zhongxue*) und in den Kreisstädten in Grundschulen (*xiaoxue*). Zum erstenmal wurde dabei die Gründung von Mädchenschulen offiziell mitberücksichtigt. 34)

Doch alle Maßnahmen, die zur Gründung neuer Schulformen getroffen wurden, blieben hinter den Erwartungen der Reformer zurück; in einer Eingabe aus dem Jahre 1903 benannten Zhang Zhidong und Yuan Shikai, zwei bedeutende Politiker, die sich auch intensiv mit Bildung beschäftigt haben, die Gründe:

> Einige Schulen sind eröffnet worden, aber ihre Ausstattung ist sehr unvollständig. Wenn wir nach den Gründen fragen, sagt man, es liege an den unzureichenden finanziellen Mitteln und der Schwierigkeit, Lehrer zu fin-

---

32) Teng, Ssu-yü and John K. Fairbank: *China's Response to the West*, S.51. Als Quelle geben Teng/Fairbank an: Feng Guifen: "Zhi yangqi yi" (Über die Herstellung ausländischer Waffen), in: *Jiaobinlu Kangyi* (Persönlicher Protest aus dem Studio des Jiaobin).

33) Biggerstaff, Knight: *The Earliest Modern Government Schools*, S.92 f. Auch zit. in: Neugebauer, Ernst: *Anfänge pädagogischer Entwicklungshilfe*, S.35 f.

34) Vgl. Lewis, Ida Belle: *The Education of Girls*, S.28.

den. Diese beiden Schwierigkeiten sind sicherlich vorhanden, aber sie sind nicht bedeutend genug, einen großen Mißstand zu begründen. Der größte und offensichtlichste Mißstand, der Feind und Behinderung des Schulsystems ist, ist das offizielle Prüfungssystem. [35)]

Schließlich kam es aus diesen Gründen zur Abschaffung des alten Prüfungssystems, die durch kaiserliches Edikt vom 2. September 1905 verfügt wurde. [36)]

1.12 Der Lehrermangel

Eine Hauptschwierigkeit beim Aufbau des modernen Schulwesens stellte der eklatante Mangel an qualifizierten Lehrkräften dar. Zwar fanden sich wissenschaftlich anerkannte Kräfte im Ausland oder Missionare, die bereit waren, die Aufgaben zu übernehmen. Doch da sich die Sprachbarriere als sehr problematisch erwies, wurde der Unterricht, besonders in den wissenschaftlichen und technischen Fächern, in der Sprache der ausländischen Lehrer (in der Regel Englisch) abgehalten. Dies setzte genügend Fremdsprachenkenntnisse bei den Studenten voraus, die jedoch nicht in ausreichendem Maße vorhanden waren; aber das Problem löste sich nach einigen Jahren dadurch, daß die ersten chinesischen Studenten ihre modernen Studien abgeschlossen hatten und in vermehrtem Umfang den Unterricht in den modernen wissenschaftlichen Fächern übernehmen konnten. [37)]

1.13 Die Lehrerbildung

Ursprünglich wurde der Lehrerbildung in China keine große Bedeutung beigemessen; Lehrer wurde, wer sich berufen fühlte oder wem die Beamtenlaufbahn versperrt blieb. Erhalten geblieben ist ein Edikt des Ming-Kaisers Taizu aus dem Jahre 1382, in dem er Schulregeln, nach denen sich alle Lehrer richten sollten, erließ und anordnete, sie auf einem quergestellten Brett (*wobei*) in den Schulen anzubringen. Es handelt sich zwar um keine Ausbildungsvorschriften, aber doch

---

35) Teng, Ssu-yü and John K. Fairbank: *China's Response to the West*, S.206 f. Als Quelle geben Teng/Fairbank an: *Kuanghsü cheng-yao (Guangxu zhengyao)*; 29.7-9. *Ch'ing shihlu (Qing shilu); Ch'ing-shih kao (Qingshigao)*.

36) Vgl. Franke, Wolfgang: *Reform and Abolition*, S.69-71.

37) Vgl. Hu, Chang - Ho Jiugow: *A General Outline*, S.6. Ping Wen Kuo: *The Chinese System of Public Education*, S.64 f., 150.

um Verhaltensmaßregeln für bereits tätige Lehrer. [38] Grimm hat in seinem Buch *Erziehung und Politik im konfuzianischen China der Ming-Zeit (1368 bis 1644)* eine Übersetzung dieses "Querbrett"-Ediktes abgedruckt; im folgenden werden für das hier zu behandelnde Thema relevante Ausschnitte zitiert:

> 5. Die rechte Art, die Studien zu betreiben, ist, daß man auf jeden Fall dem Lehrer Respekt entgegenbringt. Immer wenn es irgendwelche Fragen gibt und wenn man den Erklärungen (des Lehrers) lauscht, dann muß man aufrichtigen Herzens zuhören und aufnehmen. Wenn der Lehrer in seinen Erklärungen noch nicht (ganz) klar ist, dann soll man doch ganz einfach noch einmal nachfragen...
>
> 6. Die Lehrkräfte sollen die Art der früheren Weisen verkörpern, mit äußerster Treue lehren und künden und so die Ungebildeten anleiten. Sorgsam mögen sie deren Schulübungen nachprüfen, die Guten sanft und die Schlechten streng anfassen. Daß (sic!) sie nicht nachlässig seien. [39]

Bereits in früherer Zeit kam es zu Konflikten zwischen den politischen Führern Chinas und den Erziehern des Volkes; aus dem Jahre 1044 n.Chr. stammt ein Dekret des Kaisers Ren Zong (Song-Dynastie, 960-1279 n.Chr.), in dem die Beamten der Präfekturen und Bezirke getadelt werden, nicht die richtigen Lehrer in die Leitung der Schulen berufen zu haben. [40] Da die Vorwürfe, die gegenüber den Lehrern erhoben wurden, nicht bekannt sind, sei dies nur als ein erster Hinweis auf vorhandene Schwierigkeiten gewertet. Die Anschuldigungen, die in einem Edikt aus dem Jahre 1462 gegen die Lehrer erhoben wurden, lauten:

> Die Lehrer sind heutzutage nach ihrem Format ungleichmäßig. Man muß vor allem ihren Lebenswandel und ihre literarische Bildung prüfen. Sollten sich Verhalten und Bildung beide als gut erweisen, muß man sie in angemessenen Formen behandeln: Sollte sich bei einer ersten Überprüfung ihre Gelehrsamkeit als seicht erweisen, und sollten sie ihrer Lehrtätigkeit nur lässig nachkommen, verwarne man und ermuntere sie. Man weise sie an, sich weiteren Studien zu unterziehen und ihre Fehler zu bessern. Sollten sie bei einer zweiten Prüfung keine Fortschritte gemacht und ihre Fehler nicht

---

38) Vgl. Grimm, Tilemann: *Erziehung und Politik*, S.54.

39) Grimm, Tilemann: *Erziehung und Politik*, S.163. Als Quelle nennt Grimm: *Ta-Ming hui-tien (Daming huidian)*, (Wanli-Ausg. i. Neudruck d. Comm. Press) im 78. Kapitel.

40) Vgl. Ping Wen Kuo: *The Chinese System of Public Education*, S.45.

abgestellt haben, schicke man sie zum Beamtenministerium zu anderweitiger Verwendung! 41)

1575 erging ein Edikt an die Erziehungskommissare, durch das Vorschriften zur Behandlung von Lehrern erlassen wurden. Darin heißt es:

> 9. ... Wenn Lehrbeamte Bestechungen annehmen und Heimlichkeiten dulden ... sollen sie samt und sonders für ihre Vergehen bestraft und entlassen werden.
> ...
> 13. Die Lehrbeamten an den Amtsschulen sollen, wenn an einem nach der Prüfregel für Gelehrte nahegelegenen Tage ihre Überprüfung (ergab), daß ihre Gelehrsamkeit und ihr Verhalten durchweg tadellos sind, nach den Formen durch Belohnung angeregt werden. Ist ihr Verhalten fehlerfrei, aber ihre Gelehrsamkeit stümperhaft und seicht, überprüfe man sie einmal (sic!) und erteile ihnen sanft eine Verwarnung... Sind da Alte und Kranke, die ganz unfähig geworden sind, soll man sie verordnungsgemäß mit den üblichen Ehren verabschieden. Sind sie (aber) ordinär und schamlos, roh in ihrem Betragen und respektlos, ist es nicht erforderlich, ihre literarischen Kenntnisse zu überprüfen, sondern man nehme sie fest und überliefere sie dem Provinzinspektor (an-ch'a-shih) zur Aburteilung. 42)

Weil der Lehrermangel in China die Einführung des modernen Schulsystems behinderte, erkannte man auch von offizieller Seite die dringende Notwendigkeit, für eine gute Ausbildung von Lehrkräften zu sorgen. Die erste moderne Pädagogische Schule Chinas wurde 1897 in Shanghai gegründet. Sie war der Hochschule Nanyang angegliedert und diente der Ausbildung des schuleigenen Lehrkörpers.

Besonders aktiv in der Lehrerbildung wurde der Reformer und Gouverneur der Provinz Hubei, Zhang Zhidong (1837 - 1909), der bemüht war, das neue Wissen aufzunehmen, ohne das klassische Erbe zu verlieren. 43)

Um die Jahrhundertwende richtete er eine Pädagogische Schule in Wuchang, Provinz Hubei, ein, der eine Grundschule zur Gewährleistung des praxisbezoge-

---

41) Grimm, Tilemann: *Erziehung und Politik*, S.83 f. Als Quelle nennt Grimm: § 4 v. 1462 in *Ta-Ming hui-tien (Daming huidian)* 78. 1913, 6.-9.Z.

42) Grimm, Tilemann: *Erziehung und Politik*, S.168-170. Als Quelle nennt Grimm: *Ta-Ming hui-tien (Daming huidian)*, (Wanli-Ausg. i. Neudruck d. Comm. Press) im 78. Kapitel.

43) 1898 formulierte Zhang Zhidong sein bekannt gewordenes Motto: "Chinesische Bildung als Grundlage, westliche Lehren für den (praktischen) Gebrauch" (*zhongxue weiti, xixue weiyong*). Vgl. Teng, Ssu-yü and John K. Fairbank: *China's Response to the West*, S.164, 205.

nen Unterrichts angegliedert war. Neben Kursen in Allgemeinbildung standen Kurse in Pädagogik, Unterrichtsmethodik, Schulverwaltung und Hygiene auf dem Lehrplan. 120 Studenten konnten im regulären Lehrbetrieb aufgenommen werden, jedoch wurden am Anfang Kurzprogramme angeboten für Studenten im Alter von 25 bis 35 Jahren, um dem akuten Lehrermangel zu begegnen.

Die Gründung der Pädagogischen Schule Sanjiang, die 900 Studenten aufnehmen konnte, geht ebenfalls auf Zhangs Bemühungen zurück. Sie sollte die am Yangtse Jiang (Changjiang) gelegenen, gut entwickelten südöstlichen Provinzen Jiangsu, Anhui und Jiangxi mit Lehrkräften versorgen. 1905 entschloß sich Zhang außerdem zur Einrichtung von sechs Unterabteilungen der Pädagogischen Schule in verschiedenen Präfekturen der Provinz. [44)]

Weitere Schulgründungen, auch in anderen Provinzen, folgten und machten eine einheitliche Ausbildungsregelung erforderlich: Ab 1907 waren vier- bis fünfjährige Lehrgänge (je nachdem, ob ein einjähriger Vorbereitungskurs absolviert wurde) an Pädagogischen Schulen vorgeschrieben. [45)] Die Lehrerbildung wurde nach Ausbildungsgraden differenziert:

1) Die Pädagogische Schule, deren Aufgabe die Ausbildung von Grundschullehrern war, wurde von den Provinzen eingerichtet und verwaltet. Jeder Pädagogischen Schule war eine Grundschule angegliedert; handelte es sich um eine Pädagogische Schule für Mädchen, gehörten noch ein Kindergarten und die Ausbildung von Kindergärtnerinnen zur Schule.
2) Die Pädagogische Hochschule wurde von der Zentralregierung zur Ausbildung von Mittelschullehrern und Lehrern für Pädagogische Schulen eingerichtet; ihr waren je eine Grund- und eine Mittelschule angeschlossen.
3) Die Ausbildungsmöglichkeiten für Lehrer an gewerblichen Schulen trat meist als Unterabteilung von Hochschulen oder Mittelschulen auf. Drei Formen der gewerblichen Orientierung wurden angeboten:
   a) die landwirtschaftliche als zweijähriger Lehrgang,
   b) die kaufmännische, ebenfalls als zweijähriger Lehrgang und
   c) die technische als dreijähriger regulärer und als einjähriger Kurzlehrgang. [46)]

---

44) Vgl. Ayers, William: *Chang Chih-tung*, S.219, 229, 234 f.
45) Vgl. Edmunds, Charles K.: *Modern Education in China*, S.21.
46) Vgl. *Christian Education in China*, S.18, 73 f., 89, 125-129. Edmunds, Charles K.: *Modern Education in China*, S.16-20, 68 f. Ping Wen Kuo: *The Chinese System of Public Education*, S.82-84, 104, 157.

1.14 Der Lehrplan

Der Lehrplan der Pädagogischen Schulen für Jungen umfaßte nach Gründung der Republik China 1912 folgende 16 Fächer: Ethik, Erziehung (Psychologie, Logik, Philosophie, Erziehungsgeschichte, Schulverwaltung, Unterrichtspraxis), Chinesische Sprache, Kalligraphie, Englisch, Geschichte, Geographie, Mathematik (Arithmetik, Algebra, Geometrie, Trigonometrie, Buchführung, Methodik des Faches), Naturwissenschaften (Botanik, Zoologie, Biologie, Mineralogie, Geologie, Methodik des Faches), Physik und Chemie, Politikwissenschaft und Ökonomie, Zeichnen, Werkunterricht, Landwirtschaft, Musik und Sport.

An der Pädagogischen Schule für Jungen wurden zwei Ausbildungsmöglichkeiten angeboten, der Lehrgang A umfaßte ein Vorbereitungsjahr mit 32 Stunden Unterricht pro Woche und einen vierjährigen regulären Lehrgang mit im ersten Jahr 33 Unterrichtsstunden pro Woche sowie 35 Wochenstunden in den folgenden drei Jahren. Der Lehrgang B bot kein Vorbereitungsjahr an, und sein Fächerangebot war auf 11 Fächer begrenzt (Ethik, Erziehung, Chinesische Literatur, Mathematik, Naturwissenschaften, Physik und Chemie, Zeichnen, Werkunterricht, Landwirtschaft, Musik und Sport); der Unterricht umfaßte 35 Stunden pro Woche.

Das Fächerangebot an den Pädagogischen Schulen für Mädchen war im Grunde mit dem für Jungen identisch; lediglich das Fach Landwirtschaft wurde durch das Fach Hauswirtschaft ersetzt; Gartenbau und Nähen kamen als Pflichtfächer hinzu. Weibliche Lehrkräfte waren nur in den unteren Klassen oder in den Kindergärten zugelassen. Als ideale Situation galt, für kleine Einzugsgebiete ein Lehrerehepaar einzustellen, das sich die Aufgaben teilen konnte. Da der Bedarf an weiblichen Grundschullehrern groß, der Wunsch der Mittelschulabsolventen, Lehrer zu werden, aber nur gering war, setzte sich die Forderung nach Erziehungsunterricht an Mittelschulen für Mädchen verstärkt durch, zumal die zweite Begründung dieser Forderung, nämlich der Hinweis auf die zu erwartenden erzieherischen Aufgaben der Schülerinnen als Mutter, allgemeine Zustimmung fand.[47)]

1.15 Die unterschiedlichen Ausbildungsmöglichkeiten

In den Vorbereitungskurs der Pädagogischen Schule konnten Absolventen der oberen Grundschule eintreten oder aber Schüler, die einen adäquaten Bildungsstand nachweisen konnten.

47) Vgl. Edmunds, Charles K: *Modern Education in China*, S.17-20.

Zum regulären Lehrgang an den Pädagogischen Schulen wurden Absolventen des Vorbereitungskurses sowie Absolventen der Mittelschulen zugelassen.

Die Pädagogische Hochschule hingegen bot dem Studenten drei unterschiedliche Ausbildungsmöglichkeiten an:

1. Einen Vorbereitungskurs mit den Fächern Ethik, Chinesische Sprache, Englisch, Mathematik, Zeichnen, Singen und Sport.
2. Einen regulären Lehrgang in einer der folgenden Abteilungen:
   a) Chinesische Sprache,
   b) Englische Sprache,
   c) Geschichte und Geographie,
   d) Mathematik und Physik,
   e) Physik und Chemie und
   f) Naturwissenschaften.

   Neben diese Wahlfächer traten jeweils Ethik, Psychologie, Erziehung, Englisch und Sport als Pflichtfächer.
3. Einen Forschungslehrgang, der dem vertieften Studium von zwei oder drei Fächern des regulären Angebotes diente.

Für die Aufnahme in einen Vorbereitungskurs der Pädagogischen Hochschule war Voraussetzung, Absolvent einer Mittelschule sowie einer Pädagogischen Schule und Student mit adäquatem Bildungsniveau zu sein. Erst nach Erreichen dieses Bildungsstandes konnte sich der Student für einen regulären Lehrgang oder aber für den spezialisierten Forschungslehrgang an einer Pädagogischen Hochschule entscheiden. [48)]

1.16 Statistische Angaben, 1908-1930

Zahlenmäßig stellt sich die Situation der Lehrer in diesem Jahrhundert bis zur Gründung der Volksrepublik laut Bericht des Erziehungsministeriums folgendermaßen dar: 1908 gab es insgesamt 63.566 Lehrer, 1909 73.703 Lehrer, und 1910 war ihre Zahl auf 89.766 angewachsen. Diese verteilten sich auf die einzelnen Schulformen wie folgt: 84.755 Lehrer unterrichteten an allgemeinbildenden Schulen, 2.712 Lehrer an technischen Schulen oder Schulen zur beruflichen Bildung, und 2.299 Lehrpersonen wurden an Pädagogischen Schulen registriert. Zudem wurden dem Erziehungsministerium neben den 89.766 Lehrern noch

48) Vgl. Ping Wen Kuo: *The Chinese System of Public Education*, S.82-84, 104, 157. Stauffer, Milton T. (ed.): *The Christian Occupation of China*, S.400.

95.800 weitere Mitarbeiter (z.B. Verwaltungsangestellte oder Hausmeister) in den modernen Schulen für das Jahr 1910 gemeldet. 1918 war die Anzahl der Lehrkräfte bereits auf 150.000 Personen angewachsen. [49] 1910 existierten laut Bing Wen Guo 415 Pädagogische Schulen und Hochschulen in China, die von 28.572 Schülern besucht wurden.

Über die zahlenmäßige Aufteilung nach Lehrgängen liegen detaillierte Angaben vor:

Tabelle 1: Aufteilung der Lehrerbildungsstudenten nach Lehrgängen (1910) [50]

	Schulen	Studenten
Pädagogische Hochschulen		
Vollzeit-Lehrgang	8	1.504
Wahlweiser Lehrgang	14	3.154
Spezialisierter Lehrgang	8	691
Pädagogische Schule		
Vollzeit-Lehrgang	91	8.358
Kurzzeit-Lehrgang	112	7.195
Pädagogische Schule zur Weiterbildung der Lehrer	182	7.670
Total	415	28.572

Die statistischen Angaben müssen jedoch mit Vorsicht betrachtet werden, da sie stark variieren. Dies wird deutlich, wenn man die Zahlen, die von verschiedenen Autoren für einen Zeitraum genannt werden, vergleicht. Doch trotz der Ungenauigkeit der Aussagen kann man sich anhand der Angaben ein Bild über die Größenordnung der Pädagogischen Schulen formen: Stauffer z.B. gibt für die Jahre 1916 bis 1918 nur 211 Pädagogische Schulen mit 27.905 Schülern und 2.399 Lehrern sowie zehn Pädagogische Hochschulen mit 2.357 Studenten und 285 Lehrern an. [51] Edmunds registriert für das Jahr 1918 lediglich 188 Pädagogische Schulen (von denen 7 Einrichtungen dem Rang einer Hochschule entsprachen) mit insgesamt 29.500 Studenten. Von den 181 Pädagogischen Schulen

49) Vgl. Edmunds, Charles K.: *Modern Education in China*, S.21. Ping Wen Kuo: *The Chinese System of Public Education*, S.106, 155 f., 158.

50) Vgl. Ping Wen Kuo: *The Chinese System of Public Education*, S.156.

51) Vgl. Stauffer, Milton T. (ed.): *The Christian Occupation of China*, S.305.

waren 127 Einrichtungen nur für Jungen zugänglich; 2.120 Lehrpersonen unterrichteten 21.575 Schüler. An den 54 Pädagogischen Schulen für Mädchen erteilten 802 Lehrer 5.203 Schülerinnen Unterricht. Für die 7 Pädagogischen Hochschulen zählt Edmunds 305 Lehrkräfte (35 Dekane, 107 Professoren, 155 Dozenten und 8 Assistenten), die für die Ausbildung von 2.517 Studenten (davon 540 im Vorbereitungskurs) verantwortlich waren. [52)] Monroes Angaben für das Jahr 1918 weichen geringfügig von denen Edmunds ab; er gibt 189 Pädagogische Schulen mit 24.102 Schülern an. [53)] Insgesamt läßt sich aber feststellen, daß die Zahl der Pädagogischen Schulen und die der in ihnen studierenden Studenten, die zu Lehrern ausgebildet wurden, sehr gering war.

Curran zitiert Zahlen aus dem Jahrbuch der Pädagogik (*Jiaoyu nianjian*), die eine Vorstellung über die weitere Entwicklung der Pädagogischen Schulen sowie die Studentenzahlen vermitteln; doch auch diese Angaben sollten nicht als absolute Angaben gelesen werden, sondern als eine anschauliche Darstellung der Entwicklung: [54)]

Jahr	**Pädagogische Schule**	**Schüler**
1912	253	28.605
1913	314	34.826
1914	231	26.679
1915	211	27.975
1916	195	24.959
1922	385	43.846
1925	301	37.992
1928	236	29.470
1929	667	65.695
1930	846	82.809

Die Einrichtung von Pädagogischen Schulen wurde folglich trotz jährlicher Schwankungen forciert.

1.17 Die Qualifikation der Lehrer

Auch über die Qualifikation der Lehrer im öffentlichen Schulsystem liegen Daten vor. Im Jahre 1910 waren von 64.326 Lehrern, die in der Grundstufe der

52) Vgl. Edmunds, Charles K.: *Modern Education in China*, S.21, 69 f.

53) Vgl. Monroe, Paul: *Essays*, S.81.

54) Curran, Thomas D.: *Education and Society*, S.167. Als Quelle nennt Curran: *Jiaoyu nianjian* (Jahrbuch der Pädagogik), D:133.

Grundschule oder aber im Kindergarten arbeiteten, etwas über die Hälfte, nämlich 33.348 Personen, Absolventen von Pädagogischen Schulen; die restlichen 30.978 Lehrpersonen hatten keinen für den Beruf qualifizierenden Abschluß. Dieses ohnehin schon schlechte Verhältnis, immerhin war fast jeder zweite im Lehrberuf Tätige nicht dafür ausgebildet, verschlechterte sich in den höheren Schulformen noch mehr. So sind bereits in der Oberstufe der Grundschule nur noch 40,2 Prozent (= 6.867) der insgesamt 17.080 Lehrer Absolventen von Pädagogischen Schulen; 7.005 Lehrer haben gar keinen Schulabschluß oder haben nie eine moderne Schule besucht. An den Mittelschulen ist dieses Mißverhältnis noch gravierender, denn von insgesamt 3.286 Lehrpersonen haben nur 848 (= 25,82 Prozent) eine Pädagogische Schule absolviert, 1.087 (= 33,04 Prozent) haben jedoch keinen Abschluß erreicht oder keine moderne Schule besucht. Alle anderen Lehrkräfte haben wenigstens einen Abschluß einer modernen Schule. Mit nur ganz geringen Prozentsätzen (0,22 Prozent an oberen Grundschulen; 2,79 Prozent an Mittelschulen) fallen die ausländischen Lehrer ins Gewicht.

Von den Einrichtungen zur Lehrerbildung schneiden die Weiterbildungsschulen für Lehrer in einem Vergleich am günstigsten ab, denn von insgesamt 580 Lehrkräften haben 234 (= 37,58 Prozent) den Abschluß einer Pädagogischen Schule. Immerhin noch 41,80 Prozent (= 523) der insgesamt 1.252 Lehrpersonen an den Pädagogischen Schulen haben vorher diese Ausbildung durchlaufen und erfolgreich abgeschlossen. An den Pädagogischen Schulen Chinas unterrichteten 1910 467 Lehrer, doch nur 152 (= 32,55 Prozent) von ihnen hatten eine moderne Schulausbildung in China absolviert. Der Ausländeranteil am Lehrkörper war mit 19,48 Prozent (= 91 Personen) im Vergleich zu den anderen Schulformen sehr hoch. [55] An diesen Zahlenbeispielen wird der eklatante Mangel an gut ausgebildetem Personal sehr deutlich. Auch 1918 hat sich diese Mangelsituation noch nicht entscheidend gebessert. Stauffer hat den Ausbildungsstand von 1.500 chinesischen Lehrern, die in der Mittelschule oder in der oberen Grundschule unterrichteten, aufgelistet. Immerhin können von diesen 1.500 Lehrern 640 einen adäquaten Ausbildungsgang vorweisen, doch noch immer haben 240 Personen keine Lehrerbildung durchlaufen, und 265 Lehrkräfte haben nur eine klassische Ausbildung genossen. [56]

Es ist jedoch wichtig zu betonen, daß die Ausbildung eines Lehrers nach den Maßstäben des modernen Wissensstandes Zeit benötigte, denn allein der Lehrgang an einer Pädagogischen Schule dauerte mehrere Jahre.

Am 27. Oktober 1921 beschloß die Gesellschaft für Erziehung auf nationaler Ebene das folgende konkrete, allgemeingültige Programm für die Lehrerbildung:

---

55) Vgl. Ping Wen Kuo: *The Chinese System of Public Education*, S.159 f.
56) Vgl. Stauffer, Milton T. (ed.): *The Christian Occupation of China*, S.408.

VI. Lehrerbildung

1. Die Pädagogische Schule umfaßt sechs Jahre, die ersten drei bestehen aus allgemeinbildenden Kursen und die zweiten drei Jahre aus Kursen zur Lehrerbildung.
2. Die Pädagogischen Schulen können für sechs Jahre ausschließlich Lehrerbildungskurse erteilen. Sie können ebenso dreijährige Lehrerbildungskurse für Absolventen der unteren Mittelschulen erteilen. Regulären Mittelschulen, die ebenso in der Lage sind, Lehrerbildungskurse zu erteilen, kann dieses Verfahren erlaubt werden.
3. Pädagogische Fachmittelschulen sind vierjährig. Die Eintrittsqualifikationen sind die gleichen wie an der Universität.
4. Absolventen der Pädagogischen Hochschulen können den Forschungskurs der Universität besuchen.
5. Universitäten können für die Kurse der Pädagogischen Hochschulen ausbilden. Die Pädagogischen Fachmittelschulen werden weiterhin von den Universitäten unabhängig bleiben.
6. Um die Schulpflicht zu fördern, können Vortragshallen der Lehrerbildung gemäß den örtlichen Bedingungen angeboten werden.
7. Um die Berufsbildung zu fördern, können spezielle Kurse für die Ausbildung von Berufsschullehrern in den berufsbildenden Kursen der oberen Mittelschulen angeboten werden. [57)]

Es ist sehr erstaunlich, daß sich bei einer Untersuchung der Qualifikation von Lehrern an insgesamt 73 Schulen im Schuljahr 1936/37 herausstellte, daß noch immer lediglich 31,98 Prozent eine Lehrerbildung durchlaufen hatten; und dieses Ergebnis erstaunt um so mehr, berücksichtigt man die Art der Ausbildung: Nur 15,65 Prozent von ihnen waren Absolventen von Pädagogischen Schulen, 16,33 Prozent hatten lediglich Kurse, die z.B. von den Mittelschulen angeboten wurden, besucht. [58)]

Für chinesische Schüler war der Lehrberuf nicht attraktiv. Dies lag zum einen daran, daß der Übergang von einer Pädagogischen Schule zu einer Hochschule in der Regel versperrt, eine höher qualifizierende Bildung der Schüler also oftmals nicht möglich war. Zudem hatte die Pädagogische Schule einen schlechteren Ruf als diejenigen Schulen, die üblicherweise auf die Hochschule vorbereiteten. Auch der finanzielle Aspekt nach Beendigung der Ausbildung bot keinen Anreiz, denn das Gehalt eines Lehrers war im Vergleich zu anderen Berufssparten noch immer minimal bemessen. Erst ein Mittelschullehrer verdiente gerade genug, um eine Familie gründen und einem Sohn eine Ausbildung ermöglichen

57) *Christian Education in China*, S.378.

58) Vgl. Jen-Chih Chang: *Pre-Communist China's Rural School*, S.82 f.

zu können. Die Ausstattung der Schulen war schlecht, oftmals handelte es sich bei den Schulzimmern der modernen Schulen um dunkle, nicht beheizbare Räume mit unverglasten Fenstern,[59] so daß die Arbeitsbedingungen der Lehrer und der Schüler katastrophal waren. Aufgrund dieser Umstände hielten viele Eltern ihre Kinder von einer Lehrerbildung ab, damit sie einen Weg mit besseren Zukunftsaussichten einschlagen konnten. [60]

---

59) Vgl. Curran, Thomas D.: *Education and Society*, S.302-304.

60) Vgl. *Christian Education in China*, S.127-129. Yeh, Wen-Hsing: *The Alienated Academy*, S.82.

2 Die "Neue Demokratie", 1949-1957

Am 1. Oktober 1949 rief Mao Zedong als Vorsitzender der Kommunistischen Partei (KP) die Volksrepublik China (VR China) aus. Im Bereich der Bildungsarbeit hatten die kommunistischen Führer in den von der Guomindang "befreiten" Gebieten Erfahrungen sammeln können, die sie nun bei Übernahme des alten Systems einbringen konnten. Besonders Mao Zedong hatte sich durch eine Schulgründung, das Abhalten von Vorlesungen und das Verfassen politischer Schriften, in denen er auch bildungspolitische Aspekte berücksichtigte, hervorgetan, so daß die Kommunisten bei der Machtübernahme über eine Bildungstheorie verfügten, die in die Praxis umgesetzt werden sollte.

2.1 Mao Zedongs Ausbildung zum Lehrer

Mao Zedong, am 26.12.1893 als Sohn eines Bauern aus Shaoshan, Provinz Henan, geboren, besuchte die Grundschule seines Ortes vom siebten bis zum elften Lebensjahr. Der Unterricht bestand wie an jeder Schule aus Vorlesen und Auswendiglernen der klassischen Schriften. [1] Emi Siao, ein Schulkamerad aus Maos späterer Schulzeit, berichtet über Erlebnisse während eben dieser Zeit, die Mao stark prägten:

> Mao Tse-tungs Vater stimmte mit den Lehrern darin überein, daß anständige Leute nur unter dem Rohrstock aufwachsen könnten! ... in der Schule hieb der Lehrer auf ihre Hände, Köpfe und Füße ein. Oft ließ er die Schüler zur Strafe auf einem Brett mit alten Münzen oder spitzen Steinen knien, wobei sie auch noch Weihrauchkerzen in der Hand halten mußten. Die Jungen durften erst aufstehen, wenn die Weihrauchkerzen ganz niedergebrannt waren. Diese Strafen, die oft an sadistische Quälereien grenzten, waren damals gang und gäbe. [2]

Mao Zedong, der sich gegen den Willen seines Vaters weiterbilden wollte, besuchte ab 1913, nach einigen anderen Stationen in seiner Schullaufbahn, das Erste Lehrerseminar in Changsha, [3] da dort sowohl für Unterkunft und Ver-

---

1) Vgl. Emi Siao: *Kindheit und Jugend Mao Tse-Tungs*, S.16 f.
2) Emi Siao: *Kindheit und Jugend Mao Tse-Tungs*, S.18.
3) U.a. besuchte Mao Zedong für ein Jahr eine an ausländischer Bildung orientierte Schule, wechselte anschließend zu einer Mittelschule in Changsha; ging von 1911-12 zum Militär und absolvierte dann eine untere Handelsschule. Die höhere Handelsschule brach er wegen mangelnder Englisch-

pflegung, als auch für Kleidung und Bücher gesorgt wurde. [4] An diesem Lehrerseminar lernte Mao den Professor Yang Zhenzhi kennen, der seine Schüler durch seine charakterliche Stärke beeindruckte. [5]

Im Jahre 1919 trat Mao Zedong seine erste Stellung als Lehrer an einer Grundschule in Changsha an, deren Rektor er 1920 wurde. [6]

2.2 Beginn der politischen Betätigung Mao Zedongs

Während seiner Ausbildung am Ersten Lehrerseminar entdeckte Mao sein Interesse an gesellschaftspolitischen Fragen und begann, aktiv zu werden. Von Anfang an schloß Mao in sein politisches Handeln den bildungspolitischen Bereich mit ein. [7] So kritisierte er 1919 - zur Zeit seiner eigenen Lehrtätigkeit - öffentlich und in scharfer Form die Verhältnisse, unter denen die Schüler lernen mußten sowie das Verhalten der Lehrer ihnen gegenüber. Ein kurzer Ausschnitt aus einer Schrift Maos vermittelt einen guten Eindruck über die Einstellung Mao Zedongs und trägt zum Verständnis späterer Verhaltensweisen und Entscheidungen bei:

> Wir sind Studenten. Unser Leben ist extrem bitter; die Professoren, die uns unterrichten, behandeln uns wie Kriminelle, demütigen uns wie Sklaven, schließen uns ein wie Gefangene. Die Fenster in unseren Klassenräumen sind so winzig, daß das Licht nicht die Tafel erreicht, so daß wir 'kurzsichtig' werden. Die Schulbänke sind extrem gesundheitsschädigend, und wenn wir lange in ihnen sitzen, bekommen wir 'Rückgratverkrümmung'. Die Professoren sind nur daran interessiert, uns viele Bücher lesen zu lassen, und wir

---

Forts. von letzter Seite:
kenntnisse ab. Vgl. Emi Siao: *Kindheit und Jugend Mao Tse-Tungs*, S.35, 43, 48, 57, 61 f., 64.

4) Vgl. Siao-yu: *Maos Lehr- und Wanderjahre*, S.51.

5) Vgl. Payne, Robert: *Mao Tse-tung*, S.46. Yang Zhenzhi absolvierte ein Philosophiestudium an der Universität Edingburgh, setzte seine Studien in Deutschland fort und begann seine Lehrtätigkeit in China am Ersten Lehrerseminar in Changsha. 1918 erhielt er einen Ruf an die Universität Beijing. Dort vermittelte er Mao Zedong, seinem künftigen Schwiegersohn, eine untergeordnete Stellung in der Universitätsbibliothek. Vgl. Siao-yu: *Maos Lehr- und Wanderjahre*, S.51.

6) Vgl. Price, Ronald F.: *Education in Communist China*, S.7.

7) Vgl. zu dem Beginn der politischen Laufbahn Mao Zedongs, dessen Darstellung aus dem Rahmen dieser Arbeit fallen würde, die im Literaturverzeichnis genannte Literatur, bes. Hawkins, John N.: *Mao Tse-Tung and Education*.

lesen sehr viele davon, aber wir verstehen keines von ihnen, wir üben unser Gedächtnis wahrhaft zu keinem guten Zweck. [8)]

Trotz dieser vehementen Kritik an dem Verhalten der Professoren weist Mao Zedong gleichzeitig auf die schlechte Situation der Grundschullehrer hin, die den Tag über mit Unterrichten beschäftigt seien, ohne daß ihnen ein Platz zur Verfügung stände, um sich zu erholen. Neben der Unterrichtstätigkeit würde von den Grundschullehrern erwartet, daß sie ihr Wissen stets erweiterten, ohne daß man ihnen jedoch Studieneinrichtungen zur Verfügung stellen und die Anzahl der zu unterrichtenden Stunden entsprechend reduzieren würde. Als Folge davon "verwandeln wir uns in Grammophone, die den ganzen Tag lang nichts anderes tun als eine Unterrichtsveranstaltung abzuhalten in genau der Art, in der unsere ehemaligen Lehrer uns unterrichteten." [9)] Das geringe Einkommen des Grundschullehrers, zwischen acht und zehn Yuan im Monat, reiche nicht aus, um mit der Familie zusammenleben oder Bücher zur Weiterbildung kaufen zu können: Mao Zedong schlußfolgert: "Grundschullehrer sind in jeder Hinsicht Sklaven." [10)]

Die unterschiedliche Sichtweise Mao Zedongs in der Beurteilung der Grundschullehrer, deren Situation er als äußerst schlecht beschreibt, und der Professoren, denen er sklavenhalterische Verhaltensweisen nachsagt, kennzeichnet das ambivalente Verhältnis Maos zur Gruppe der Lehrer, welches sich in allen Jahren seiner späteren politischen Führung nachvollziehen läßt, weshalb es an dieser Stelle besonders hervorgehoben wurde.

2.3 Das Schulsystem der Sowjetgebiete

Große Anstrengungen unternahmen die Kommunisten zur Etablierung sozialistischer Grundschulen (auch 'leninistische Grundschulen' genannt) und zur Ein-

8) Mao Tse-tung: "The Great Union of the Popular Masses", in: *The China Quarterly*, No.49, January/March 1972, S.76-87, hier S.80. Als Originalquelle nennt Schram, der Übersetzer: Nr.2, 3 und 4 von *Xiangjiang pinglun* (The Xiang River Review), wahrscheinlich 21. und 28. Juli und 4. August 1919. Vgl. auch Hawkins, John N.: *Mao Tse-tung and Education*, S.118 f.

9) Mao Tse-tung: "The Great Union of the Popular Masses", in: *The China Quarterly*, No.49, January/March 1972, S.81 f.

10) Ebenda, S.82. Vgl. zu Mao Zedongs Artikel von 1919 auch den Kommentar von Stuart R. Schram: "From the 'Great Union of the Popular Masses' to the 'Great Alliance'", in: *The China Quarterly*, No.49, January/March 1972, S.88-105.

richtung von Lese- und Schreibkursen in den von ihnen geführten Gebieten zur Zeit des 2. Bürgerkrieges (1927-1937) mit der Guomindang. [11)]

Die zahlreichen Schulgründungen der Kommunisten führten jedoch zu einem akuten Lehrermangel, wie der Vertreter für Erziehung der 'Zentralregierung', Chu Qiubai, im Juni 1935 im Verlaufe eines Interviews bestätigte. Er wies darauf hin, daß leninistische Pädagogische Mittelschulen zur Ausbildung von Grundschullehrern gegründet worden seien, um diesem Mangel abzuhelfen, [12)] wobei es den Kommunisten darauf ankam, die Einführung der Schulen neuen Typs, die ihre politischen Leitlinien befolgten, nicht zu gefährden.

Über das Ziel der Lehrerbildung war bereits im Dezember 1929 von der Kommunistischen Partei eine Resolution verabschiedet worden, in der Mao Zedong zehn Punkte als Richtlinien für die erzieherische Tätigkeit des Lehrers verfaßt hatte. Mao hatte den engen Zusammenhang zwischen Unterrichtsmethode und Lernverhalten der Schüler erkannt. Da es den kommunistischen Führern in der Hauptsache auf die Vermittlung ihrer politischen Ideale in den Schulen ankam, sollten die Lehrkräfte folgende Maßnahmen beachten:

1. Benutze die Methode der Erklärung (schaffe Auswendiglernen ab).
2. Schreite vom Nahen zum Fernen voran.
3. Schreite von der Oberfläche in die Tiefe.
4. Sprich in der Allgemeinsprache.
5. Sei klar und deutlich.
6. Mache das, was Du sagst, interessant.
7. Unterstütze die Sprache mit Gesten.
8. Überprüfe die in der letzten Zeit unterrichteten Konzepte.

---

11) 1934 meldete Mao Zedong die Errichtung von 3.052 Grundschulen in den Provinzen Jiangxi, Fujian und Guangdong sowie von 32.388 Lese- und Schreibkursen in Jiangxi und Guangdong. Vgl. Hawkins, John N.: *The Report of Ch'ien Chun-Jui*, S.8. Als Quelle nennt Hawkins: Mao Tse-tung, "Report of the Central Executive Committee of the Chinese Soviet Republic and People's Committee of the Second Congress of the National Soviet Representatives" (January 1934), translated in *Chinese Education* (New York: International Arts and Sciences Press), 1, no.2 (Spring-Summer 1969): 35 (tatsächlich befindet sich der Text in *Chinese Education*, Vol.2, no.1-2, S.45).

12) Vgl. Wang Hsueh-wen: "A Study of Chinese Communist Education During the Kiangsi Period (Part II)", in: *Issues and Studies*, Vol.IX, No.8, May 1973, S.69-83, hier S.72 f. Als Quelle nennt Wang Hsueh-wen: *Guowen Weekly*, Vol.XII, No.36, July 8, 1935; quoted from Prof. Wang Chienmin's Draft History of the Chinese Communist Party, Vol.II, S.414.

9. Mache Gebrauch von einer Skizze.
10. Mache Gebrauch von Diskussionsgruppen. [13]

Die Kommunisten bauten ein Schulsystem auf, welches sich aus Hoch-, Mittel- und Grundschule zusammensetzte. Die Mittelschule wurde in die reguläre, die pädagogische und die berufliche Mittelschule, jeweils mit einer unteren (zwei- oder dreijährigen) und einer oberen (zweijährigen) Stufe eingeteilt. Daneben gab es Schulen zur Erwachsenenbildung (Winter-, Abend- und Halbtagsschulen), Lese- und Schreibkurse und Zentren zur Allgemeinbildung. [14] So unternahmen die Kommunisten in den von ihnen besetzten Gebieten Anstrengungen, "die Allgemeinbildung einzuführen, das Analphabetentum auszumerzen, Möglichkeiten der Erwachsenenbildung anzubieten, Forschungen voranzutreiben, den Lebensstandard der Grundschullehrer zu verbessern und den Respekt vor den Intellektuellen zu fördern. Aber die Hauptsache war die Förderung der Kader und eine Reform des alten Schulsystems, um eigene Vorstellungen durchzusetzen." [15]

2.4 Die Umerziehung der Intellektuellen

Den politischen Führern in der Kommunistischen Partei wurde immer bewußter, daß "ohne die Teilnahme der Intelligenz ... der Sieg der Revolution nicht möglich" [16] war. Auf der anderen Seite wurde aber auch deutlich, daß die Intellektuellen noch nicht in genügendem Maße hinter den kommunistischen Zielen standen und sich infolgedessen am Klassenkampf nicht ausreichend beteiligten. So beschloß das Zentralkomitee (ZK) der KP China am 1.Dezember 1939:

---

13) Hawkins, John N.: *Mao Tse-tung and Education*, S.121. Als Quelle nennt Hawkins: Mao Tse-tung, "Resolution of the Ninth Congress of the Fourth Army of the Red Army of the Communist Party of China" (December, 1929), Current Background, No.888 (August 22, 1969), S.2. Hawkins weist darauf hin, daß ihm viele der genannten Punkte bei seinem Aufenthalt in China 1971 als brauchbare Anleitungen der Unterrichtsmethode genannt wurden.
14) Vgl. Wang Hsueh-wen: *Chinese Communist Education*, S.48 f.
15) Vgl. Wang Hsueh-wen: *Chinese Communist Education*, S.63, 66 f. Vgl. auch: Mao Tse-tung: "Über die Koalitionsregierung" (24.4.1945) (Auszug) sowie "Beschluß des Zentralkomitees über die Absorbierung der Intellektuellen" (1.Dezember 1939), in: Brandt, Conrad; Benjamin Schwartz und John K. Fairbank: *Der Kommunismus in China*, S.223-250 und S.264-266.
16) Mao Tse-tung: "In großem Maße die Intelligenz heranziehen" (von Mao Tse-tung ausgearbeiteter Beschluß des ZK der KPCh vom 1.Dezember 1939), in: Mao Tse-tung: *Ausgewählte Schriften*, S.131-134, hier S.131.

> Allen mehr oder minder brauchbaren und verhältnismäßig loyalen Intellektuellen ist eine geeignete Arbeit zuzuweisen; man muß sie sorgfältig unterweisen, sie anleiten und ihre Schwächen in langem Kampf allmählich überwinden, damit sie revolutionär werden und den Massen näherkommen; damit sie sich mit den alten Parteimitgliedern und den alten Kadern anfreunden; und damit sie mit den Parteimitgliedern aus den Reihen der Arbeiter und Bauern eines Sinnes werden. [17)]

Ab 1942 forcierten die Kommunisten eine "Berichtigungskampagne", in deren Verlauf die "alten" Intellektuellen, die in nichtkommunistischen Schulen ausgebildet worden waren, ihre Auffassungen ändern, neue Methoden für Unterricht und Forschung entwickeln und sich eng mit den Arbeitern und Bauern verbinden sollten. [18)] Knapp ein Jahr vor der Machtübernahme durch die Kommunisten und der Gründung der VR China war die Umerziehung der Intellektuellen noch immer nicht im gewünschten Umfang gelungen. Eine Direktive vom 18.Dezember 1948 listet Maßnahmen auf, die aus diesem Grunde ergriffen werden und die bis ins Jahr 1956 Anwendung finden sollten:

> Richtet Kurzzeit-Schulen und -Ausbildungsklassen ein; ruft sie (die Intellektuellen) auf und mobilisiert sie zum Studium und zur Ausbildung. In diesen Schulen und Ausbildungsklassen... soll mindestens drei bis vier Monate fortlaufender Unterricht erteilt werden, wobei das politische Studium den Vorrang hat vor beruflicher Bildung... Reguläre Schulen, besonders in den neu befreiten Gebieten, sollten fortgeführt, wieder eröffnet oder gegründet werden, um mehr Intellektuelle in weitvorausschauender Sicht auszubilden und gleichzeitig Universitäts- und Schullehrern die Möglichkeit zur Rückkehr in den Beruf zu geben. Wie auch immer, gegenwärtig soll die Gewinnung und Umerziehung der zur Zeit verfügbaren Intellektuellen betont werden. [19)]

Alle Lehrer mußten folglich nach dem Machtwechsel 1949 ihre Lehrtätigkeit wieder aufnehmen, da sie dringend in den Schuleinrichtungen benötigt wurden.

---

17) Mao Tse-tung: "In großem Maße die Intelligenz heranziehen", ebd., S.133.

18) Vgl. Hawkins, John N.: *Mao Tse-tung and Education*, S.124, 128. Noch am 18.1.1948 äußerte sich Mao "Zu einigen wichtigen Fragen der gegenwärtigen Parteipolitik": "Unsere Partei muß... gegenüber den Studenten, Lehrern, Professoren... und allen übrigen Intellektuellen eine behutsame Haltung einnehmen. Wir müssen uns... mit ihnen verbünden, sie unterweisen, sie einsetzen", in: Mao Tse-tung: *Ausgewählte Schriften*, S.215.

19) Direktive vom 18.Dezember 1948, in: Chen, Theodore H.: *Thought Reform of the Chinese Intellectuals*, S.7 f. Vgl. dazu auch: Wu, Chien-Sung: *Ideology*, S.112.

Die Analphabetenrate unter der Bevölkerung lag bei 80 bis 90 Prozent, und die Allgemeinbildung sollte verbreitet werden. [20]

Da es sich bei den Lehrern trotz Umerziehung in den vorangegangenen Jahren in der Regel um Lehrer des "alten Typs" handelte - in den von der Guomindang "befreiten" Gebieten hatten die Maßnahmen der KP überhaupt noch nicht greifen können -, wurden an den Universitäten und Hochschulen gemischte Ausschüsse gebildet, die sich aus Mitgliedern des Lehrkörpers und der Mitarbeiter einer Schule zusammensetzten, d.h. aus Professoren, Lehrern, Assistenten, Büroangestellten und Hausmeistern. Ziel dieser Ausschüsse war die Förderung der Vereinigung mit den Massen, der Verbreitung des Standpunktes der proletarischen Klasse und der politischen Studien. [21]

Dies geschah gemäß der aus der "Ersten Nationalen Konferenz zur Bildungsarbeit" im Dezember 1949 vom stellvertretenden Erziehungsminister Qian Junrui formulierten Intention der Partei: "Die Hauptaufgabe aller Schulen in den kürzlich befreiten Gebieten ist das Engagement in systematischer politischer und ideologischer Bildung unter Lehrern und studentischer Jugend. Das Hauptziel ist die allmähliche Begründung einer revolutionären Auffassung in ihrem Denken." [22]

White nennt drei Gründe, weshalb die bestehenden Lehrkörper mit Besorgnis betrachtet und als politisch nicht vertrauenswürdig eingestuft wurden:

1. Der Klassenhintergrund: Die meisten Mittel- und Fachmittelschullehrer stammten aus der "ausbeutenden Klasse" (vor allem aus Familien von Grundbesitzern und reichen Bauern), aus unerwünschten vorrevolutionären Gesellschaftsschichten; es handelte sich nicht um "Intellektuelle aus der Arbeiterklasse". Am 16. Oktober 1950 veröffentlichte der Staatsverwaltungsrat einen "Beschluß bezüglich der Differenzierung des Klassenstatus auf dem Lande", [23] wonach diejenigen Lehrer, deren Arbeit in der vorrevolutionären Gesellschaft nicht ausbeuterisch und somit klassenfeindlich war, als "Geistesarbeiter" aner-

---

20) Vgl. Chen, Theodore: *Thought Reform of the Chinese Intellectuals*, S.31. Vgl. dazu auch: "Gemeinsames Programm der Politischen Konsultativkonferenz des chinesischen Volkes" vom 29.9.1949, in: *Wichtige Dokumente zur Hochschulbildung*, S.1 f. Vgl. Übersetzung in der Dokumentation, S.127-128.
21) Vgl. Chen, Theodore H.: *Thought Reform of the Chinese Intellectuals*, S.13. Als Quelle nennt Chen: *Guangming Ribao*, 16.10.1949.
22) Chen, Theodore H.: *Thought Reform of the Chinese Intellectuals*, S.13. Als Quelle nennt Chen: *Guangming Ribao*, 1.1.1950.
23) Vgl. White, Gordon: *Party and Professionals*, S.6. Als Quelle nennt White: *People's China* II:8, supplement, 11-12.

kannt wurden; denjenigen Lehrern, die in den öffentlichen Schulen der Sowjetgebiete gearbeitet hatten, wurde der Status eines "revolutionären Arbeiters" (*geming zhiyuan*) verliehen. Damit wurde ihnen zwar von offizieller Seite der Makel der ausbeuterischen Herkunft genommen, aber gleichzeitig auch die vordem so ehrenvolle Zugehörigkeit zur Gruppe der Intelligenz.

2. Der persönliche politische Hintergrund: Viele Lehrer waren Mitglied der Guomindang gewesen oder hatten diese Gruppe unterstützt. Von offizieller Seite wurde betont, daß nur eine Minderheit der Lehrer die revolutionäre Bewegung vor 1949 aktiv unterstützt, die breite Mehrheit sich jedoch passiv verhalten habe, wohingegen eine andere Minderheit zu den aktiven Konterrevolutionären gerechnet werden müßte.

3. Die ideologische Problematik: Da die Lehrer als beharrliche Träger der "feudalen" [24)] sozialen Ideen und empfänglich für die schädlichen "bourgeoisen" westeuropäischen und amerikanischen erziehungswissenschaftlichen Gedanken eingestuft wurden, war ihre "ideologische Umerziehung" (*sixiang gaizao*) unumgänglich. [25)]

Im Mai 1950 fand die "Erste Nationale Erziehungsarbeitskonferenz" in Beijing statt, auf der Qian Zhunrui, Minister für das höhere Bildungswesen, die allgemeine politische Linie für den Aufbau des Bildungswesens darstellte. Er forderte die Lehrer auf, von den Studenten der Arbeiterklasse zu lernen und ihre Vorurteile gegenüber Arbeitern und Bauern abzubauen. Diese seien Garant für den Aufbau der Nation, weshalb es für Grundschullehrer eine große Ehre sei, Söhne und Töchter von Arbeitern und Bauern zu unterrichten. Für diese Arbeit gebühre den Lehrern Respekt, da sie dem Volk auf diese Weise dienen würden. [26)]

Diese konkret formulierten Forderungen bedeuteten für die Lehrer einen Anhaltspunkt bei ihrer Tätigkeit: Die Aufgaben und die Pflichten der Lehrer sind klar umrissen. In diesem Sinne sind auch die "Bestimmungen zum Kurzlehrgang an der Universität für Lehrerbildung Beijing" vom 19.5.1950 zu verstehen. Die Aufgabe der Universität für Lehrerbildung war die Ausbildung von Lehrkräften für Mittelschulen, Kadern für die Unterrichtsverwaltung und Kadern für die "Erziehung der Massen" (d.h. Personal für den Bereich der Erwachsenenbil-

---

24) Dieser Terminus zur Charakterisierung der damaligen chinesischen Gesellschaftsordnung stößt bei Historikern auf Ablehnung, wird jedoch beibehalten, da er in der Literatur durchgängig vertreten ist.

25) Vgl. White, Gordon: *Party and Professionals*, S.5-7.

26) Vgl. Hawkins, John N.: *The Report of Ch'ien Chün-Jui*, S.19 f., 87, 96, 99, 109-112, 121. Als Quelle nennt Hawkins: *Renmin Jiaoyu* (People's Education), Beijing, Nos.1 and 2, May and June 1950).

dung). Diese "Diener des Volkes" sollten nach der Ausbildung über Berufsethos verfügen, im Marxismus-Leninismus bewandert sein, die grundlegenden Inhalte des Mao-Zedong-Denkens kennen sowie in der Erziehungswissenschaft, der Unterrichtstechnik und umfassenden Fachkenntnissen fortschreiten. [27] Hier wird die Akzentuierung der kommunistischen Führung deutlich, die der "richtigen" politischen Ideologie Vorrang vor beruflicher Qualifikation einräumte, obwohl eine qualitativ hochwertige Ausbildung für die Arbeiter und Bauern angestrebt wurde; das Mißtrauen gegenüber der Gruppe der Lehrer war jedoch zu groß, als daß sie auf die politische Stellung hätten verzichten mögen.

Der Lehrkörper der Universität für Lehrerbildung Beijing, und dies gilt ebenso für andere Hochschulen, setzte sich aus Professoren, außerordentlichen Professoren und Hochschulassistenten zusammen, die, vom Rektor ernannt, hauptberuflich tätig waren. Nebenberuflich tätige Lehrer konnten bei Bedarf eingestellt werden. Die Lehrkräfte mußten sich um die Beschaffenheit des Lehrplans und der Lehrmethoden kümmern und die Studienerfolge jedes Studenten eingehend überprüfen. Der Rektor der Hochschule war verantwortlich für den Unterricht und das Lehrprogramm, für die Einstellung und Entlassung der Lehrer und Angestellten sowie für ihre politische Schulung. Die Organisation der Unterrichtsverwaltung oblag jeder wissenschaftlichen Fakultät, geleitet von einem Dekan, der vom Rektor aus der Mitte der Professoren gewählt worden war. Zu den Pflichten eines Dekans gehörte es, Vorschläge in bezug auf Einstellung und Entlassung der Lehrenden für diese Fakultät zu unterbreiten. [28]

Am 1. Juni 1950 hob der Erziehungsminister Ma Xulun die Erfolge hervor, welche bereits im Bereich der Hochschulbildung erzielt worden waren, und betonte, daß diese nur durch die Lehrenden und Studenten dieser Einrichtungen ermöglicht werden konnten. [29] Dieses Lob, das den Lehrenden ausgesprochen wird, war erstmalig in den öffentlichen Erklärungen zu hören. Wie die nachfolgenden Ereignisse beweisen, sollte es nicht als Verbesserung des Ansehens der Lehrer

---

27) Vgl. "Vorläufige Bestimmungen zum Kurzlehrgang an der Universität für Lehrerbildung Beijing" (19.5.1950), in: *Materialauswahl zur gegenwärtigen Lehrerbildung an Hochschulen in China*, S.1-7, hier S.1. Vgl. Übersetzung in der Dokumentation, S.128-132.

28) Vgl. "Vorläufige Bestimmungen zum Kurzlehrgang an der Universität für Lehrerbildung Beijing" (19.5.1950), in: *Materialauswahl zur gegenwärtigen Lehrerbildung an Hochschulen in China*, S.1-7, hier S.4-6. Vgl. Übersetzung in der Dokumentation, S.128-132.

29) Vgl. Speech Made by the Ministry of Education, Mr. Ma Hsulun, at the Conference on Higher Education on June 1, 1950. Beijing, *Renmin Ribao*, June 14, 1950, S.1, in: Hu, Shi Ming and Eli Seifman (eds.): *Toward a New World Outlook*, S.12-15, hier S.13.

mißverstanden werden, aber es zeugt von dem Bewußtsein, daß der Fortschritt nur durch motivierte Lehrer, die ihr Wissen gerne an die Schüler weitergeben wollen, erreichbar ist.[30] Zu diesem Zweck wurde auch die Weiterbildung alter und die Ausbildung neuer Lehrkräfte forciert; für jeweils ein Fach sollten sich Unterrichtsgruppen bilden, in denen die Lehrer dieses Faches Bericht über ihre Tätigkeit erstatten, so daß durch diese gegenseitige Hilfe die Unterrichtsmaterialien und Methoden verbessert wurden.[31] Jede dieser Gruppen hatte einen Vorsitzenden, der vom Rektor ausgewählt wurde und vom Erziehungsministerium bestätigt werden mußte; seine Aufgaben umfaßten die Diskussionsleitung, die Ausarbeitung von Lehrplänen, das Abfassen von Umrissen der Kurse sowie die Leitung und Überprüfung des Klassenunterrichts und der Forschungsarbeit.[32] Für die Lehrkräfte bedeutete die Teilnahme an der Gruppe eine zusätzliche zeitliche Belastung, eine umfassende Kontrolle ihrer Arbeit, aber auch ihrer ideologischen Ansichten und den Verlust ihrer individuellen aber auch ihrer ideologischen Ansichten und den Verlust ihrer individuellen Unterrichtsmethode.

---

30) Vgl. die zehn Verhaltensmaßregeln, die Mao Zedong im Dezember 1929 aufgestellt hatte (S.35 f. dieser Arbeit). Vgl. auch zur Abrundung der Aussage die Formulierung der Aufgaben eines Lehrers von Zhang Tengxiao aus dem Jahre 1952: "Ausstattung der Schüler mit systematischem wissenschaftlichen Wissen und auf dieser Grundlage Hervorbringung einer korrekten Weltsicht und Lebensphilosophie bei den Schülern. Das Kind dahin zu führen, Lernen als kreative Arbeit zu betrachten, ist eine glorreiche Aufgabe, mit der die Nation und das Volk ihn (den Lehrer) beauftragt hat. ... Je enger, klarer und genauer der Lehrer das Lernen des Kindes mit dem politischen Kampf und den Aufgaben des Wiederaufbaus verbinden kann, desto größer wird die Qualität des kindlichen Lernens und Arbeitens und desto bewußter und verantwortlicher wird das Lernverhalten sein." Chang T'eng-hsiao, "Professional Study Lectures for Elementary School Teachers" (Revised ed.), Beijing, 1952 (chines.), S.108, in: Ridley, Charles P., a.o.: *The Making of a Model Citizen*, S.36.

31) Vgl. "The Central Ministry of Education Announcement on Carrying Out Curriculum Reform of Higher Education in Order to Achieve the Combination of Theory and Practice Step by Step", Beijing, *Renmin Ribao*, August 3, 1950, S.3, in: Hu, Shi Ming and Eli Seifman (eds:): *Toward a New World Outlook*, S.16 f., hier S.17.

32) Vgl. Provisional Regulations for Institutions of Higher Learning (Approved by 43rd Session of the Government Administration Council, July 28, 1950. Announced by Ministry of Education, August 14, 1950), in: *Chinese Education*, Vol.II, No.1-2, S.68-102: Collections of Laws and Decrees of the Central People's Government, 1951 (People's Publishing House, Beijing 1953, S.467-483), hier S.95-102, bes. S.98.

2.5 Die Verschärfung der ideologischen Umerziehung der Lehrer

Die Maßnahmen zur Umerziehung der Lehrer wurden im Verlauf des Jahres 1951 massiver. Chen begründet diese Entwicklung mit der gewachsenen Macht der Kommunisten, die unter diesen stabileren Verhältnissen in der Lage sind, das Erziehungssystem zu reformieren. [33] Diese Bewegung, die im September 1951 begann, betraf Zehntausende Intellektuelle in einer vorher noch nicht gekannten Schärfe und Form. Sie begann an den Schulen Beijings und Tianjins, breitete sich im Verlauf eines Jahres über das ganze Land aus, [34] und klagte die Lehrer an, weiterhin an ihren alten Idealen festzuhalten. [35] Um diese Fehler zu beseitigen, wurden Lehrer aufs Land zur Umerziehung durch die Bauern geschickt, oder sie wurden gezwungen, Studiengruppen zu bilden bzw. Klassen für Selbstumerziehung mit Hilfe politischer Bildung zu besuchen. [36] Jeder Teilnehmer dieser Umerziehungsgruppen wurde öffentlicher Kritik ausgesetzt und mußte anschließend "Selbstkritik" in Form von öffentlichen Bekenntnissen üben. Diese Kritiksitzungen wiederholten sich in vielen Fällen mehrmals. [37] Was diese erniedrigende Behandlung für den einzelnen Betroffenen bedeutet, ist für einen außenstehenden Betrachter kaum zu ermessen, und es ist nur zu verständlich, daß die Angst davor, Objekt der Kritik zu werden, die Motivation der Lehrer lähmte.

---

33) Vgl. Chen, Theodore H.: *Thought Reform of the Chinese Intellectuals*, S.30.

34) Vgl. Johnson, Chalmers A.: *Freedom of Thought and Expression in China*, S.56. Eröffnungsrede auf der 3. Tagung des I. Nationalkomitees der Politischen Konsultativkonferenz des chinesischen Volkes (*Renmin Ribao*, 24.10.1951), in: *Mao Zedong Texte*, Bd.1, S.65-71.

35) Vgl. Chien Chun-jui, "The Key to Reform the Institutions of Higher Learning" (*Guangming Ribao*, 2.11.1951), in: Chen, Theodore H.: *The Thought Reform of the Chinese Intellectuals*, S.32. Chung Shih: *Higher Education in Communist China*, S.28. Als Quelle nennt Chung: *Renmin Jiaoyu*, Vol.4, No.2, 1.12.1951. Wu, Chien-Sung: *Ideology*, S.119. Als Quelle nennt Wu: *Guangming Ribao*, 1.12.1951.

36) Vgl. Chung Shih: *Higher Education in Communist China*, S.38. Wu, Chen-Sung: *Ideology*, S.116. Allein in Beijing und Tianjin mußten mehr als 3.000 Lehrende aus 20 Einrichtungen der Hochschulbildung ab September 1951 viermonatige "Umerziehungsstudien" (*gaizao xuexi*) absolvieren. Diese Zahl wuchs später auf 6.532 Lehrer aus 24 Einrichtungen. Vgl. Chen, Theodore H.: *The Thought Reform of the Chinese Intellectuals*, S.31. Chung Shih: *Higher Education in Communist China*, S.40.

37) Vgl. Johnson Chalmers A.: *Freedom of Thought and Expression in China*, S.59.

2.6 Maßnahmen zur Erweiterung des Lehrerkontingentes

Am 22.11.1951 legte das Kultur- und Bildungskomitee des Staatsverwaltungsrates einen "Bericht über die erste nationale Lehrerbildungskonferenz", die am 27.8.1951 stattgefunden hatte, vor. Der Bericht bestätigte die bisherigen Aussagen, daß die nationale Lehrerbildung zwar wesentlich für den Aufbau der Bildung im neuen China sei, den Bedarf jedoch bei weitem nicht decken könne. So schätzte der Bericht für die folgenden fünf Jahre einen Mindestbedarf von 1.000.000 Grundschullehrern, 150.000 bis 200.000 Arbeiter- und Bauernschul-Lehrern, 130.000 Mittelschullehrern, mindestens 10.000 Vorschulerziehern und mehr als 10.000 Hochschullehrern.[38)]

Um der Ausbildung einer so großen Zahl von Lehrern verschiedener Qualifikationsstufen gerecht zu werden, wurden Anstrengungen unternommen, das Schulsystem zu reformieren und die Lehrerbildung effektiver zu gestalten. Am 1.Oktober 1951 wurde ein neues Erziehungssystem offiziell eingeführt, welches in Anlehnung an das sowjetische Modell entstanden war. Zur Lehrerbildung wurde folgendes beschlossen:

> Pädagogische Mittelschulen mit einer Schulzeit von drei Jahren sollen Absolventen von unteren Mittelschulen oder Kandidaten mit vergleichbaren Qualifikationen aufnehmen. Untere Pädagogische Mittelschulen mit einer Schulzeit von drei bis vier Jahren sollen Absolventen von Grundschulen oder Kandidaten mit vergleichbaren Qualifikationen aufnehmen...
> Kurzzeit-Lehrerbildungsklassen mit einer Schulzeit von einem Jahr sollen innerhalb der Pädagogischen Mittelschulen oder der unteren Mittelschulen eingerichtet werden, um Absolventen von Grundschulen oder Kandidaten mit vergleichbaren Qualifikationen aufzunehmen; Wiederauffrischungsklassen für Grundschullehrer sollen eingerichtet werden für die im Dienst befindlichen Grundschullehrer. Die Schuldauer und die Qualifikationsanforderungen für die Aufnahme an einer Pädagogischen Schule für Vorschulerziehung sind vergleichbar mit denen für die Pädagogischen Mittelschulen. Kindergartenlehrerbildungskurse sollen an den Pädagogischen Mittelschulen

---

38) Vgl. Bericht über die erste nationale Lehrerbildungskonferenz (22.11.1951), in: *Materialauswahl zur gegenwärtigen Lehrerbildung an Hochschulen in China*, S.16-19, hier S.16 f. Vgl. Übersetzung in der Dokumentation, S.132-136. Auf diesen dringenden Bedarf hatte Guo Moruo als Vorsitzender des Kultur- und Erziehungskomitees des Staatsverwaltungsrates und Präsident der chinesischen Akademie der Wissenschaften bereits im Oktober 1951 in einer Rede vor dem Dritten Nationalen Kongreß der Politischen Konsultativkonferenz des Chinesischen Volkes hingewiesen. Vgl. Kuo Mo-jo, "The Urgent Need of Specialists", *People's Handbook*, 1952 (Shanghai: Dagong baoshe, 1953), S.445, in: Wu, Chien-Sung: *Ideology*, S.163.

und den unteren Pädagogischen Mittelschulen eingerichtet werden.

Absolventen von unteren Pädagogischen Mittelschulen, Pädagogischen Mittelschulen und Pädagogischen Schulen für Vorschulerzieher sollen an Grundschulen und Kindergärten arbeiten. Nach einer bestimmten Dienstzeit können sie verschiedentlich von Pädagogischen Mittelschulen, oberen Mittelschulen, Pädagogischen Hochschulen oder anderen Einrichtungen der Hochschulbildung nach Absolvierung einer Prüfung aufgenommen werden. [39)]

Um das Niveau der Pädagogischen Einrichtungen zu heben, sollten die regulären Pädagogischen Mittelschulen mit den Kurzzeitbildungseinrichtungen kombiniert werden. Es wurde angestrebt, daß jeder große Verwaltungsbezirk [40)] über mindestens eine vollständige Pädagogische Universität und jede Provinz und jede Stadt über eine vollständige Pädagogische Fachmittelschule sowie eine Pädagogische Mittelschule verfügen sollte. Bestehende Pädagogische Hochschulen sollten reorganisiert und konsolidiert werden, ihre Unabhängigkeit wurde angestrebt. Durch viele Arten der Kurzzeitausbildung sollte das vorhandene Potential an arbeitslosen Akademikern und intellektuellen Hausfrauen für den Lehrberuf ausgebildet und somit nutzbar werden; bereits im Dienst befindliche Lehrer, die sich durch ihre Arbeitsleistung besonders ausgezeichnet hatten, sollten durch stufenweise Beförderung belohnt werden und das Niveau heben helfen. Die Weiterbildungsmaßnahmen sollten nicht länger als ein Jahr dauern; Studienschwerpunkte bildeten die umfassende ideologische Ausbildung und das Studium der politischen Theorie sowie der politischen Programmatik mit der Forderung, die für alle Pädagogischen Schulen Geltung hatte, Lehrer zu Marxisten zu erziehen. [41)] Mit diesem Maßnahmenkatalog war eine umfassende bildungspolitische

---

39) "Implementation of New Educational System Promulgated" (New China News Agency, Beijing, October 1, 1951), *Survey of China Mainland Press*, No.192 (October 11, 1951), S.13-16, in: Hu, Shi Ming and Eli Seifman (eds.): *Toward a New World Outlook*, S.30-34, hier S.32 f. Vgl. auch: "Government Administration Council Decision of Reform of the Educational System" (Passed at Council's 97th Executive Session, August 10, 1951, and Announced on October 1, 1951), in: *Collection of Laws and Decrees of the Central People's Government, 1951*, People's Publishing House, Beijing, 1953, S.467-483), in: *Chinese Education*, Vol.III, No.1, Spring 1970, S.54-64, hier S.58 f.

40) Eine einige Jahre nach der Gründung der Volksrepublik China bestehende Verwaltungseinheit oberhalb der Provinzebene.

41) "Bericht über die erste nationale Lehrerbildungskonferenz" (22.11.1951), in: *Materialauswahl zur gegenwärtigen Lehrerbildung an Hochschulen in Chi-*

Erfassung aller Lehrkräfte gewährleistet, mit der die endgültige Umerziehung der Intellektuellen in Angriff genommen werden konnte, um die Gefahr "konterrevolutionärer" Gedanken zu bannen.

2.7 Die Reorganisation ab 1952

Das Jahr 1952 brachte eine umfassende Reform des gesamten Schulwesens, nachdem diesbezügliche Forderungen im Jahr 1951 mehrfach geäußert worden waren.

Ma Xulun faßte die Ergebnisse der Reorganisation in seiner Eröffnungsrede auf der Konferenz für Hochschulbildung zusammen: Die Universitäten seien zahlenmäßig verringert worden. Vor allen Dingen betraf dies die Allgemeinen Universitäten, die zum Großteil in Technische Universitäten umgewandelt wurden. [42] Auch im Bereich der Schulbildung setzte dieser Trend zur Spezialisierung, in der Hauptsache zur technischen Ausbildung, ein. Am 23.Juli 1952 veröffentlichte die "Volkszeitung" (*Renmin Ribao*) die Entscheidung der Führung, die Kurzkurs-Mittelschulen den Einrichtungen der Hochschulbildung zu unterstellen. Private Schuleinrichtungen, auch die von Missionaren geführten, wurden aufgelöst, [43] so daß das gesamte Schulwesen von der kommunistischen Regierung geleitet wurde und den jeweiligen Anforderungen angepaßt werden konnte. Im November 1952 wurde dem Erziehungsministerium ein Ministerium

---

Forts. von letzter Seite:

na, S.16-19, hier S.17-19. Vgl. Übersetzung in der Dokumentation, S.132-136. Vgl. auch die im gleichen Band, S.20-23, veröffentlichte Überarbeitung des Berichtes: "Veröffentlichung der Bestimmungen zur probeweisen Führung der Pädagogischen Hochschulen, der provisorischen Bestimmungen der Pädagogischen Hochschulen und bezüglich der Beschlüsse in bezug auf die vielen Kurzzeitausbildungsgänge für Lehrkräfte in der Grund- und Mittelschulbildung" (16.7.1952). Vgl. Übersetzung in der Dokumentation, S.137. Vgl. auch: "Directive of Ministry of Education of 1952 Plan for Training State Constructive Cadres" (July 20, 1952) (New China News Agency, Beijing, July 20, 1952), *Survey of China Mainland Press*, No.379 (July 22, 1952), S.9-10, in: Hu, Shi Ming and Eli Seifman (eds.): *Toward a New World Outlook*, S.37 f.

42) Vgl. Ma Hsu-lun, "Opening Address to Higher Education Conference", *Renmin Ribao*, 24.9.1952, in: Chung Shih: *Higher Education in Communist China*, S.49.

43) Vgl. Chung Shih: *Higher Education in Communist China*, S.49 f.

für Hochschulbildung zur Seite gestellt. [44]

Die Einrichtungen zur Lehrerbildung wurden durch die Reform eigenständig, d.h. unabhängig von anderen Hochschuleinrichtungen geführt; aus diesem Grunde konnten die Lehrerbildungsprogramme an den Universitäten eingestellt werden, wodurch eine Vereinheitlichung der Lehrerbildung erreicht und eine zentrale Planung ermöglicht wurde. [45]

Die Lehrerbildung bedurfte dringender Verbesserungen, [46] da sie die Ausbildung neuer, qualifizierter Lehrer und damit die Entwicklung des gesamten Bildungswesens durch mangelnde Leistungsfähigkeit hemmte. Im Juli 1953 wurden von offizieller Seite Zahlen veröffentlicht, die den akuten Mißstand eindrucksvoll belegen. Zum Beispiel wurde der Bedarf an Lehrkräften für Mittelschulen für die Fächer Chinesische Sprache, Russische Sprache, Mathematik, Physik, Chemie, Biologie, Geschichte, Geographie, Sport und Politik für das Jahr 1953 mit 24.000 angegeben, doch schlossen in dem Jahr nur 3.800 Studenten ihr Studium in diesen Fächern ab. Als Gegenmaßnahmen wurden auf der Nationalen Konferenz zur Lehrerbildung an Hochschulen im September 1953 Fakultätserweiterungen geplant und Neugründungen angeordnet. [47]

So sollten innerhalb von fünf Jahren die vorhandenen Schulen schrittweise expandieren, so daß bis zum Jahre 1957 4.000-6.000 Schüler Aufnahme finden

44) Vgl. *Science and Technology in the People's Republic of China*, S.112.

45) Vgl. Wu, Chien-Sung: *Ideology*, S.170. Vgl. auch: Ministerium für Hochschulbildung der Zentralen Volksregierung: Plan zur Regulierung der Fakultäten der nationalen Einrichtungen der Hochschulbildung im Jahre 1953 (180. Konferenz zur Ratifizierung von Staatsangelegenheiten des Staatsverwaltungsrates vom 29.5.1953), in: *Wichtige Dokumente zur Hochschulbildung*, S.47-55, hier S.49-55. Vgl. Übersetzung in der Dokumentation, S.140-141. Referat über die grundlegende Situation und den künftigen Kurs sowie die künftigen Aufgaben bezüglich der nationalen Lehrerbildung an Hochschulen (Referat, gehalten von Minister Zhang Xiruo auf der Nationalen Konferenz zur Lehrerbildung an Hochschulen am 28.9.1953), in: *Materialauswahl zur gegenwärtigen Lehrerbildung an Hochschulen in China*, S.28-39, hier S.28 f. Vgl. Übersetzung in der Dokumentation, S.144-151.

46) Vgl. "China Education Almanac", in: *Chinese Education*, Vol.XIX, No.3, S.1-111, hier S.19.

47) Vgl. Bestimmungen bezüglich der geplanten Einrichtung der Fakultäten Erziehung, Englische Sprache, Sport sowie Politik an Pädagogischen Hochschulen (20.7.1953), in: *Materialauswahl zur gegenwärtigen Lehrerbildung an Hochschulen in China*, S.24-27. Vgl. Übersetzung in der Dokumentation, S.141-144.

konnten; Pädagogische Fachmittelschulen sollten an mehreren Orten gegründet werden, und im Dienst befindlichen Lehrern sollten Weiterbildungsmaßnahmen ermöglicht werden, die in den Ferienzeiten wahrgenommen oder schulintern organisiert werden konnten.[48] Diese Weiterbildungsmaßnahmen sollten von den Lehrern der einzelnen Schulen im Rotationsverfahren besucht werden, um den Lehrbetrieb aufrechterhalten zu können.[49]

2.8 Die Situation der Lehrer nach der Reorganisation

Neben den Maßnahmen, die getroffen wurden, um das Niveau der Lehrerbildung zu fördern, kam es in diesem frühen Stadium der "Neuen Demokratie", welche die Kommunisten begründen wollten, darauf an, die bereits im Amt befindlichen Lehrer den Zielen entsprechend umzuerziehen. Für die kommunistische Führung war die Schulbildung eine kraftvolle Waffe, die vom Staat eingesetzt wird, um die Menschen zu erziehen und die Gesellschaft im Sinne der kulturellen

---

48) Vgl. Referat über die grundlegende Situation und den künftigen Kurs sowie die künftigen Aufgaben bezüglich der nationalen Lehrerbildung an Hochschulen (Referat, gehalten von Minister Zhang Xiruo auf der Nationalen Konferenz zur Lehrerbildung an Hochschulen am 28.9.1953), in: Materialauswahl zur gegenwärtigen Lehrerbildung an Hochschulen in China, S.28-39, hier S.33. Übersetzung in der Dokumentation, S.144-151. Zusammenfassendes Referat über die Nationale Konferenz zur Lehrerbildung an Hochschulen (Referat, gehalten am 13.10. 1953 auf der Nationalen Konferenz zur Lehrerbildung an Hochschulen vom stellvertretenden Minister Dong Chuncai), in: Materialauswahl zur gegenwärtigen Lehrerbildung an Hochschulen in China, S.57-76, hier S.58-62. Übersetzung in der Dokumentation, S.154-164.

49) Vgl. "Government Administration Council Directive Concerning the Improvement and Development of Higher Education for Teacher Training" (November 26, 1953) (NCNA, Beijing, December 14, 1953), *Survey of China Mainland Press*, No.726 (13.1.1954), S.16-19, in: Hu, Shi Ming and Eli Seifman (eds.): *Toward a New World Outlook*, S.63-66, hier S.63 f. "Central People's Government Ministry of Education Issues Directive Concerning Establishment, Development and Reorganization of Normal Schools" (NCNA, Beijing, June 19, 1954), *Survey of China Mainland Press*, No.844 (July 9, 1954), S.33-34, in: Hu, Shi Ming and Eli Seifman (eds.): *Toward a New World Outlook*, S.69-71. Chang Hsi-jo, Minister of Education: "National Education in China" (Report delivered to the 3rd session of the 1st National People's Congress on June 20, 1956) (NCNA, Beijing, June 20, 1956), *Currant Background*, No.400 (July 17, 1956), S.19-25, in: Hu, Shi Ming and Eli Seifman (eds.): *Toward a New World Outlook*, S.80 f.

Ideologie der postulierten Arbeiterklasse zu verändern. [50] Die Vermittler der Schulbildung sind die Lehrer, wobei es den Kommunisten hauptsächlich auf die Mittelschullehrer ankam, die qualifiziertes Personal für den nationalen Aufbau ausbilden. An den Pädagogischen Hochschulen sollten die Mittelschullehrer zu einem neuen Typ des Volkslehrers ausgebildet werden, der "dem Volk mit gutem Beispiel vorangeht" und zu einem "Ingenieur der menschlichen Seele" [51] wird.

Um dieses Ziel zu erreichen, richtete das 1952 neugegründete Ministerium für Hochschulbildung zum Ende des Jahres Unterrichtsforschungsgruppen (*jiaoxue yanjiuzu*) an allen Einrichtungen der Hochschulbildung ein, die sicherstellen sollten, daß jeder einzelne Lehrer den Lehrplan seines Faches einhielt. [52] Die Unterrichtsforschungsgruppen sind integraler Bestandteil der Einrichtungen geworden. Vorlesungen wurden in gemeinsamer Diskussion erstellt und der Entwurf noch einmal kontrolliert. Im Anschluß daran schrieb jedes Mitglied seine Vorlesungen auf und reichte die Skripten zur ergänzenden Durchsicht an alle anderen Mitglieder weiter. [53] Die Aufgaben der Unterrichtsforschungsgruppen umfaßten die Überwachung der Unterrichtsvorbereitungen eines jeden Gruppenmitglieds, die Ausbildung junger Lehrer, die Forcierung des Erfahrungs- und Informationsaustausches, die Einführung neuer Unterrichtsmetho-

---

50) Vgl. "National Secondary Education Conference Closed" (NCNA Beijing, 1.2.1954), *Survey of China Mainland Press*, No.747 (February 13-15, 1954), S.27-29, in: Hu, Shi Ming and Eli Seifman (eds.): *Toward a New World Outlook*, S.66-69, hier S.67.

51) "Referat über die grundlegende Situation und den künftigen Kurs sowie die künftigen Aufgaben bezüglich der nationalen Lehrerbildung an Hochschulen (Referat, gehalten von Minister Zhang Xiruo auf der Nationalen Konferenz zur Lehrerbildung an Hochschulen am 28.9.1953), in: *Materialauswahl zur gegenwärtigen Lehrerbildung an Hochschulen in China*, S.28-39, hier S.28. Vgl. Übersetzung in der Dokumentation, S.144-151. An anderer Stelle des Textes (vgl. S.29) wird der Ausbildungsauftrag der Pädagogischen Hochschulen folgendermaßen formuliert: "Auf der Grundlage des Marxismus-Leninismus, des Marxismus-Leninismus in Kombination mit der Phase der Praxis der chinesischen Revolution sowie des Mao-Zedong-Denkens sollen die Mittelschullehrkräfte auf einer höheren Stufe des kulturwissenschaftlichen Niveaus und mit speziellen erziehungswissenschaftlichen Fachkenntnissen und Techniken mit Leib und Seele der Erziehung des Volkes dienen." Bei "Ingenieur der menschlichen Seele" handelt es sich um einen Begriff aus der Zeit der sowjetischen Industrialisierungsperiode (1928-1941).

52) Vgl. *The Cambridge History*, Vol.14, S.201.

53) Vgl. Wang Tien-i: "Kollektive Vorbereitung von Vorlesungen unserer Lehrergruppe", *Tianjin Ribao*, May 12, 1952, in: Chung Shih: *Higher Education in Communist China*, S.57.

den, die Leitung der gegenseitigen Kritik und Bewertung, das Führen der Forschungsarbeit sowie die Ausbildung von Promotionsstudenten. 54) Die Unterrichtsforschungsgruppe prüfte nicht nur die Vorlesungsskripten der Hochschullehrer, sie nahm sogar Probevorlesungen ab. 55) Die Unterrichtsforschungsgruppe galt als Verkörperung des kollektiven Geistes und als wichtigstes Instrument zur Steigerung des Unterrichtsniveaus. 56)

Schon im Februar des darauffolgenden Jahres wurden die ersten kritischen Stimmen laut, die auf eine Überforderung der Lehrer hinwiesen. Umfragen ergaben, daß 60 Stunden Unterrichtsarbeit pro Woche die Regel waren, manche Lehrer arbeiteten 70, einige auch 90 Stunden in der Woche. 57)

Neben der eigentlichen Unterrichtsarbeit hatten die Lehrer noch viele andere Pflichten zu erfüllen. Konkret geregelt wurde das Arbeitspensum eines Hochschullehrers 1955. Zu seiner zentralen Aufgabe wurde das Unterrichten erklärt, welches folgende Teilaufgaben umfaßt: Vorlesungen abhalten, Seminare und Übungsstunden anbieten, Unterricht durch Fernstudium erteilen, Experimente durchführen, Konsultationen anbieten, Produktionspraktika und Unterrichtspraktika begleiten, Durchsichts- und Korrekturmaßnahmen, Examen und Überprüfungen durchführen, Lehrgänge und -abhandlungen planen, die Semesterarbeiten und die Abschlußplanungen und -arbeiten leiten, sich an der Arbeit des nationalen Prüfungskomitees beteiligen, die Forschungsstudenten anleiten sowie sich weiterbildende Lehrer und Examenskandidaten betreuen. So errechnete sich ein jährliches Arbeitspensum eines Professors und eines außerordentlichen Professors auf mindestens 480 bis 530 und höchstens 530 bis 580 Unterrichtsstunden, eines Dozenten auf mindestens 520 bis 570 und höchstens 570 bis 620 Unterrichtsstunden und eines Assistenten auf mindestens 540 bis 590 und höchstens 590 bis 640 Unterrichtsstunden. Übernahmen die Lehrkräfte Funktionsstellen, wie z.B. die Leitung der Unterrichtsforschungsgruppe, konnte die Unterrichtsstundenzahl reduziert werden. Außerdem mußten die Hochschullehrer an unterrichtsmethodischer Arbeit, wie z.B. dem Erstellen des Unterrichtsplans und des Lehrplans, teilnehmen, wissenschaftliche Forschungsarbeit übernehmen, politiktheoretische Studien betreiben, Unterrichtsverwaltungsarbeit, z.B. planen-

---

54) Vgl. *The Cambridge History*, Vol.14, S.201.

55) Vgl. Chung Shih: *Higher Education in Communist China*, S.57.

56) Vgl. "Referatsthesen bezüglich der Unterrichtsreform an Pädagogischen Hochschulen." (Referat des stellvertretenden Ministers Liu Shi vom 6.10.1953 auf der Nationalen Konferenz zur Lehrerbildung an Hochschulen), in: *Materialauswahl zur gegenwärtigen Lehrerbildung an Hochschulen in China*, S.40-56, hier S.53. Übersetzung in der Dokumentation, S.151-154.

57) Vgl. *Dagongbao*, Tianjin, 4.2.1953, in: Chung Shih: *Higher Education in Communist China*, S.61.

de Vorbereitungen für den Aufbau neuer Fachgebiete, leisten, studentische Berichte korrigieren, Übersetzungen und Revisionen von Lehrstoffen sowie Lehrmaterialien erstellen und studentische Wissenschaftsgruppen, die studentische Ausbildung, die Morgengymnastik, Arbeitswettbewerbe usw. leiten. [58]) Neben all diesen Verpflichtungen bedeutete die Teilnahme an der Unterrichtsforschungsgruppe einen enormen Zeitaufwand für die einzelnen Mitglieder. Wichtiger für den einzelnen war jedoch der Verlust jeder individuellen Lehrmethodik. Selbst der Unterrichtsstil wurde Ziel der Kritik; es blieb kein Freiraum mehr, da die Kontrolle in allen Bereichen funktionierte. Es wurde zwar von offizieller Seite darauf hingewiesen, daß der Kollektivismus bei der Unterrichtsvorbereitung nicht bedeuten sollte, daß alle alles diskutieren und alle an jedem Unterricht teilnehmen sollten, [59]) und doch blieb die Überforderung auch bei eingeschränkter Hospitation bestehen.

2.9 Die Anlehnung an die Sowjetunion

In einer offiziellen Studie aus dem Jahre 1951 mußte der Erziehungsminister feststellen, daß mehr als die Hälfte der Grundschullehrer in Nordchina selbst nur über die Grundschulbildung verfügten. [60]) An den Einrichtungen der Erwachsenenbildung war der Bildungsmangel der Lehrkräfte noch gravierender. Nach dem Slogan "jede fähige Person ist ein Lehrer" unterrichteten Personen mit Minimalkenntnissen diejenigen, die über gar kein Wissen verfügten. [61]) Wegen der raschen Entwicklung des Bildungswesens konnten die Kommunisten trotz der Maßnahmen, die zur Niveausteigerung ergriffen wurden, dieses Problem

---

58) Vgl. "Probeweise durchzuführende Maßnahmen (zum) Unterrichtsarbeitspensum und (zum) Arbeitstag von Lehrern an Hochschulen" (11.7.1955 (55) Note 301 der Anweisungen zur Bildung), in: *Wichtige Dokumente zur Hochschulbildung*, S.177-185, hier S.177 f., 181 f. Übersetzung in der Dokumentation, S.164-172.

59) Vgl. "Referatsthesen bezüglich der Unterrichtsreform an Pädagogischen Hochschulen" (Referat des stellvertretenden Ministers Liu Shi vom 6.10.1953 auf der Nationalen Konferenz zur Lehrerbildung an Hochschulen), in: *Materialauswahl zur gegenwärtigen Lehrerbildung an Hochschulen in China*, S.40-56, hier S.55. Übersetzung in der Dokumentation, S.151-154.

60) Vgl. Tseng Fei, "The Years' Review of the Learning of Elementary Teachers", *Renmin Jiaoyu*, Beijing, September 1951, in: Wu, Yuan-li (ed.): *China*, S.700.

61) Vgl. Wu, Yuan-li (ed.): *China*, S.700.

nicht zufriedenstellend lösen. [62] Ein Grund für die mangelnde Effizienz der Lehrerbildung wurde auf der Nationalen Konferenz zur Hochschulbildung 1953 diskutiert. Es hatte sich gezeigt, daß die Studenten der Lehrerbildung überlastet waren und die außerschulischen Massenorganisationsbewegungen mit Studiensitzungen, sozialen Diensten usw. zu viel Zeit in Anspruch nahmen. Die Folge waren gesundheitliche Schäden und schlechte Lernresultate. Daraufhin wurde beschlossen, die Kurse und Lehrstoffe angemessen zu kürzen, die Belastungen der Lehrer und Studenten zu mildern, die Organisation zu straffen, Diskussionssitzungen zu organisieren und unnötige Betätigungen zu reduzieren. [63] Wichtiger jedoch ist, daß die Maßnahmen zur Steigerung des Bildungsniveaus und zur Vergrößerung des Lehrerkontingentes Zeit benötigten, um greifen zu können. Zudem fehlten den Schulen Lehrbücher, Lehrpläne u.a., die den Anforderungen an eine Unterrichtsreform nach sozialistischen Prinzipien entsprachen. Die Lehrer sollten sich mit den Erfahrungen der Sowjetunion vertraut machen, allmählich davon lernen und die chinesische Realität gewissenhaft in die neuen Pläne einbeziehen. [64] Da die Lehrer eher die englische, nicht aber die russische Sprache benutzen konnten (bis zur Gründung der VR China war das Bildungssystem am amerikanischen Vorbild orientiert und viele Intellektuelle waren im westlichen Europa oder in Amerika ausgebildet worden), wurden nun Kurzkurse zur Erlernung der russischen Sprache angeboten, damit die Lehrer und die Hochschullehrer sowjetische Lehrmaterialien lesen und übersetzen konnten. In den Ferien oder an einigen Nachmittagen in der Woche mußten die Lehrer

---

62) Vgl. "Government Administration Council Directive Concerning the Reorganization and Improvement of Primary School Education" (November 26, 1953) (NCNA, Beijing, December 14, 1953), *Survey of China Mainland Press*, No.726 (13.1.1954), S.19-24, in: Hu, Shi Ming and Eli Seifman (eds.): *Toward a New World Outlook*, S.58-62, hier S.58-61.

63) Vgl. "Zusammenfassendes Referat über die Nationale Konferenz zur Lehrerbildung an Hochschulen" (Referat, gehalten am 13.10.1953 auf der Nationalen Konferenz zur Lehrerbildung an Hochschulen vom stellvertretenden Minister Dong Chuncai), in: *Materialauswahl zur gegenwärtigen Lehrerbildung an Hochschulen in China*, S.57-75, hier S.58-62. Übersetzung in der Dokumentation, S.154-164.

64) Vgl. "Referat über die grundlegende Situation und den künftigen Kurs sowie die künftigen Aufgaben bezüglich der nationalen Lehrerbildung an Hochschulen" (Referat, gehalten von Minister Zhang Xiruo auf der Nationalen Konferenz zur Lehrerbildung an Hochschulen am 28.9.1953), in: Materialauswahl zur gegenwärtigen Lehrerbildung an Hochschulen in China, S.28-39, hier S.31, 38. Übersetzung in der Dokumentation, S.144-151.

mehrere Stunden hintereinander den Sprachkurs besuchen. [65] Der Lehrermangel wurde gemildert, indem die Sowjetunion Lehrer und Professoren nach China sandte, die beim Aufbau der neuen Volksrepublik helfen sollten. [66] Auf der nationalen Konferenz zur Lehrerbildung an Hochschulen 1953 wurde beschlossen, die kulturelle Ideologie des proletarischen Sozialismus als Führungsideologie bei der Unterrichtsreform zu beachten unter Befolgung der Leitlinie: "Fleißiges Studium der fortschrittlichen Erfahrungen der Sowjetunion, enge Verbindung mit der chinesischen Realität, Unterrichtsreform mit sicherem Schritt." [67]

In den folgenden Jahren wurden enorme Übersetzungsleistungen von den Lehrkörpern der Schulen und Hochschulen neben ihrer eigentlichen Unterrichtstätigkeit vollbracht, doch fand eine Angleichung an die chinesischen Verhältnisse nicht statt. 1957 betonte der Minister für Hochschulbildung, Yang Xiufeng, zwar den positiven Einfluß der Sowjetunion in den vorangegangenen Jahren und hob hervor, daß mehr als 600 sowjetische Experten an den chinesischen Universitäten eine Schlüsselrolle für deren Entwicklung gespielt hätten. Mehr als 8.285 Postgraduierte und Lehrer hätten ausgebildet werden können, in 443 Kursen hätten die sowjetischen Lehrer ihren chinesischen Kollegen hilfreich zur Seite gestanden, 629 verschiedene Lehrmaterialien seien geschrieben worden, von denen 108 veröffentlicht worden seien, und in 37 Lehrerbildungsklassen hätten insgesamt 2.775 neue Lehrer ausgebildet werden können. Doch von den Professoren wurde Kritik laut an diesem Verfahren, welches die eigene Tradition vernachlässigte, eigenes Wissen außer acht ließ und sowjetische Lehrmethoden und -materialien lediglich imitierte, ohne sie an die chinesischen Verhältnisse anzupassen. [68] Durch die vehemente Kritik an diesen Praktiken in der "100-Blumen-Bewegung" 1957, auf die noch näher eingegangen wird, sahen sich die Ministerien veranlaßt, die Russisch-Sprachkurse - und damit diese Überbelastung der Lehrer - abzu-

---

65) Vgl. Chung Shih: *Higher Education in Communist China*, S.70 f. Als Quelle nennt Chung: Tseng Chao-lun, *Guangming Ribao*, 10.1.1953; *Renmin Jiaoyu*, No.38, June 1953, S.24.

66) Shih Ch'eng Chih: *The Status of Science and Education in Communist China*, S.13 f.

67) "Zusammenfassendes Referat über die Nationale Konferenz zur Lehrerbildung an Hochschulen" (Referat, gehalten am 13.10.1953 auf der Nationalen Konferenz zur Lehrerbildung an Hochschulen vom stellvertretenden Minister Dong Chuncai), in: *Materialauswahl zur gegenwärtigen Lehrerbildung an Hochschulen in China*, S.57-76, hier S.64. Übersetzung in der Dokumentation, S.154-164.

68) Vgl. Chen, Theodore H.: *Chinese Education Since 1949*. Als Quelle nennt Chen: *Guangming Ribao*, 6.11.1957. Liu, William T. (ed.): *Chinese Society under Communism*, S.336.

schaffen und den Versuch zu unternehmen, Lehrmaterialien für den chinesischen Gebrauch zusammenzustellen und wieder andere ausländische Publikationen zuzulassen. [69)]

2.10 Die Unzufriedenheit der Lehrkräfte

Nicht zuletzt wegen der Umerziehungsmaßnahmen wuchs die Unzufriedenheit der Lehrkräfte. Auf einer Konferenz der Vereinigung der in der Erziehung Tätigen wurden drei Gründe dafür genannt: erstens der niedrige gesellschaftliche Status, zweitens die nicht angemessene Entlohnung und die schlechten Lebensbedingungen und drittens die totale Überforderung, die keine Zeit für Erholung ließ und zu Gesundheitsschäden geführt hatte. [70)]

1953 hatten die zuständigen Stellen bereits erkannt, daß die Schüler und Studenten eine Lehrerbildung mieden oder sich, falls sie diese Ausbildung begonnen hatten, um den Wechsel in einen anderen Beruf bemühten. Da dieses jedoch die Entwicklungsarbeit hemmte, wurde die fachideologische Ausbildung verstärkt, um das politische Bewußtsein für die Bedeutung dieses Berufes zu wecken. Den Schulleitern kam dabei die Aufgabe zu, die Schüler zum Respekt vor den Lehrern anzuhalten, sie zur Lerndisziplin anzuleiten und ihnen die Parteipolitik gegenüber den Intellektuellen zu erklären. [71)] Das Verhältnis zwischen Schüler und Lehrer sollte verbessert werden nach dem Slogan: "Die Lehrer lieben die Schüler, die Schüler respektieren die Lehrer (*zun shi ai sheng*)." [72)]

---

69) Vgl. Shih Ch'eng Chih: *The Status of Science and Education in Communist China*, S.15. Es sei daran erinnert, daß sich diese Öffnung zu einer Zeit vollzog, als sich bereits der Bruch mit der Sowjetunion anbahnte.

70) Vgl. Liu, William T. (ed.): *Chinese Society under Communism*, S.371-380, hier S.372.

71) Vgl. "Zusammenfassendes Referat über die Nationale Konferenz zur Lehrerbildung an Hochschulen" (Referat, gehalten am 13.10.1953 auf der Nationalen Konferenz zur Lehrerbildung an Hochschulen vom stellvertretenden Minister Dong Chuncai), in: *Materialauswahl zur gegenwärtigen Lehrerbildung in China*, S.57-76, hier S.68 f. Vgl. Übersetzung in der Dokumentation, S.154-164.

72) Vgl. "Government Administration Council Directive Concerning the Reorganization and Improvement of Primary School Education" (26.11.1953) (NCNA, Beijing, 14.12.1953), *Survey of China Mainland Press*, No.726 (13.1.1954), S.19-24, in: Hu, Shi Ming and Eli Seifman (eds.): *Toward a New World Outlook*, S.58-62, hier S.60. Vgl. auch S.72: "Rules of Conduct for

Die schlechte finanzielle Situation der Lehrer trug, wie erwähnt, viel zu ihrer Unzufriedenheit bei. Das Gehalt der Lehrer, besonders an den regulären Schulen, war sehr gering. Zudem variierte es je nach Schulart, aber auch nach den Provinzen, in denen die Schule angesiedelt war. Besonders auf dem Lande wurden die Lehrer noch oft ganz oder zum großen Teil in Naturalien entlohnt, und viele lebten am Rande des Existenzminimums. Besonders bemerkenswert ist, daß Lehrer aus den Massen, also diejenigen, die zur Unterstützung an die Schulen gerufen wurden, sowie Praktikanten überhaupt keinen Lohn erhielten, obwohl gerade sie "Diener des Volkes" bzw. "Lehrer des neuen Typs" waren. Ihnen wurde höchstens gestattet, einige Schüler als Hilfe für die Arbeit auf dem Acker aus der Schule abzuziehen, [73] eine Maßnahme, die sich eigentlich nicht mit den Vorstellungen der kommunistischen Führer vereinbaren läßt. Es zeigt sich deutlich, wie schwer sich die Partei mit der Lösung der Intellektuellenfrage getan hat. Doch konnte sie die schlechte Lage, die dringend einer Neuordnung bedurfte, bald nicht mehr leugnen.

Die Neuordnung wurde im Juli 1952 vom Staatsverwaltungsrat verabschiedet. Hauptbegünstigte waren die Grundschullehrer, also diejenigen, die am schlechtesten gestellt waren, demgegenüber von der Regierung aber als am vertrauenswürdigsten angesehen wurden. Ihr Einkommen stieg durch die Neuregelung um durchschnittlich 37,4 Prozent, das der Mittelschullehrer wurde um durchschnittlich 15,5 Prozent, das der Hochschullehrer um 18,6 Prozent angehoben. Die Entlohnung in Naturalien wurde abgeschafft, wodurch sich der Lebensstandard der Lehrer, besonders der in den ländlichen Gebieten, erhöhte. Anstrengungen wurden unternommen, soziale Absicherungen für die Lehrer zu schaffen. So wurde z.B. das System der ärztlichen Betreuung auf Staatskosten (*gongfei yiliao*) eingeführt. [74]

Forts. von letzter Seite:
Primary School Students", Shanghai, *Wenhui Bao*, 26.2.1955, *Survey of China Mainland Press*, No.1067 (Supplement No.1071) (17.6.1955), S.8-9: "3. Gehorche den Anweisungen des Rektors und der Lehrer ... 11. Respektiere den Rektor und die Lehrer. ...". Vgl. auch S.73: "Rules of Conduct for Middle School Students", Beijing, *Guangming Ribao*, 18.6.1955, *Survey of China Mainland Press*, No.1094 (22.7.1955), S.16-17: "3. ... Gehorche den Anweisungen des Rektors und der Lehrer. ... 9. Respektiere den Rektor und die Lehrer. ..."

73) Vgl. Chi Tung-wei: *Education for the Proletariat*, S.40 f.

74) Vgl. "New China's Concern for People's Teachers and Youth", *Renmin Jiaoyu*, August 1952, S.4-5, in: White, Gordon: *Party and Professionals*,

Neben die rigide staatliche Kontrolle und Überwachung trat für die Lehrer aufgrund dieser Regelungen die soziale Absicherung. Sie wurden zwar Opfer der verschiedenen Umerziehungsmaßnahmen, wurden aber vom Staat nicht an den gesellschaftlichen Rand gedrängt, sondern als ein, wenn auch schwieriger, Teil der Gemeinschaft angenommen.

1956, als versucht wurde, mehr Intellektuelle für die Interessen der Partei zu gewinnen, wurden die Lebensbedingungen der Lehrer abermals verbessert. Eine Einkommenssteigerung um 32,88 Prozent für Grundschullehrer wurde verfügt, doch war das Gehalt noch immer nicht ausreichend. Das Minimum wurde auf 20 Yuan festgesetzt, jedoch erhielten die Grundschullehrer vielfach nur vier Yuan, wobei zehn Yuan als monatlicher Durchschnittsverdienst angenommen werden kann. Vielfach war kein Wohnraum vorhanden oder aber für das niedrige Gehalt eines Lehrers unerschwinglich. Aufgrund vieler kritischer Stimmen während der "100-Blumen-Bewegung" wurde den Lehrern zwar Wohnraum zur Verfügung gestellt, doch handelte es sich in der Regel um sehr primitive Wohnungen. [75)]

Eine weitere Quelle der Unzufriedenheit unter den Lehrern bildete die rigide politische Kontrolle, die jede Möglichkeit zu individueller Entscheidung und Berufsausübung nahm. Die Lehrer wurden zu Dienern des Staates und der Partei und hatten lediglich deren Anweisungen zu befolgen. In den Studiensitzungen, deren Besuch obligatorisch war, wurde ihnen vorgeworfen, Produkte der "bourgeoisen" Gesellschaft zu sein; von ihnen wurde gefordert, mit der Vergangenheit zu brechen. Dies hatte durch öffentliche Bekenntnisse und Selbstkritiken zu geschehen, was alleine schon als demütigend empfunden wurde. Doch hinzu kam, daß die politische Kontrolle durch Kader ausgeübt wurde, die von der Partei zu diesem Zweck an die Schulen geschickt worden waren. Es wurden viele Fälle von Machtmißbrauch bekannt, besonders gegenüber Grundschullehrern, denen z.B. verboten wurde, den Speisesaal zu benutzen. Zudem erstatteten die Kader über jeden Lehrer Bericht an die Partei, die aufgrund dessen über Arbeitszuteilung oder aber über Entlassung entschied. Auch Disziplinierungen vor den Schülern waren nicht selten, so daß die Schüler den Respekt verloren, Lehrer bei den Kadern anzeigten und im Unterricht Bekenntnisse von ihnen verlang-

---

Forts. von letzter Seite:

S.50 f. Vgl. auch: China Educational Almanac (1949-1981), in: *Chinese Education*, Vol.XIX, No.3, Fall 1986, S.3-111, hier S.86, 103.

75) Vgl. Liu, William T. (ed.): *Chinese Society under Communism*, S.371-380, hier S.372.

ten. Dies zerstörte nicht nur das Lehrer-Schüler-Verhältnis, sondern untergrub auch die Unterrichtsmoral und den Arbeitseifer der Lehrer. [76)]

Schon 1953 kritisierte Premierminister Zhou Enlai das Verhalten der Kader aller Ebenen und verwies auf die ehrenvolle und wichtige Aufgabe, die die Lehrer als "Diener des Volkes" zu erfüllen hätten; so forderte er die Beendigung aller Diskriminierungen. [77)] Doch zeitigte dieser frühe Appell keinen Erfolg (zumal die Partei die Umerziehungsmaßnahmen gleichzeitig verschärfte), und so wuchs die Unzufriedenheit derart, daß ein Leitartikel der *Renmin Ribao* 1956, zu der Zeit, als die Partei den Versuch unternahm, durch Verbesserungen der Lebenssituation mehr Lehrer für sich zu gewinnen, folgende Situation beschrieb:

> Wir haben kürzlich Leserbriefe erhalten, die auf das diskriminierende Verhalten gegen Lehrer in vielen Gebieten aufmerksam machen, besonders auf die unvernünftige Behandlung der Grundschullehrer. Es gibt Kader, besonders in den ländlichen Gebieten, die die Arbeit der Grundschullehrer verachten und die sie mit Grobheit und Dummheit behandeln, sie manchmal mit Spott und Sarkasmus schlagen oder sie der ideologischen Abweichung anklagen. Sie verunglimpfen die Persönlichkeit der Grundschullehrer und beeinträchtigen ihre persönliche Freiheit. In einigen Fällen betrachten Kader die Grundschullehrer als ihre persönlichen Diener, die für sie Botengänge machen müssen. In anderen Fällen werden die Lehrer bei der Zuteilung von Getreide, Gemüse und Fleisch diskriminiert, so daß die Lehrer gekürzte Rationen oder bewußt minderwertige Produkte bekommen. [78)]

2.11 Die "100-Blumen-Bewegung" von 1956

Zum Ende des Jahres 1955 unternahm die Partei den Versuch, die Industrialisierung des Landes voranzutreiben, mußte jedoch erkennen, daß Wissenschaftler und Techniker für die Bewältigung der Aufgaben fehlten. Viele Intellektuelle verhielten sich aus Furcht vor Angriffen und wegen der schlechten Erfahrungen, die sie in der Umerziehungsbewegung gemacht hatten, passiv. Um diese

---

76) Vgl. Liu, William T. (ed.): *Chinese Society under Communism*, S.371-380, hier S.373, 375 f.

77) Vgl. "Government Administration Council Directive Concerning the Reorganization and Improvement of Primary School Education" (26.11.1953) (NCNA, Beijing, 14.12.1953), *Survey of China Mainland Press*, No.726 (13.1.1954), S.19-24, in: Hu, Shi Ming and Eli Seifman (eds.): *Toward a New World Outlook*, S.58-62, hier S.61 f.

78) Chen, Theodore H.: "The Teaching Profession"; als Quelle nennt Chen: *Renmin Ribao*, 5.10.1956, in: Liu, William T. (ed.): *Chinese Society under Communism*, S.371-380, hier S.373 f.

Intellektuellen doch zu einer Mitarbeit zu bewegen, versprach die Partei mehr wissenschaftliche Freiheiten und eine Reduzierung der politischen Pflichten. Vom 14. bis 20. Januar 1956 hielt das ZK der KPCh eine Konferenz zur Intellektuellenfrage ab, [79] auf der Mao Zedong eine Neueinschätzung des politischen Standpunktes der Intellektuellen, zu denen auch alle Lehrer und Hochschullehrer gezählt wurden, verkündete:

> Was die Intellektuellen betrifft, so wurde ... dauernd behauptet, sie seien nicht gut. Doch auf dieser Konferenz haben die Genossen gesagt, daß die fortschrittlichen Elemente unter den Intellektuellen etwa 40 Prozent und die in der Mitte Stehenden ebenfalls etwa 40 Prozent ausmachen. Natürlich gibt es noch Rückständige, aber man kann sie umwandeln, und man sollte diese Art der Umwandlung auch vorantreiben. [80]

Verschiedene Reformen wurden auf dieser Konferenz beschlossen; u.a. sollten die Ansichten der Intellektuellen respektiert und die Leistungen der wissenschaftlichen Forschung geachtet werden, die Bezahlung sollte verbessert, die Arbeitsbedingungen neu geregelt und das Beförderungssystem rationeller gestaltet werden. [81]

Am 2. Mai 1956 sprach Mao Zedong den Satz aus, der ein Versprechen an die Intellektuellen sein sollte, nach den Jahren der Unterdrückung Gedankenfreiheit und Toleranz zu gewährleisten: "Laßt hundert Blumen blühen, laßt hundert Schulen miteinander wetteifern (*baihua qifang, baijia zhengming*)." [82] Hinter dieser Aufforderung steckt eine Ambivalenz, die besonders rückblickend aus der "Anti-Rechts-Bewegung" von 1957 deutlich wird. Die Aufforderung, "hundert Blumen" der Kritik und geistigen Initiative "blühen" zu lassen, wirkt rückblickend wie eine Provokation, der viele Lehrer und andere Intellektuelle zum Opfer fielen.

Die Rede Maos wurde jedoch nicht der Öffentlichkeit zugänglich gemacht, welche erst durch Lu Dingyi am 26. Mai 1956 von den neuen Bestrebungen erfuhr. Doch die erhoffte Reaktion der Intellektuellen blieb aus. Texte wurden veröffentlicht, die den Lehrberuf priesen und die die Definition aus den frühen fünfzi-

---

79) Vgl. *The Cambridge History of China*, Vol.14, S.242 f.

80) "Rede auf einer vom Zentralkomitee der Kommunistischen Partei Chinas einberufenen Konferenz zur Frage der Intellektuellen" (vom 20.1.1956), in: *Mao Zedong Texte*, Bd.2, S.2-11, hier S.3.

81) Vgl. *The Cambridge History of China*, Vol.14, S.243.

82) Die "klassische Zeit" Chinas (vom 6.-3. Jh.v.Chr.) wurde in den Geschichtsbüchern beschrieben als die Zeit der "100 Gedankenschulen" als Kennzeichen des friedlichen Nebeneinanders verschiedenster Gedankenrichtungen und freier Diskussionen. Vgl. Chen, Theodore H.: *The Thought Reform of the Chinese Intellectuals*, S.117.

ger Jahren - in Anlehnung an den sowjetischen Begriff - wieder aufgriffen, daß der Lehrer ein "Ingenieur der menschlichen Seele" sei. [83)]

Mit seiner Rede auf der erweiterten 11. Tagung der Obersten Staatskonferenz "Zur Frage der richtigen Behandlung von Widersprüchen im Volke" unternahm Mao Zedong einen zweiten Versuch, die Intellektuellen von der Ernsthaftigkeit der parteipolitischen Absichten zu überzeugen. Er verwies auf die Fortschritte, die die meisten Intellektuellen bereits gemacht hätten, und hob ihre Bedeutung beim sozialistischen Aufbau hervor. Offiziell kritisierte er das Verhalten vieler Kader und kündigte die Beseitigung dieser Mängel an. Von den Intellektuellen erwartete Mao Zedong eine fortscheitende und kontinuierliche Umerziehung, da sie sich die kommunistischen Auffassungen noch nicht in ausreichendem Maße zu eigen gemacht hätten. Auftrag eines Lehrers sei es, "jeden, der eine Erziehung erhält, in den Stand zu setzen, sich moralisch, geistig und körperlich zu einem gebildeten Werktätigen mit sozialistischem Bewußtsein zu entwickeln." [84)] Dieser später immer und immer wieder zitierte Anspruch wurde zum eigentlichen Bildungsziel des neuen sozialistischen Menschen.

Es dauerte jedoch noch bis zum Mai 1957, als eine Rektifizierungskampagne gegen Parteikader aller Ebenen forciert wurde, bis die "100-Blumen-Bewegung" in eine massive Kritikbewegung umschlug. Da die Partei selbst die Kader kritisierte, unter denen die Intellektuellen so leiden mußten, brach ein Sturm der Kritik los, mit dem die Partei nicht gerechnet hatte. Es zeigte sich, daß es allen Umerziehungsmaßnahmen "alter" Intellektueller und allen politischen Schulungen "neuer" Intellektueller nicht gelungen war, die Gruppe der Intellektuellen vom Kommunismus zu überzeugen. Bereits fünf Wochen nach Ausbruch der Kritikwelle ging die Partei zu einem "Gegenangriff" über, um die Angriffe auf die Partei zu stoppen. Anfang Juni 1957 wurde die "Anti-Rechts-Bewegung" ausgerufen. [85)]

2.12 Die "Anti-Rechts-Bewegung" von 1957

Im Oktober 1957 gab Mao Zedong eine Erklärung für den Abbruch der "100-Blumen-Bewegung", indem er sagte:

---

83) Vgl. Liu Shi: "Be an Engineer of the Human Soul", *Zhongguo Qingnian Bao*, Beijing, 20.5.1956. Übers. in *Chinese Education*, XII:4 (Winter 1979-80), S.27-31, in: White, Gordon: *Party and Professionals*, S.133-137.

84) "Rede auf der erweiterten 11. Tagung der Obersten Konferenz - Zur Frage der richtigen Behandlung von Widersprüchen im Volke" vom 27.2.1957, in: *Mao Zedong Texte*, Bd.2, S.128-180, hier S.153-155, Zitat S.155.

85) Vgl. *The Cambridge History of China*, Vol.14, S.253 f., 292.

> Als wir propagierten "Laßt hundert Blumen nebeneinander blühen, laßt hundert Schulen miteinander wettstreiten!" kamen sie heraus. Früher war die Bourgeoisie sehr fügsam, jetzt schlägt sie großen Krach. Wir hoben nur Aussprache und Meinungsäußerung hervor, die Rechte hob große Aussprache und große Meinungsäußerung hervor. Wir sprachen von Aussprache und Meinungsäußerung auf der literarischen, künstlerischen und akademischen Ebene, sie wollten sie auf die politische Ebene ausdehnen. [86)]

Die "Anti-Rechts-Bewegung" führte zur Überprüfung fast aller Intellektuellen; ihre Umerziehung wurde erneut verschärft, indem einige von ihren Posten entfernt und aufs Land geschickt wurden, um durch die produktive Arbeit unter den Bauern zu einer ganz neuen Intellektuellengeneration zu werden (*xiafang*-Bewegung). Die berufliche Kompetenz verlor ihren Wert vollständig, was zählte, war einzig und allein die "bedingungslose" Ergebenheit gegenüber der KPCh. Im Zuge dieser Kampagne verloren zwischen 400.000 und 700.000 Intellektuelle ihre Stellung und wurden, teilweise für mehrere Jahre, [87)] aufs Land oder in die Fabriken geschickt. [88)]

2.13 Die Auswirkungen der politischen Situation auf die Lehrer

1956 und zu Beginn des Jahres 1957, in der Phase der politischen Beruhigung, sollte die berufliche neben der ideologischen Qualifikation der Lehrer und Hochschullehrer verbessert werden. Zu diesem Zweck wurde die Einrichtung von Postgraduiertenklassen forciert, um neue Hochschullehrer auszubilden. Auf der Grundlage der marxistisch-leninistischen Theorie und der Weltanschauung des dialektischen Materialismus sollten die Studenten über profundes Fachwissen verfügen. Dieses galt ebenso für die Ausbildung von Hochschulassistenten. Die Weiterbildung von im Amt befindlichen Lehrern wurde neu geregelt. [89)]

---

86) "Rede auf der 3. Plenartagung des VIII. Zentralkomitees der Kommunistischen Partei Chinas" vom 7.10.1957, in: *Mao Zedong Texte*, Bd.2, S.296-302, hier S.298.

87) Vgl. Wu, Chien-Sung: *Ideology*, S.139. Wu weist darauf hin, daß diejenigen, die ihre Posten verloren, ab 1961 wieder eingestellt wurden.

88) Vgl. *The Cambridge History of China*, Vol.14, S.256-258, 293, 433. Hawkins, John N.: *Mao Tse-Tung and Education*, S.136.

89) Vgl. Drei Dokumente zur Lehrerbildung an Hochschulen zur probeweisen Durchführung vom Erziehungsministerium erlassen (26.5.1956), in: Materialauswahl zur gegenwärtigen Lehrerbildung an Hochschulen in China, S.164-171, hier S.164 f., 167, 169. Vgl. Übersetzung in der Dokumentation,

Das Unterrichtspraktikum wurde zum Hauptbestandteil des Unterrichtsplans an den Pädagogischen Hochschulen erklärt und sollte die Verknüpfung von Theorie und Praxis gewährleisten. [90)] Im April 1957 wurde ein Bericht vorgelegt, der eine Steigerung der Hochschullehrerzahl um 135,5 Prozent von 1953 bis 1956 vermerkte. Von diesen neuen Lehrkräften waren dem Bericht zufolge ca. 5.000 Hochschulassistenten, die nach dem Studienabschluß an der Einrichtung geblieben seien, und 1.070 Personen hatten ein Doktorandenstudium absolviert. Der Bericht weist auch darauf hin, daß dies bei weitem noch nicht ausreiche. [91)]

Die Lehrerbildung wurde durch die Pädagogischen Mittelschulen, Fachmittelschulen und Hochschulen geleistet. Die untere Pädagogische Mittelschule bildete Absolventen der oberen Grundschule in drei bis vier Jahren und Absolventen der unteren Mittelschule in sechsmonatigen bis zweijährigen Lehrgängen zu Unterstufen-Mittelschullehrern aus. Die obere Pädagogische Mittelschule nahm Absolventen der unteren Mittelschule auf und bildete sie in drei Jahren zu Lehrern für den gesamten Grundschulbereich aus. Absolventen von oberen Mittelschulen fanden Aufnahme an den Pädagogischen Fachmittelschulen und Hochschulen, an denen sie in vierjährigen Lehrgängen zu Lehrern für den gesamten Mittelschulbereich ausgebildet wurden. Die Pädagogischen Fachmittelschulen und die

---

Forts. von letzter Seite:
S.178-182.

90) Vgl. "Bekanntmachung des Erziehungsministeriums über das provisorische Programm zum Unterrichtspraktikum an Pädagogischen Hochschulen" (25.2.1957), in: *Materialauswahl zur gegenwärtigen Lehrerbildung an Hochschulen in China*, S.172-184, hier S.172. Vgl. Übersetzung in der Dokumentation, S.182-185.

91) Vgl. "Bericht über eine Diskussion bezüglich der Ausbildung von Hochschullehrkräften und der Arbeitssteigerung, in dem das Erziehungsministerium die Kritik an die Abteilungen des Ministeriums für Hochschulbildung weiterreicht" (16.4.1957), in: *Materialauswahl zur gegenwärtigen Lehrerbildung an Hochschulen in China*, S.185-191, hier S.187 f. Vgl. Übersetzung in der Dokumentation, S.185-187. Konkrete Verhältnisse und künftige Aufgabe der Lehrerbildung an Hochschulen* (23.3.1956).* Dokument dazu von der Zweiten Nationalen Konferenz zur Lehrerbildung an Hochschulen, in: *Materialauswahl zur gegenwärtigen Lehrerbildung an Hochschulen in China*, S.134-163. Vgl. Übersetzung in der Dokumentation, S.173-177.

Pädagogischen Hochschulen unterschieden sich in der Anzahl der Fakultäten und in der Art der Organisation voneinander. [92)]

Der Lehrplan an den Einrichtungen zur Lehrerbildung setzte sich aus wissenschaftlichen Fächern, einer moralisch-politischen Ausbildung, produktiver Arbeit, Pädagogik und Unterrichtspraxis zusammen.

Neben diesem regulären System der Lehrerbildung gab es noch die Möglichkeit der Weiterbildung an Abendschulen oder durch Fernunterricht. Die Weiterbildung an den Abendschulen sah vor, daß die Lehrer sechs Stunden pro Woche Unterricht erhielten und in den Sommer- und Winterferien jeweils zehn- bis zwanzigtägige Kurse besuchten. Die Qualifikation für die Unterstufenebene setzte einen drei- bis vierjährigen Lehrgang, die Qualifikation für die Oberstufenebene einen vier-bis fünfjährigen Lehrgang voraus. [93)]

1956/57 gab es in China drei Lehrertypen, die zur "Förderung der proletarischen Bildung" eingesetzt wurden: den Vollzeitlehrer, ausgebildet an den entsprechenden Einrichtungen der Lehrerbildung und hauptamtlich an einer Schule tätig, den Teilzeitlehrer, der neben seiner hauptamtlichen Tätigkeit noch andere Stunden übernimmt und einer starken Belastung ausgesetzt ist, und den Lehrer aus dem Volk, z.B. einen Arbeiter, der über geringe Kenntnisse verfügt und diese an seine Kollegen weitergibt. [94)]

Die Lage der Lehrer zum Ende des Jahres 1957 und zur Zeit der "Anti-Rechts-Bewegung" ist gekennzeichnet von Unterdrückung durch die politischen Kader und von Respektlosigkeit seitens der Schüler und der Gesellschaft. Unter der kommunistischen Herrschaft waren Beleidigungen und Drangsalierungen wie Beschimpfungen, Befehle zur Verrichtung erniedrigender Arbeiten, oft sogar Schläge durch Kader, aber auch durch die Schüler bzw. Studenten üblich geworden. Die allgemeine Meinung, Lehren sei ein schrecklicher Beruf, hatte sich gefestigt. [95)] In dieser Atmosphäre begann Mao den "Großen Sprung nach vorn".

---

92) Vgl. Bestimmungen (Entwurf) bezüglich der Pädagogischen Hochschulen (am 16.7.1952 zur probeweisen Durchführung erlassen), in: *Materialauswahl zur gegenwärtigen Lehrerbildung an Hochschulen in China*, S.21-23. Übersetzung in der Dokumentation, S.137-139.
93) Vgl.Price, Ronald F.: *Education in Communist China*, S.229 f., 232.
94) Vgl.Chi Tung-wei: *Education for the Proletariat*, S.36.
95) Vgl.Chi Tung-wei: *Education for the Proletariat*, S.44.

3 Der "Große Sprung nach vorn" und der "Zwei-Linien-Kampf", 1958-1965

3.1 Neue Ausrichtung des Erziehungswesens

Infolge des "Großen Sprungs nach vorn", der in China besonders in den Jahren 1958 und 1959 propagiert wurde, kam der Ausbildung qualifizierten Fachpersonals große Bedeutung zu. Vor allem, als die Sowjetunion ihre Experten, die China beim Aufbau der Volksrepublik geholfen hatten, 1960/61 zurückbeorderte, mußte die industrielle Entwicklung des Landes mit der bildungspolitischen Entwicklung so verbunden werden, daß schnelle Erfolge erreicht werden konnten.

In der "Direktive des ZK der KP Chinas und des Staatsrates über die Bildungsarbeit" vom 19. September 1958 wird die Richtung der Bildungspolitik offiziell festgeschrieben:

> Es ist eine große historische Aufgabe der Partei und des Volkes in China, der Arbeiterklasse zigmillionen Intellektuelle, die rot und fachkundig sind, heranzubilden. ... Die Parteilinie innerhalb der Bildungsarbeit strebt danach, die Bildung dem Proletariat politisch dienstbar zu machen und die Bildung mit produktiver Arbeit zu verbinden. ... Die künftige Richtung für die Schulen ist es, Fabriken und Farmen zu unterhalten, und für Fabriken und landwirtschaftliche Genossenschaften, Schulen zu gründen. [1)]

Der Partei komme es darauf an, einen allseitig gebildeten Menschen mit politischem Bewußtsein (rot) und beruflichen Fähigkeiten (fachkundig) für den Dienst am nationalen Aufbau auszubilden. Aus diesem Grunde müsse bei der Einrichtung von Fabriken und Farmen die Verbindung mit dem Unterricht besonders berücksichtigt werden, zum Beispiel durch Unterricht in Produktionstechniken, der von fähigen Arbeitern erteilt werden solle. Es sei notwendig, der Ausbildung einer großen Zahl von qualifizierten Lehrern Aufmerksamkeit zu schenken. Bei der Auswahl eines Lehrers komme es hauptsächlich auf sein politisches und

---

1) Directive of the CCP Central Committee and the State Council on Educational Work, September 19, 1958, in: *Documents of Chinese Communist Party Central Committee*, S.859-869, hier S.859 (*People's Daily*, September 20, 1958; English version in SCMP, No.1883).
Zum erstenmal wurden diese Forderungen in den "60 Artikeln zur Arbeitsmethode" vom 31. Januar 1958 erhoben.
Vgl. "Chronology of the Two-Road Struggle on the Educational Front in the Past Seventeen Years" (*Jiaoyu Geming*, May 6, 1967), in: *Chinese Education*, Vol.1, No.1, Spring 1968, S.3-58, hier S.28 f.

ideologisches Bewußtsein an, seine Qualifikationen und Erfahrungen werden als zweitrangig eingestuft. Um die gesteckten Ziele zu erreichen, kündigt die Direktive drei wesentliche Schultypen an, die nebeneinander existieren sollen: die Vollzeit-Schulen, die Halb-Arbeit-, halb-Studium-Schulen und - für die Erwachsenenbildung - die Freizeit-Schulen verschiedener Prägung.

Um die Effektivität des Unterrichts zu steigern, empfiehlt die Direktive, Lehrbücher für Grund- und Mittelschulen zu verfassen, die jeweils auf die Bedürfnisse und Verhältnisse der einzelnen Regionen des Landes eingehen. Bei allen Bemühungen dürfe die Massenlinie jedoch nicht außer acht gelassen werden; folglich werde die ideologische Schulung für Lehrer und Schüler bzw. Studenten fortgesetzt und an den Schulen sollten sich die Lehrer und Schüler unter Führung der Parteikomitees vereinigen. Im Unterricht sollte der Lehrer die Bedürfnisse der Schüler berücksichtigen und eine Atmosphäre der Demokratie und Gleichheit schaffen. 2)

3.2 Die konkrete Umgestaltung der Richtlinien

In der Bildungspraxis wurden enorme Anstrengungen unternommen, diese Forderungen der Partei zu erfüllen. Gemäß dem Slogan "auf zwei Beinen gehen" wurde der reguläre Schulbetrieb mit seinen Ganztagsschulen und der Bereich der Arbeiterbildung mit seinen Halb-Arbeit-, halb-Studium-Einrichtungen forciert, von denen unterschiedliche Typen eingerichtet wurden. Hauptgesichtspunkt bei dieser Schulform ist die Verbindung von Unterricht mit produktiver Arbeit, entweder in der Landwirtschaft oder in der Industrie-Produktion. Die Schul- bzw. Arbeitszeit wird je nach den Bedürfnissen und Möglichkeiten geregelt, und zwar in saisonalem, wöchentlichem oder täglichem Wechsel. Besonders wichtig ist, daß sich die Schulen durch die geleistete Arbeit zum großen Teil oder sogar ganz selbst finanzieren.

Die Freizeitbildungseinrichtungen, in der Hauptsache für die Ausbildung der Kader, Arbeiter und Bauern gegründet, umfassen Freizeituniversitäten, Fernschulen, Lese- und Schreibkurse und Auffrischungskurse für Lehrer. Den Arbeitern und Bauern sollte in den Einrichtungen eine Allgemeinbildung vermittelt werden, wohingegen in den regulären Schulen durch die Verbindung mit der produktiven Arbeit ein neuer Typ des "Arbeiter-Intellektuellen" ausgebildet werden sollte.

---

2) Vgl. Directive of the CCP Central Committee and the State Council on Educational Work, September 19, 1958, in: *Documents of Chinese Communist Party Central Committee 1974*, S.859-869, hier S.862-866. Vgl. auch: Lu Ting-yi: *Education Must Be Combined With Productive Labour*, vor allem: S.1-3, 7-9, 16 f.

Als Möglichkeit der Erwachsenenbildung waren die Freizeitbildungseinrichtungen bereits seit 1930 bekannt, als sie in den Sowjetbezirken gegründet worden waren; in der VR China waren sie bereits zwei Jahre nach der Gründung der Volksrepublik eingerichtet worden, doch erst zum Zeitpunkt des "Großen Sprungs nach vorn" wurden sie als Schulform dem Bildungssystem zugeordnet.[3)]

Zu den Freizeiteinrichtungen gehörten ab 1958 die sogenannten "Rot-und-fachkundig-Universitäten", deren Schwerpunkt die politische Schulung bildete. Geleitet wurden diese Abendschulen in der Regel von den lokalen Parteifunktionären. Öffentliche Mittel standen für diese Einrichtungen nicht zur Verfügung, so daß die Studenten und Dozenten den Aufbau der Unterrichtsräume sowie deren Ausstattung selbst, z.B. durch Maurer- und Tischlerarbeiten, übernehmen mußten. Zulassungsvoraussetzung für die Aufnahme in diese "Universitäten" waren die Treue gegenüber der Partei und die produktive Leistung des Bewerbers; wissenschaftliche Qualifikationen zählten dabei nicht. Folglich war das Niveau dieser Einrichtungen sehr niedrig.[4)]

Auch im Bereich der Mittelschulbildung wurden neue Wege beschritten. Die Kommunen wurden aufgefordert, selbst Schulen einzurichten und diese durch eigene produktive Arbeit zu finanzieren. Diese "vom Volk unterhaltenen Schulen" (*minban xuexiao*) breiteten sich im ganzen Land mit einer enormen Geschwindigkeit aus; ein Bericht in der *Jiaoshi Bao* (Lehrerzeitung) vom 2. Mai 1958 meldete die Gründung von mehr als 55.000 *minban*-Mittelschulen in 19 Provinzen mit über zweieinhalb Millionen Schülern. Am bedeutendsten von diesen beruflich orientierten Mittelschulen wurden die "Landwirtschaftlichen Mittelschulen" (*nongye zhongxue*). Ihre genaue Zahl läßt sich nicht angeben, da die offiziell genannten Zahlen stark voneinander abweichen; zudem wurde schnell das schlechte Niveau der einzelnen Schulen erkannt, so daß es bereits im Frühjahr 1960 zu Zusammenschlüssen mehrerer Landwirtschaftlicher Mittelschulen kam, um die Leistungsfähigkeit zu steigern. In den meisten Fällen wurden die Schulen auf der Basis "halb Schule, halb Landwirtschaft" geführt.

Die Lehrer dieser Schulen rekrutierten sich aus Absolventen oberer Mittelschulen, aber auch Absolventen unterer Mittelschulen, Grundschullehrer, Regierungsbeamte, die an Basisarbeit teilnehmen sollten, örtliche Parteiführer und erfahrene Bauern wurden als Lehrer eingesetzt. Das Prinzip der Auswahl beruhte auf dem Slogan: "Wer Wissen hat, kann unterrichten." Da für alle Schulformen ein akuter Lehrermangel herrschte, setzte sich der Lehrkörper der *minban*-

---

3) Vgl. Munemitsu Abe: "Spare-Time Education in Communist China", in: *The China Quarterly*, No.8, 1961, S.149-159, hier S.149-151.

4) Vgl. Eitner, Hans-Jürgen: *Erziehung und Wissenschaft*, S.16.

Schulen fast immer aus Personen ohne Lehrerbildung und ohne Unterrichtserfahrung zusammen, denen Weiterbildungsmöglichkeiten in Form von Fachkursen oder speziellen Ferienkursen angeboten wurden. [5] Diese Maßnahmen wurden von Einrichtungen der Lehrerbildung organisiert und betreut. [6]

3.3 Akzentverschiebungen

Nach den Anstrengungen im Zuge des "Großen Sprungs nach vorn" in den Jahren 1958/59 folgte die Ernüchterung. Die wirtschaftliche Kapazität war überschätzt worden, und zwei aufeinander folgende Hungerkatastrophenjahre lähmten alle Bemühungen. Die Qualität hatte in allen Bereichen der Quantität nicht folgen können. Für das Erziehungswesen bedeutete dies eine Akzentverschiebung hin zu dem Kriterium "fachkundig"; die ausgegebene Parole lautete: "Höhere Fachkenntnisse sind Beweis für politisches Bewußtsein." Um die Qualität zu steigern, wurden neben zahlreichen *minban*-Schulen auch viele neugegründete reguläre Schuleinrichtungen geschlossen, wenn die Voraussetzungen für eine qualifizierte Weiterführung nicht gegeben waren, oder zusammengelegt, um die geringen Lehrkapazitäten besser nutzen zu können. [7] Die "produktive Arbeit" an den Schulen wurde zugunsten einer Konzentration auf das Lernen eingeschränkt; [8] die zur Verfügung stehenden Mittel wurden den die Elitebildung fördernden Schwerpunktschulen zugeteilt, die die Qualität betonten. Die Allgemeinbildung wurde weiterhin durch Schulen gewährleistet, die sich selbst finanzierten.

Verstärkt wurden Postgraduiertengruppen gegründet, um die wissenschaftliche Forschung und die Verbesserung des Lehrkörpers voranzubringen. Im Juli 1961 beschloß das Erziehungsministerium, die Aufnahme neuer Schüler bzw. Studen-

---

5) Vgl. Robert D. Barendsen: "The Agricultural Middle School in Communist China", in: *The China Quarterly*, No.8, 1961, S.106-134, hier S.106-109, 112-116, 130 f.

6) Vgl. als ein Beispiel neben vielen: "Education Through Correspondence and over the Radio", in: *Union Research Service*, Vol.26, No.4, January 12, 1962, S.54-70, bes. S.63 f.: "How Kirin Normal University Achieves Good Results from Its Correspondence Courses" (Beijing, *Renmin Ribao*, November 3, 1961, p.4).

7) Vgl. Dilger, Bernhard: "Volksrepublik China", in: *Erwachsenenbildung in fünf Kontinenten*, S.305.

8) Vgl. Eitner, Hans-Jürgen: *Erziehung und Wissenschaft*, S.21.

ten an allen Schulformen außer der Grundschule zu reduzieren, um eine bessere Ausbildung mit den vorhandenen Möglichkeiten zu gewährleisten. [9)]

In den Jahren 1964/65 gewann der "Zwei-Linien-Kampf" zwischen den Anhängern einer mehr an Qualität orientierten Ausbildung (vertreten durch Liu Shaoqi) und den Anhängern der Erziehungsideale Mao Zedongs an Schärfe. Dieser innerparteiliche Machtkampf mündete schließlich im Jahre 1966 in die durch Mao Zedong ausgerufene Kulturrevolution. [10)]

3.4 Die Situation der Lehrer in den Jahren 1958 bis 1963

Mit der Propagierung des "Großen Sprungs nach vorn" verschlechterte sich das Ansehen der Intellektuellen noch weiter, obwohl sie nicht mehr zu direkten Opfern von Kritik und Angriffen wurden, wie zum Beispiel in der "Anti-Rechts-Bewegung". Der Slogan "rot und fachkundig" erkannte zwar die Bedeutung des Wissens an, legte aber dennoch verstärkt Gewicht auf das politische Bewußtsein; die Intellektuellen wurden aufgefordert, sich zu "Arbeiter-Intellektuellen" zu bilden.

Ein Leitartikel der "Volkszeitung" (*Renmin Ribao*) vom 23. März 1958 begrüßte den Versuch vieler Professoren, "rot und fachkundig" zu werden, und ihren Willen, dem Volk und der Partei zu dienen. [11)] In diesem Sinne sagte Lu Dingyi am 27. November 1958 auf der nationalen Propaganda- und Erziehungskonferenz:

> Es ist eine Ehre, wenn jemand mehrere Jahrzehnte als Lehrer gearbeitet und die Erziehung zu seiner Lebensaufgabe gemacht hat; wer die Schule entwickeln und die Schüler unterrichten kann, ist fachkundig. Der Lohn

---

9) Vgl. "China Education Almanac (1949-1981)", in: *Chinese Education*, Vol. XIX, No.3, Fall 1986, S.1-111, hier S.29-33.

10) Vgl. Susan Shirk: "The 1963 Temporary Work Regulations for Fulltime Middle and Primary Schools: Commentary and Translation", in: *The China Quarterly*, No.55, 1973, S.511-546, hier S.513.

11) Vgl. "Onward to the Goal of 'Thoroughly Red and Profoundly Expert'", *Renmin Ribao*, Editorial, Beijing, March 23, 1958, *Survey of China Mainland Press*, No.1747 (April 9, 1958), S.1-5, in: Hu, Shi Ming and Eli Seifman (eds.): *Toward a New World Outlook*, S.97-99, hier S.97.

> guter Rektoren und Lehrer soll um 100 oder 200 Yuan im Monat angehoben werden, und sie werden auf Versammlungen geehrt werden. 12)

In der Folge wurden etliche altgediente Lehrer ausgewählt, denen der Titel "Bildungsexperte" verliehen wurde, womit eine Gehaltsaufbesserung verbunden war. 13)

Im Dezember 1959 wurde in der "Volkszeitung" gefordert, die Position des Klassenlehrers zu stärken, da die Lehrer politisch, beruflich und im Alltag Vorbilder seien. Üblich war, daß jeder Klasse ein Lehrer vorstand, der die Schüler, zumindest in der Grundschule, während der gesamten fünf- bis sechsjährigen Schulzeit begleiten sollte. Dies sollte eine enge Beziehung zwischen Lehrern und Schülern schaffen und eine höhere Unterrichtsqualität begründen. 14) Dem Lehrer wurde die leitende Rolle innerhalb der Klasse zugesprochen; seine Hauptaufgabe war, Begeisterung bei den Schülern zu wecken und Initiativen der Schüler zu entfalten, wobei der Lehrer die Schüler lieben, die Schüler den Lehrer respektieren sollten (*zun shi ai sheng*). 15) Denkt man an die Ausschreitungen während der "Anti-Rechts-Bewegung" im Jahre 1957, handelt es sich bei diesen Forderungen um eine völlige Neubewertung und eine Hebung des gesellschaftlichen Ansehens des Lehrpersonals.

Auch der Betreuung der jungen Lehrer durch die alten Mitglieder des Lehrkörpers wurde vermehrte Aufmerksamkeit geschenkt. Einem erfahrenen Lehrer wurde ein Junglehrer zur Seite gestellt, welcher langsam in die Unterrichtsarbeit

---

12) Lu Dingyis Rede vor der nationalen Propaganda- und Erziehungskonferenz vom 27. November 1958, in: Chronology of the Two-Road Struggle on the Educational Front in the Past Seventeen Years (*Jiaoyu Geming*, May 6, 1967), in: *Chinese Education*, Vol.I, No.1, Spring 1968, S.3-58, hier S.45.

13) Vgl. Chronology of the Two-Road Struggle on the Educational Front in the Past Seventeen Years (*Jiaoyu Geming*, May 6, 1967), in: *Chinese Education*, Vol.I, No.1, Spring 1968, S.3-58, hier S.46.

14) Vgl. Price, Ronald F.: *Education in Communist China*, S.112 f., 130.

15) Vgl. Yang Hsiu-feng, Minister of Education, "Educational Work Achievements in 1958 and Arrangements for 1959" (Speech delivered to the First Session of the Second National People's Congress, April 1959) (NCNA, Beijing 28 [*sic!*], 1959), *Current Background*, No.577 (May 14, 1959), S.10-17, in: Hu, Shi Ming and Eli Seifman (eds.): *Toward a New World Outlook*, S.105-110, hier S.109.

eingewiesen wurde. An den Treffen der Unterrichtsforschungsgruppen nahmen diese jungen Lehrer ebenfalls teil, um Erfahrungen sammeln zu können. [16)]

Die Berufsbezeichnungen für Hochschullehrer wurden 1960 offiziell geregelt. Die Einstufung in die vier Ränge Professor, außerordentlicher Professor, Dozent und Hochschul-Assistent sollte aufgrund der ideologischen Verhältnisse, des wissenschaftlichen Niveaus und der beruflichen Fähigkeiten erfolgen, gleichzeitig sollten die Qualifikation, das Dienstalter und die Unterrichtsjahre Berücksichtigung finden. Unter Führung der Kommunistischen Partei erhielten die Hochschullehrer den Auftrag, den Bildungskurs der Partei durchzuführen, guten Unterricht abzuhalten, Produktionsarbeit zu leisten sowie wissenschaftlich zu forschen, ideologisch-politisch zu arbeiten und in der Umerziehung nicht nachzulassen. [17)] Dabei waren die Erfahrungen der alten Professoren besonders wichtig, um Fortschritte in Unterricht und Forschung zu erzielen. Öffentlich wurde ihnen Respekt gezollt, und ihnen wurde wieder der Unterricht in wichtigen Kursen gestattet, nachdem sie in der "Anti-Rechts-Bewegung" ihrer Aufgaben entbunden worden waren. [18)]

Um die alten Hochschullehrer zu entlasten, wurden ihnen vermehrt Hochschul-Assistenten zugewiesen. Bei der Auswahl des Assistenten sollte die Meinung des Professors gehört werden. Eine endgültige Wahl konnte nur durch gegenseitige Zustimmung erfolgen, um ein gutes Lehrer-Schüler-Verhältnis zu begründen. [19)] Von denjenigen Assistenten, die keine Dozentenstelle an einer Universität bekommen konnten, gingen sehr viele als Lehrer an die Mittelschule. Für die Qualität des Mittelschulwesens erwies sich dies zwar als sehr förderlich, doch

---

16) Vgl. Price, Ronald F.: *Education in Communist China*, S.234. Vgl. auch: "Seventy Articles Concerning Cultural and Educational Work", in: Union Research Service, Vol.29, No.22, December 14, 1962, S.337-347, hier S.342 f.

17) "Provisorische Bestimmungen zur Festlegung von Titeln für Lehrer an Hochschulen und zu Methoden der Promotion" (96. Konferenz der Nationalen Konferenzen des Staatsrates vom 16.2. 1960), in: *Wichtige Dokumente zur Hochschulbildung*, Bd.1, S.253-256, hier S.253. Vgl. Übersetzung in der Dokumentation, S.187-190.

18) Vgl. "Aged Professors Again Respected", in: *Union Research Service*, Vol. 26, No.3, January 9, 1962, S.34-53, passim.

19) Vgl. "Ansichten zur Zuteilung wissenschaftlicher Assistenten an ältere Lehrer" (28.9.1962), in: *Wichtige Dokumente zur Hochschulbildung*, S.308 f., hier S.308. Vgl. Übersetzung in der Dokumentation, S.191-192.

waren die Betroffenen, die nicht vorgehabt hatten, Lehrer zu werden, in der Regel sehr unzufrieden in ihrem Beruf. [20]

Auch die Mittel- und Grundschullehrer wurden wieder mehr geachtet. Da zu Beginn der sechziger Jahre die Betonung auf einem qualitativ guten Unterricht lag, wurde die Zufriedenheit aller Lehrer angestrebt, damit sie den Beruf gern ausüben sollten. So versprach die Regierung zufriedenstellende Verpflegung und entsprechenden Wohnraum, hervorragende Leistungen sollten belohnt werden, und um eine gute Unterrichtsvorbereitung zu gewährleisten, wurden die außerunterrichtlichen Tätigkeiten, auch die Zeit für produktive Arbeit, reduziert. Das "Fachkundigsein" hatte Priorität gewonnen. [21]

3.5 Erneute Kritik

Das Jahr 1964 brachte eine erneute negative Verschiebung der Intellektuellenfrage. Nach den wenigen Jahren der Ruhe und Anerkennung wurde der Gesinnungswandel zuerst öffentlich von Mao Zedong im Februar 1964 verkündet, indem er die Bedeutung der Intellektuellen für die chinesische Geschichte leugnete. Dies deutete an, daß er und seine Anhänger die Oberhand im "Zwei-Linien-Kampf" der Partei zurückgewonnen hatten. Es zeigt aber auch, wie eng die Probleme der Intellektuellen mit den politischen Zielen der Kommunistischen Partei verbunden waren und sind.

Die ökonomische Situation im Land begann sich zu beruhigen, so daß die Unterstützung der Intellektuellen nicht mehr so notwendig erschien. Mao, der die Kontrolle wieder ganz zurückgewinnen wollte, rief eine erneute Massenkampagne aus und beorderte die Intellektuellen aufs Land oder in die Fabriken zur produktiven Arbeit. Doch lief die Kampagne nicht so an, wie er es sich gewünscht hatte und wie es in den vorangegangenen Jahren der Fall gewesen war. In der Partei selbst waren zu viele Gegner, und der Machtkampf war noch nicht endgültig entschieden. Mit der Kulturrevolution wollte Mao Zedong eine Entscheidung erzwingen. [22]

Für viele Lehrer bedeutete dies die für einen längeren Zeitraum geplante Verschickung aufs Land zur Teilnahme an der ländlichen sozialistischen Erziehungsbewegung. Gemeinsam mit ihren Schülern mußten sie zum Beispiel als Ernte-

---

20) Vgl. Unger, Jonathan: *Education under Communism*, S.239 f.

21) Vgl. Susan Shirk: "The 1963 Temporary Work Regulations for Fulltime Middle and Primary Schools: Commentary and Translation", in: *The China Quarterly*, No.55, 1973, S.511-546, passim.

22) Vgl. *The Cambridge History of China*, Vol.14, S.464-466, 471 f., 477.

helfer arbeiten. Dabei mußten sie auch unter den Bauern oder Fabrikarbeitern leben, um von ihnen zu lernen. Im Durchschnitt lebten die Schüler und Lehrer zwei Monate von ihren Familien getrennt; Schulunterricht fand in dieser Zeit nicht statt.

Zudem wurde die militärische Ausbildung für Lehrer und Schüler bzw. Studenten angeordnet, die weitere zwei Monate im Jahr in Anspruch nahm. [23)] Für die Methode, den Unterricht mit produktiver Arbeit zu verbinden, lud man arme Bauern und Arbeiter zur Anleitung in die Schule ein, was "Schule bei offener Tür" (*kaimen banxue*) genannt wurde. [24)]

Dieses Prinzip fand auch Anwendung in der Lehrerbildung. So wurden 1965 von einigen Pädagogischen Schulen Experimentalklassen eingerichtet, die auf dem Prinzip "halb Landwirtschaft, halb Studium" basierten. Andere Einrichtungen zogen ganz aufs Land oder richteten dort Unterabteilungen ein. [25)] Die Schulformen, die für die Lehrerbildung seit Gründung der VR China eingerichtet worden waren, hatten sich in den Jahren des "Großen Sprungs nach vorn" nicht geändert. [26)] Aber allen Maßnahmen im Bildungswesen, die im Jahr 1965 eingeleitet worden waren, setzte die Ausrufung der "Kulturrevolution" (1966) ein jähes Ende.

---

23) Vgl. *Communist China 1965*, Vol.II, S.142, 144-148.

24) Vgl. Mao Zedong, "Talks with Mao Yuan-hsin" (1964-1966), in: Stuart R. Schram, (ed.): *Mao Tse-tung Unrehearsed: Talks and Letters, 1956-71*, Middlesex, 1974, S.248, in: White, Gordon: *Party and Professionals*, S.15.

25) Vgl. *Communist China 1965*, Vol.II, S.151.

26) Vgl. Eitner, Hans-Jürgen: *Erziehung und Wissenschaft*, S.27-29. Lang, Ting Chih: *School Systems in Communist China*, S.41 f., 45, 160 f.

4 Die "Große Proletarische Kulturrevolution", 1966 bis 1976

Der "Zwei-Linien-Kampf" innerhalb der KP Chinas, der sich bildungspolitisch an dem Streit um das richtige Verhältnis von "rot" und "fachkundig" entzündet hatte, gipfelte in der "Großen Proletarischen Kulturrevolution", zu der Mao 1966 zur Lösung der Schwierigkeiten aufrief.

4.1 Beginn der "Kulturrevolution" 1966

Am 7. Mai 1966 erließ Mao Zedong eine Weisung, die seine Intentionen zur Durchführung dieser "Revolution im Erziehungswesen" darlegte. Die von ihm angesprochenen Punkte wurden in den folgenden Jahren alle in der Praxis verwirklicht:

> Während ihre (der Studenten) Hauptaufgabe das Lernen ist, sollen sie in Ergänzung zu ihren Studien andere Dinge lernen, die wären: industrielles Arbeiten, Landwirtschaft und militärische Angelegenheiten. Sie sollen die Bourgeoisie kritisieren. Die Schulzeit soll reduziert, die Ausbildung revolutioniert werden, und der Beherrschung unserer Schulen durch bourgeoise Intellektuelle soll es auf keinen Fall erlaubt sein, fortgeführt zu werden. 1)

Wie ernst es Mao Zedong mit der Reform des Bildungswesens war, verdeutlicht eine Ansprache vom 22. Juli 1966 , auf der er vor Sekretären der großen Regionen und Mitgliedern der Gruppe "Kulturrevolution" beim ZK sagte: "Die große Kulturrevolution an den Schulen besteht aus 'Kritik und Verurteilung'". 2) Zu diesem Zeitpunkt hatten viele Schulen und alle Hochschulen den Unterrichtsbetrieb bereits eingestellt und waren zum revolutionären Kampf übergegangen.

Die Initialzündung für diesen Prozeß ging von einer Wandzeitung aus, die von sieben Mitgliedern der Philosophischen Fakultät der Beijing-Universität ausgehängt worden war. In dieser Wandzeitung wurde der Rektor der Universität, Lu Ping, scharf kritisiert. Vor allem wurde er als Anhänger alter, "bourgeoiser" Ideologien angeklagt. Diese öffentliche Kritik wurde von Mao Zedong am 1.Juni

---

1) Mao Zedong: Weisung vom 7. Mai 1966, in: Wu, Yuan-Li (ed.): *China*, S.702. auch zit. in: Hu, Shi Ming and Eli Seifman (eds.): *Toward a New World Outlook*, S.201 f.

2) "Ansprache auf dem Empfang für die Sekretäre der großen Regionen und die Mitglieder der Gruppe für die Kulturrevolution beim Zentralkomitee", Aufzeichnungen für ein Rundschreiben (22.7.1966), in: *Mao Papers*, S.45-50, hier S.45.

1966 ausdrücklich begrüßt und als "erste marxistisch-leninistische Wandzeitung"[3] bezeichnet. Die Sanktionierung der Wandzeitung und damit die Sanktionierung der Kritik als Ausdruck des revolutionären Kampfes führte neben der Absetzung Lu Pings am 2. Juni zu weiterer öffentlicher Kritik an leitenden Lehrern und Professoren und weitete sich sehr schnell über die Stadtgrenzen Beijings auf das ganze Land aus.

Die ständig sich wiederholenden Kritikpunkte betrafen das Studium der Werke Mao Zedongs, welches nicht genügend in den Unterricht integriert worden sei, die ungenügende Beachtung des Faktors "rot" und damit der Bevorzugung der Ausbildung zu "fachkundig" sowie die unzulängliche Verbindung von Theorie und Praxis. Es handelte sich also um keine neuen Gedanken oder Ziele, sondern um alte Vorstellungen Maos und seiner Anhänger, die bis zu dem Zeitpunkt noch nicht verwirklicht werden konnten.[4]

Am 8. August 1966 traf das 8. ZK der KP Chinas auf seiner 11. Plenarsitzung eine "16-Punkte-Entscheidung" zur Durchführung der "Kulturrevolution", die alle Reformmaßnahmen im Bereich der Bildung unter Punkt 10 ansprach. Da es sich hierbei um die maßgeblichen Weisungen handelt, sei der Punkt hier zur Veranschaulichung zitiert:

> Punkt 10: Die Hauptaufgabe innerhalb der Großen Proletarischen Kulturrevolution ist die Umwandlung des alten Bildungssystems und der alten Unterrichtsprinzipien und -methoden... In der Großen Kulturrevolution muß die Dominanz der bourgeoisen Intellektuellen in unseren Schulen vollständig abgeschafft werden. ...
> In jeder Schulform muß die Leitlinie des Genossen Mao Zedong, die Bildung mit produktiver Arbeit zu verbinden, um der proletarischen Politik und Bildung zu dienen, umgesetzt werden, so daß diejenigen, die eine Ausbildung erhalten, sich moralisch, geistig und körperlich entwickeln können und Arbeiter mit sozialistischem Bewußtsein und Bildung werden. ...
> Die Schulzeit muß verkürzt werden. Die Kurse sollen verringert und verbessert werden. Das Lehrmaterial soll vollständig neugeschrieben werden, ... Obwohl ihre Hauptaufgabe das Studium ist, sollen die Schüler und Studenten auch andere Dinge lernen. Das heißt, neben ihren Studien sollen sie auch Industriearbeit, landwirtschaftliche und militärische Belange kennenlernen und am großen Kampf der Kulturrevolution durch die Kritik der

---

3) *Renmin Ribao*, Beijing, January 16, 1967, S.1, in: *Communist China 1966*, S.47.

4) Vgl. *Communist China 1966*, S.48-54.

Bourgeoisie teilnehmen, wenn diese Kämpfe auftauchen. [5)]

Im Anschluß an die Veröffentlichung der "16 Punkte" verlagerte sich der "Klassenkampf" und ging in eine neue Phase über. Hatte sich der Kampf der Schüler und Studenten zuerst auf die eigene Schuleinrichtung konzentriert, verließen sie nun zusammen mit revolutionär gesinnten Lehrern die Schulen und trugen den Kampf auf die Straße. In großen Gruppen zogen sie zu Mao Zedong, dem sie ihren Willen zum Kampf bekunden wollten. Am 18. August begrüßte Mao zum erstenmal die revolutionären Lehrer und Studenten, die nun aus ganz China nach Beijing reisten. Die Presse pries diese Bewegung als "Langen Marsch" der revolutionären Lehrer und Studenten. [6)] Beim 8. Treffen am 25. und 26. November waren es 2.500.000 Personen, die an Mao Zedong vorüberzogen. Am 16. November riefen das ZK der KP Chinas und der Staatsrat dazu auf, die Reisen bis zum Frühjahr, wenn es wieder wärmer sein würde, einzustellen; [7)] außerdem hatte sich die Bewegung so stark ausgeweitet, daß es zu chaotischen Verhältnissen in Beijing kam, denn die Anreisenden mußten mit Unterkunft und Verpflegung versorgt werden.

In den Schulen wurden schwerwiegende Angriffe gegen die Lehrer erhoben. Bei öffentlichen Anklagen mußten sie mit gesenktem Kopf, oft mit zusammengebundenen Füßen, stundenlang stehen und die Kritik der Kader und Schüler über sich ergehen lassen. Schläge oder Ausschreitungen, wie z.B. das Knienlassen in Glasscherben, waren keine Seltenheit. Diese Angriffe, die Mao Zedong duldete, erstaunen um so mehr - von ethischen Einwänden einmal ganz abgesehen -, wenn man sich an die von Mao geäußerte Kritik aus dem Jahre 1919 erinnert, in der er den Lehrern ein grausames Verhalten gegenüber den Schülern vorwarf und beschrieb, wie "Schüler zur Strafe auf einem Brett mit alten Münzen oder spitzen Steinen knien" [8)] mußten.

Begründen läßt sich dieses Verhalten Maos und seiner Anhänger durch die "Verbannung" der Intellektuellen aus der Gesellschaft. Bereits am 24. Juni 1966

---

5) "16-Punkte-Entscheidung" des 8. ZK der KPCh auf der 11. Plenarsitzung am 8. August 1966, in: *Communist China 1966*, S.63 f., hier S.64.

6) Vgl. *Communist China 1966*, S.65. "Langer Marsch" ist die Bezeichnung für den Zug der chinesischen Kommunisten Mitte der dreißiger Jahre aus der Umklammerung der Guomindang in die Frontgebiete gegen die angreifenden Japaner.

7) "Supplementary Circular of the CCP Central Committee and the State Council Concerning the Quotation of Exchange of Revolutionary Experience by Revolutionary Teachers and Students" (December 1, 1966), in: *CCP Documents of the Great Proletarian Cultural Revolution*, S.127-129, hier S.127.

8) Emi Siao: *Kindheit und Jugend Mao Tse-Tungs*, S.18.

wurden die Lehrer zu "Dämonen und Monstern" [9] erklärt. In der Folge galten sie und alle anderen Intellektuellen als "stinkende Nr. 9" (*chou lao jiu*). Ursprünglich hatten die Kommunisten eine "schwarze Liste" mit acht Kategorien von Klassenfeinden aufgestellt, die nun in der "Kulturrevolution", um die Gruppe der Intellektuellen zu erfassen, auf neun Kategorien ausgedehnt wurde. [10] Da die Lehrer offiziell zu klassenfeindlichen Elementen erklärt worden waren, war das Verhalten ihnen gegenüber folglich legitimer Ausdruck des Klassenkampfes.

Klassenräume wurden von den Kadern, die Einzug in die Schulen gehalten hatten, zu Behelfsgefängnissen umfunktioniert. Lehrer, die angeklagt waren, wurden dort die Nacht über gefangengehalten und tagsüber nur zu den "Kampfsitzungen" und harten körperlichen Arbeiten, die ihnen übertragen wurden, herausgelassen. [11] Schulleiter waren zum Beispiel zum Reinigen der Latrinen eingeteilt. Offiziell wurde diese Arbeit gerechtfertigt durch den Hinweis auf die öffentliche und dienende Arbeit (Fairbank erklärt in diesem Zusammenhang, daß die Chinesen aus Urin und Kot einen guten Dünger herstellen), wodurch die Intellektuellen Verständnis für die Massen gewinnen sollten. [12] Oft waren die Lehrer monatelang eingesperrt, der Kontakt mit ihren Familien wurde ihnen versagt, und täglich mußten sie sich von Kadern und Kollegen kritisieren lassen sowie Bekenntnisse vor ihnen ablegen. Waren diese nicht im Sinne der Kader, wurden sie geschlagen und viele, besonders alte Lehrer, starben an den Folgen dieser Behandlung. [13]

Die chaotischen Verhältnisse, die im ganzen Land durch die unerwartete - und für den außenstehenden Betrachter in der Tiefe kaum verständlichen - Wucht der Angriffe entstanden waren, konnte die Parteiführung nur durch den Rückruf der revolutionären Lehrer und Schüler bzw. Studenten an ihre Einrichtungen neutralisieren.

4.2 Die Wiedereröffnung der Schulen seit den Anordnungen von 1967

Im Februar und im März des Jahres 1967 verkündete die KP Chinas mehrfach, eine neue Phase der Revolution benötige die Schüler und Lehrer an den Schulen,

---

9) *Beijing Review*, June 24, 1966, S.23 (Quelle: *Renmin Ribao*, June 20, 1966: Editorial "Revolutiony Big-Character Posters Are 'Magic Mirrors' that Show Up All Monsters", in: Unger, Jonathan: *Education under Mao*, S.144.
10) Vgl. Chen, Theodore H.: *Chinese Education Since 1949*, S.138.
11) Vgl. Unger, Jonathan: *Education under Mao*, S.144.
12) Vgl. Fairbank, John K.: *The Great Chinese Revolution*, S.335.
13) Vgl. Butterfield, Fox: *China*, S.352, 371 f. Weitere Beschreibungen des Verhaltens gegenüber den Lehrern finden sich in der am Schluß der Arbeit genannten Literatur.

damit der Klassenkampf dort fortgesetzt werden könne.[14] Vorgesehen war, daß alle Klassen nach dem Frühlingsfest mit dem Unterricht beginnen sollten. Zu diesem Zweck war es notwendig, auf die Lehrer, die vorher angegriffen worden waren, zurückzugreifen, da neue Lehrer nicht zur Verfügung standen. So sollten sie alle rehabilitiert werden und mit den Schülern zusammen "Revolutionskomitees" bilden, die die Leitung der Schulangelegenheiten übernehmen sollten. Zur Kontrolle und zur Unterstützung der weiteren Umerziehung, die den Lehrern nun während ihrer Dienstausübung zuteil wurde, waren Kader, die an die Einrichtungen geschickt wurden, als dritter Bestandteil in den Revolutionskomitees vertreten.

Doch fanden die Aufrufe zur Rückkehr kaum Beachtung. Die Lehrer, die noch kurze Zeit vorher den Angriffen der Schüler und ihrer Kollegen ausgesetzt waren, hatten Angst vor erneuten Kritiksitzungen; zudem waren die alten Lehrpläne abgeschafft, neue aber noch nicht eingeführt worden; Lehrmaterialien und Einrichtungsgegenstände waren z.T. vernichtet und zerstört worden; die Schulverwaltungen und -leitungen waren abgesetzt, neue Verantwortliche jedoch noch nicht gewählt worden. Insgesamt war die Situation folglich so schwierig, daß an einen geordneten Lehrbetrieb nicht zu denken war.[15]

Am 14. Oktober 1967 rief das ZK der KP Chinas erneut zur Fortsetzung des revolutionären Kampfes an den Schulen auf. Konkret sollte dies geschehen durch die Verbindung des Unterrichts und des Lernens mit dem Studium des Mao Zedong-Denkens durch die Verwirklichung des Führungsprinzips "drei-in-eins" in Form eines Revolutionskomitees, bestehend aus revolutionären Lehrern, Schülern und Kadern, durch die Integration der alten Lehrer, die ihre Fehler erkannt hatten, in den Lehrbetrieb, durch die gruppenweise Verschickung der Lehrer und Schüler aufs Land und in die Fabriken zur Umerziehung durch die Massen und durch den Aufbau eines neuen Verhältnisses zwischen Lehrern und Schülern.[16]

---

14) Vgl. *CCP Documents of the Great Proletarian Cultural Revolution*, S.227-229: "Circular of the CCP Central Committee and the State Council Concerning the Question of Exchange of Revolutionary Experience on Foot by Revolutionary Teachers and Students and Red Guards" (February 3, 1967). S.235-236: "Circular of the CCP Central Committee Concerning the Great Proletarian Cultural Revolution in Primary Schools (Draft) (For discussion and experimentation) (February 4, 1967).
15) Vgl. *Communist China 1967*, S.195 f., 199 f., 223.
16) Vgl. "Circular of the CCP Central Committee, the State Council, the Central Military Commission and the Central Cultural Revolution Group Con-

Die Verschickung der Lehrer und Schüler aufs Land hatte bereits 1966 begonnen, als Grund- und Mittelschüler zusammen mit ihren Lehrern als Erntehelfer eingesetzt wurden. So sollen bis zum 20. September 1966 mehr als 200.000 Lehrer und Schüler an der Landarbeit allein in der Umgebung Beijings teilgenommen haben. [17] Diese Verschickungsmaßnahmen wurden jedoch in der eigentlichen Kampfphase der "Kulturrevolution" bis zum Beginn des Jahres 1969 fast völlig eingestellt.

Am 27.8.1968 erschien in der *Renmin Ribao* ein Artikel, in dem das Programm für die "proletarische Revolution im Erziehungswesen" der kommenden Jahre noch einmal ausdrücklich erklärt wurde:

> Die Proletarische Revolution im Erziehungswesen muß unter Führung und Beteiligung der Arbeiterklasse durchgeführt werden, die unterstützt wird durch die revolutionäre Dreierverbindung aus Kämpfern der Volksbefreiungsarmee, Studenten und Lehrern sowie den Aktivisten unter den Arbeitern, die entschlossen sind, die proletarische Revolution im Erziehungswesen zu Ende zu führen. Die Arbeiterpropagandatrupps sollen lange Zeit in den Schulen verbleiben und sich an allen Aufgaben beteiligen, die mit "Kampf-Kritik-Umgestaltung" zu tun haben; die Leitung der Schulen soll in ihrer Hand bleiben. In den Dörfern sollen die verläßlichsten Bundesgenossen der Arbeiterklasse - die armen, unteren und die Mittelbauern - die Schulen verwalten. [18]

Die Übernahme der Schulleitungen durch Arbeiterpropagandatrupps bzw. durch die armen und unteren Mittelbauern konnte noch im selben Jahr durchgeführt werden. Arbeiter, Bauern und Soldaten übernahmen darüber hinaus auch noch

---

Forts. von letzter Seite:

cerning the Resumption of Classes and Revolutionary Universities, Secondary and Primary Schools" (October 14, 1967), in: *CCP Documents of the Great Proletarian Cultural Revolution*, S.566 f. Editorial, "Universities and Middle and Primary Schools Must Resume Classes while Making Revolution", *Renmin Ribao*, October 25, 1967, *Current Background*, No.846 (February 8, 1968), S.15-17, in: Hu, Shi Ming and Eli Seifman (eds.): *Toward a New World Outlook*, S.216-218.

17) Vgl. *Communist China*, 1966, S.69 f. Als Quelle wird genannt: *People's Daily*, Beijing, September 19, 1966, S.1. Vgl. auch: "Regulations of the CCP Central Committee Concerning the Great Cultural Revolution in the Countryside Below the County Level" (September 14, 1966), in: *CCP Documents of the Great Proletarian Cultural Revolution*, S.79 f.

18) Vgl. "Die Revolution im Erziehungswesen", *Renmin Ribao* vom 27.8.1968, S.1, in: *Mao Papers*, S.199.

Unterrichtsaufgaben und die Leitung der Umerziehung des alten Lehrkörpers durch "Kampf-Kritik-Umgestaltungssitzungen". Für die Lehrer bedeuteten diese Sitzungen erneute öffentliche Kritik, Selbstkritik und Bekenntnisse zu neugewonnenen Überzeugungen. Mu Fu-Sheng beschreibt den Ablauf dieser Sitzungen, die in der Regel einmal in der Woche für drei Stunden stattfanden: Ohne Vorbereitungszeit mußte der "angeklagte" Lehrer Stellung nehmen, wobei jede Bewegung und jede Gefühlsregung von allen Kollegen, von den Kadern und allen Schülern gesehen werden konnten. Früher Gesagtes konnte der Betroffene nicht nachlesen, da die Kader die Aufzeichnungen über die Aussagen verschlossen hielten. Kollegen mußten über private Belange und persönliche Gespräche mit dem Kritisierten aussagen, [19] was einer Denunziation entsprach. Die unmenschliche und demütigende Behandlung der Lehrer war folglich noch keineswegs eingestellt worden, auch wenn sie wieder unterrichten durften.

Die zweite Form der Umerziehung der Lehrer, die ab 1968 Anwendung fand - neben der soeben beschriebenen, innerhalb der Schule stattfindenden -, war die erneute Verschickung aufs Land. Nach jeweils drei oder vier Unterrichtsjahren sollte ein Lehrer für zwei bis drei Jahre in der Landwirtschaft arbeiten. [20]

Ein anderes Verfahren sah vor, daß jeweils ein Drittel des Lehrkörpers einer Schule aufs Land geschickt wurde oder Klassen besuchte, die von armen und unteren Mittelbauern abgehalten wurden, beim Unterricht in Allgemeinbildung und bei der Zusammenstellung von Lehrmaterialien für den örtlichen Bedarf half oder aber kulturelle Fächer unter Führung der Unterrichtsgruppe, die sich aus armen und unteren Mittelbauern zusammensetzte, unterrichtete. [21]

Viele Lehrer wurden auch in die "7. Mai-Kaderschulen" geschickt. Die erste Einrichtung dieser neuen Schulform war im Mai 1968 in der Provinz Heilongjiang gegründet worden. Da sich Mao Zedong sehr für diese Schulen einsetzte, verbreiteten sie sich schnell. Alle Kader, einschließlich der Lehrer, sollten an den Einrichtungen ausgebildet werden. In der Regel blieb die dorthin verwiesene Person für zwei Jahre und half bei der Landarbeit. [22]

---

19) Vgl. Mu Fu-Sheng: *The Wilting of the Hundred Flowers*, S.221. Vgl. auch: Kan, David: *The Impact of the Cultural Revolution*, S.112, 121.
20) Vgl. *People's Daily*, December 6, 1968, S.1, in: *Communist China 1968*, S.449.
21) Vgl. *People's Daily*, November 16, 1968, S.3, in: *Communist China 1968*, S.450.
22) Vgl. Chen, Theodore H.: *The Maoist Educational Revolution*, S.114.

4.3 Die Stellung der Lehrer nach der Wiedereröffnung der Schulen

Nach der Wiedereröffnung der Schulen bestand ein enormer Bedarf an qualifizierten Lehrkräften, zumal die Führung den Ausbau des Schulsystems vorantrieb. Vor allen Dingen wurden politisch vertrauenswürdige Lehrer benötigt, die den Schülern und Studenten die kommunistischen Ideale vermitteln konnten. Doch viele der "alten" Lehrer wurden als nicht vertrauenswürdig eingestuft. Ein Lehrerbildungsprogramm mußte entwickelt werden, das in der Lage war, die große Anzahl benötigter Lehrer auszubilden unter Berücksichtigung der politisch-ideologischen Schulung. [23)] Neben das Ausbildungsproblem trat das Problem des schlechten Verhältnisses zwischen Lehrern und Schülern. Im Mai 1969 wurden die Lehrer und Schüler aufgefordert, ein neues, proletarisches Verhältnis zu begründen, das sich auf gegenseitige Hilfe, Rücksichtnahme und ein "Voneinanderlernen" stützte. [24)] Bereits im März 1967 war ein erster Bericht von einem Mittelschullehrer über dieses schlechte Verhältnis erschienen, der die Lage sehr gut verdeutlicht:

> Der schlechte Einfluß durch die bourgeoise reaktionäre Leitung hat die Schüler von den Lehrern entfremdet. In der frühen Phase der Bewegung hetzte eine Handvoll Machthaber die Schüler auf, die Lehrer zu bekämpfen. Zu diesem Zeitpunkt nahmen alle Schüler persönlich am Kampf teil. Als sich die Lehrer zur Kritik an der bourgeoisen reaktionären Leitung erhoben, hatten die meisten Schüler die Schule verlassen, um woandershin zu gehen.
> Nun sind sie wieder zurück in der Schule. Da sie die Bedingungen des Kampfes in der Schule in einer früheren Stufe nicht kennen, sehen sie die Lehrer noch immer im Licht der Vergangenheit. In ihren Gefühlen sind Lehrer und Schüler sehr weit voneinander entfernt. Die meisten Lehrer "machen einen großen Bogen" um Schüler aus Angst vor falschen Aussagen, die sie in Schwierigkeiten bringen. In der Arbeit sind sie zögernd und nachgiebig geworden. Wenn sie etwas Falsches bemerken, trauen sie sich nicht,

23) Vgl. Fraser, Stewart E. (ed.): *Education and Communism in China*, S.168 f.

24) Vgl. "Draft Program for Primary and Middle Schools in Chinese Countryside" (NCNA-English Beijing, May 13, 1969), in: *Survey of China Mainland Press*, No.4418, May 19, 1969. "Program for Primary and Middle School Education in the Rural Areas (Draft, for General Discussion)", in: Chen, Theodore H.: *The Maoist Educational Revolution*, S.244-251, hier S.246, auch abgedruckt in: *Chinese Education*, Vol.II, No.4, Winter 1969/70, S.53-62 (*Renmin Ribao*, May 12, 1969).

Kritik zu äußern. So ist das Verhältnis zwischen Lehrern und Schülern im Augenblick ungewöhnlich seltsam. [25)]

Das Problem wurde im Laufe der Zeit immer dringlicher und beeinflußte die Bildungsarbeit an den Schulen stark. Diszipliniertes Verhalten der Schüler den Lehrern gegenüber war dringend erforderlich. Zwar waren im November 1967 von einer Beijinger Mittelschule Richtlinien erstellt worden, nach denen vom Lehrer (in acht einzelnen Punkten erläutert) Liebe zu seinen Schülern, von den Schülern (ebenfalls in acht einzelnen Punkten dargestellt) Respekt vor dem Lehrer erwartet wurde, doch scheint sich diese Forderung bis zum Beginn der siebziger Jahre noch nicht durchgesetzt zu haben. [26)]

4.4 Die Situation im Bildungswesen zu Beginn der siebziger Jahre

Nach Abschluß der eigentlichen Kampfphase der "Großen Proletarischen Kulturrevolution" wurde das Bildungswesen mit Beginn der siebziger Jahre grundlegend reformiert.

Nachdem in den Jahren 1966 bis 1969 keine neuen Schüler und Studenten von Hochschulen, Fachmittelschulen und sogar von manchen Grundschulen angenommen worden waren, kam es zu einem eklatanten Ausbildungsdefizit in diesen Jahrgängen und die Schuldisziplin ließ sich nur schwer neu begründen. Viele Hochschulen waren geschlossen oder mit anderen zusammengelegt worden, oder ihr Schulbetrieb hatte sich durch die Verlegung der Einrichtung in eine ländliche Gegend aufgelöst. Landwirtschaftliche Mittelschulen, die "Errungenschaft" der vorangegangenen Jahre, und die meisten berufsorientierten Mittelschulen sowie alle Schwerpunktschulen wurden geschlossen. Außerdem wurde die Unterrichtsarbeit durch fehlende Lehrmaterialien und mangelnde Schülerdisziplin erschwert. Beachtet man in diesem Zusammenhang auch die gewaltige Expansion der Grund- und Mittelschulen (vgl. Tabelle 4) und die doppelte Verkürzung der Schul- und Studienzeiten - statt jeweils 6 Jahre umfaßte die Grundschule offiziell nur noch 5, die Mittelschule 4 oder 5 Jahre; die Hochschulstudien wurden von 3 bis 5 auf generell 3 Jahre gekürzt; hinzu kam die Verrichtung körperlicher Ar-

---

25) "How Should Middle and Primary Schools Resume Teaching and Make Revolution?", *Wenhui Bao*, Shanghai, March 12, 1967 (in SCMP-Supplement 176, S.18), in: White, Gordon: *Party and Professionals*, S.42 f.

26) "Peking Ts'aoch'angti Middle School Draws Two 'Eight-Point Regulations' Stipulating Respect for Teachers and Love for Students" (NCNA Beijing, Nov.11, 1967), in: SCMP, No.4063, November 20, 1967, S.11-12.

beit, die bis zur Hälfte der Schul- und Studienzeit betragen sollte -, wird es verständlich, daß das Bildungsniveau in allen Bereichen sank. [27)]

Die Reform des Bildungswesens begann, als alle Bildungseinrichtungen den Unterrichtsbetrieb wieder aufnehmen konnten, mit der erwähnten Verkürzung der Schulzeit; mit der Abschaffung der "Schwerpunkteinrichtungen" (zur Schaffung einer Gleichheit im Bildungssystem); mit der Umwandlung berufsbildender Mittelschulen in reguläre Mittelschulen, orientiert am Prinzip "halb Arbeit, halb Studium" (zur Einsparung finanzieller Mittel) sowie mit der Abschaffung der Prüfungen und Examen. Diese letzte Maßnahme mußte jedoch bereits 1971 revidiert werden, da die Studenten aus den Reihen der Arbeiter, Bauern und Soldaten gravierende Wissensdefizite aufwiesen. Eine sogenannte "Kulturprüfung" wurde eingeführt. [28)] Hierbei handelte es sich um eine Prüfung "mit offenem Buch", was bedeutet, daß die Schüler Fragen stellen und sich untereinander helfen konnten. [29)]

Die Hauptaufgabe der Bildungsinstitutionen wurde neu definiert, indem das Augenmerk auf die politisch-ideologische Bildung, weniger auf die fachliche Qualifizierung der Schüler und Studenten gerichtet sein sollte. Der Anteil der körperlichen Arbeit, die Schüler und Studenten während ihrer Schulzeit leisten mußten, wurde erhöht.

An der sozialen Stellung der Lehrer wurde jedoch nichts geändert; sie wurden weiterhin von der Partei, dem Staat und der Gesellschaft diskriminiert. [30)] So hatte z.B. das Revolutionskomitee an den Schulen die Entscheidungsgewalt und ersetzte das Rektorat. Die Rolle des Lehr- und Fachpersonals, aus dessen Reihen sich die Schulverwaltung vorher zusammengesetzt hatte, wurde demnach eingeschränkt zugunsten von fachlich nicht vorgebildetem Personal. Dieses konn-

---

27) Vgl. Wang Yu und Zhang Zhenhua (Hrsg.): *Bildung und Wissenschaft*, S.21.

28) Vgl. Dilger, Bernhard: "Bildung und Erziehung in der Volksrepublik China", in: *Das neue China*, 10.Jg., Nr. 2/1983, S.5-8, hier S.6 f.

29) Vgl. Department of Chemistry, Kirin University, "Establish a New System of Examination through Practice", *Renmin Ribao*, June 24, 1972, *Survey of China Mainland Press*, No.5167 (July 3-7, 1972), S.54-57, in: Hu, Shi Ming and Eli Seifman (eds.): *Toward a New World Outlook*, S.287-289, passim.

30) Vgl. Henze, Jürgen: "Von der 'Pädagogischen Revolution' zur 'Pädagogischen Modernisierung': Chinas Bildungspolitik nach der Kulturrevolution (1976-1988)", in: Ostkolleg der Bundeszentrale für politische Bildung (Hg.): *VR China im Wandel*, 1988^2, S.131-155, hier S.133 f.

te über die Einstellung und Entlassung der Lehrer entscheiden, über Unterrichtsinhalte und -abläufe bestimmen sowie Lehrmaterialien bereitstellen. Die Folge war eine Verunsicherung des gesamten Lehrpersonals, die die Erziehungsarbeit stark beeinträchtigte. Nur im Bereich der Hochschulen blieb die letzte Entscheidungsgewalt bei den Erziehungsabteilungen der Provinzen. [31)]

4.5 Die Lehrer zu Beginn der siebziger Jahre

Es lassen sich drei Lehrertypen unterscheiden: 1. Der ursprüngliche Lehrer, der im Dienst ist und gleichzeitig eine Umerziehung erfährt. 2. Der Arbeiter- und Bauernlehrer "mit hohem politischen Bewußtsein". 3. Derjenige Lehrer, der in den vorangegangenen zwei Jahren eine Ausbildung in Kurzzeit-Lehrerbildungsklassen erhalten hatte. Die ursprünglichen Lehrer wurden von den kommunistischen Führern in zwei Kategorien eingeteilt: zum einen diejenigen, die "von der kapitalistischen Klasse vor der Befreiung ausgebildet", und zum anderen diejenigen, die durch die "kapitalistisch orientierte Ausbildung" "unter der revisionistischen Erziehungslinie beeinflußt" worden waren.

Für diese Lehrer, auf die wegen des akuten Lehrermangels nicht verzichtet werden konnte, wurde das Studium des Marxismus und des Mao Zedong-Denkens verstärkt. Anstrengungen wurden unternommen, in großem Umfang neue Lehrer auszubilden, doch die Kurzzeit-Lehrgänge brachten keine befriedigenden Resultate; die Ausbildungszeit war einfach zu kurz. [32)] Die Einführung des "wechselseitigen Systems" sollte helfen, die "alten" Lehrer zu "neuen" Lehrern umzuerziehen und damit zur Abnahme des Lehrermangels einen guten Beitrag zu leisten. Aus den Fabriken wurde eine Gruppe Arbeiter ausgewählt und an eine Schule zum Unterrichten geschickt; ihre frei gewordenen Plätze wurden von einer Gruppe Lehrer dieser Schule besetzt. Dieses System, periodisch angewandt, erfaßte alle Lehrer und Arbeiter und galt gleichermaßen auf dem Land, wo Bauern und Lehrer ihre Plätze tauschten. Doch für beide Seiten war dies eine völlig neue Situation, die sie ohne vorherige Ausbildung meistern sollten; Schwierigkeiten blieben nicht aus. [33)]

Ein anderes Verfahren, welches auch Anwendung fand, war die "Umerziehung während der Verwendung" der "alten" Lehrer. In "Kampf-Kritik-Umgestaltungssitzungen" waren, wie schon angesprochen, alle Lehrer, nicht nur bekannte Per-

---

31) Vgl. Staiger, Brunhild (Hg.): *China*, S.411 f.

32) Vgl. Wang Sing-tai: *Changes in Chinese Communist Education*, S.76 f., 79.

33) Vgl. *People's Daily*, November 20, 1971, in: Wang Hsueh-wen: "Conditions of New and Old Teachers on the Chinese Mainland", in: *Issues & Studies*, Vol.IX, No.4, January 1973, S.36-47, hier S.36.

sönlichkeiten, zur "stinkenden Nr. 9" erklärt worden und das Opfer von Kritik und z.T. auch von Säuberungsaktionen. Allein im Gebiet um Beijing sollen 98 Prozent der Professoren, 90 Prozent der außerordentlichen Professoren, 80 Prozent der Dozenten und 60 Prozent der Hochschul-Assistenten von ihren Posten entfernt und aufs Land, in die Fabrik oder in eine "7. Mai-Kaderschule" geschickt worden sein. [34)]

Die um 1972 auf ihre Posten zurückgekehrten Lehrer waren passiv und voll Angst vor neuerlicher Kritik, die wegen der "Umerziehung während der Verwendung" jederzeit über sie geäußert werden konnte. Außerdem lähmten die noch frischen Erinnerungen an die Ereignisse der letzten Jahre den Enthusiasmus. Hinzu kam, daß das schlechte Niveau der Schüler die Unterrichtsqualität minderte und die Arbeitsbelastung für den einzelnen zu hoch war. So mußte zum Beispiel das gesamte Lehrmaterial neu geschrieben oder zusammengestellt werden, und es gab keine Anleitung für die einzelnen Stunden, die der Lehrer abhalten mußte.

Die Auswahl neuer Lehrer wurde besonders gefördert, um das Ziel, eine "proletarische Armee von Lehrkräften" an den Schulen zu etablieren, schnell zu erreichen. Diese neuen Lehrer mußten aus dem Proletariat kommen, also Arbeiter und Bauern sein. Vielfach verfügten diese Lehrer jedoch nur über ein sehr geringes Bildungsniveau, so daß sie im Lehrbetrieb schon bald nur untergeordnete Stellungen besetzen konnten. Auch diese Lehrer des neuen Typs fühlten sich in den Schuleinrichtungen nicht wohl und betrachteten ihre Arbeit als eine Übergangsaufgabe; sie hatten Schwierigkeiten beim Unterrichten, da ihnen die Unterrichtspraxis fehlte, und waren überfordert, weil sie sich neben der Unterrichtsarbeit weiterbilden mußten, um ihr Niveau zu erhöhen. Schwierigkeiten bereitete auch das schlechte Verhältnis der Lehrer untereinander. Da die "alten" Lehrer als Vertreter der "Bourgeoisie" angesehen wurden, sollten die neuen Lehrer den alten in ihren politischen Studien helfen. Die alten Lehrer, die über Unterrichtserfahrung und genauere Grundlagenkenntnisse verfügten, sollten die neuen Lehrer in ihren fachlichen und didaktischen Aufgaben anleiten. In der Praxis führte die widersprüchliche gesellschaftliche Kategorisierung zu vielen Streitigkeiten, die den Unterrichtsbetrieb behinderten.

Ein weiterer Unterschied, der zu Konflikten und Unzufriedenheit führte, war der zwischen den Lehrern, die von der Regierung entlohnt wurden, und den Lehrern, die von den Produktionsbrigaden oder Volkskommunen bezahlt wurden. Ende

---

34) Butterfield hat in Gesprächen mit Betroffenen erfahren, daß erst 1978 die letzten der 110.000 als "Rechte" Denunzierten aus den Arbeitscamps entlassen wurden. Vgl. Butterfield, Fox: *China*, S.350.

1968 wurden alle von der Regierung geführten Grundschulen an die Produktionsbrigaden zur verantwortlichen Unterhaltung gegeben. Damit wollte die Regierung Geld sparen, denn die Lehrer wurden von den Brigaden nach Arbeitspunkten - wie alle anderen Brigademitglieder auch - aus den Erträgen der Volkskommune bezahlt. Dennoch gab es weiterhin Lehrer, die ihr Gehalt von der Regierung erhielten, die besser zahlte und mehr Unterstützungen gewährte als die Brigaden. [35)]

Von den Lehrern wurde erwartet, "rot und fachkundig" zu sein, und doch wurde dies von den Politikern oft getrennt. So sagten die Maoisten z.B. "Viele Lehrer sind wie Radieschen mit roter Haut und weißem Kern." [36)] In diesem Vergleich drückt sich das ganze Mißtrauen aus, das die kommunistischen Führer der Gruppe der Lehrer gegenüber empfanden. Es verwundert nicht, wenn in China in diesen Jahren, noch stärker als in anderen Jahren, betont wurde: "Es ist ein Unglück, Unterrichten als Beruf zu wählen." [37)] Diese Kritik und ablehnende Einstellung konnte von der Regierung nicht ignoriert werden, da der Lehrer als Unterweiser der chinesischen Jugend nicht zu ersetzen war. [38)]

Der Lehrerbildung wurde neue Beachtung geschenkt, um die Zweifel zu zerstreuen. 1972 fand die Lehrerbildung an vier Schuleinrichtungen statt: an den Pädagogischen Mittelschulen, den Pädagogischen Fachmittelschulen, an (zahlenmäßig wenigen) Allgemeinen Mittelschulen und an den Universitäten, die den Lehrbetrieb 1970 oder 1971 wieder aufgenommen hatten.

Die Ausbildung war auf vier Jahre angelegt; neu war allerdings, daß zwei Jahre Arbeitseinsatz auf dem Land oder in der Fabrik abgeleistet werden sollten. In der gesamten Ausbildungszeit waren für Ausbildungspraktika jedoch nur noch zwei Monate im Durchschnitt vorgesehen, was die Erfahrung in Unterrichtspraxis stark minderte und das Niveau der neuen Lehrer senkte.

Ein anderer Grund für das zu der Zeit festzustellende niedrige Niveau der neuen Lehrer waren die Kurzzeit-Ausbildungsprogramme, die sich über einen Zeit-

---

35) Vgl. Wang Hsueh-wen: "Conditions of New and Old Teachers on the Chinese Mainland" (*People's Daily, August 10, 1972), in: Issues & Studies*, Vol.IX, No.4, January 1973, S.36-47), hier S.37-45.

36) Wang Hsueh-wen: "Conditions of New and Old Teachers on the Chinese Mainland" (*People's Daily*, December 9, 1971), in: *Issues & Studies*, Vol.IX, No.4, January 1973, S.36-47, hier S.46 f.

37) Wang Hsueh-wen: "Conditions of New and Old Teachers on the Chinese Mainland" (*People's Daily*, December 9, 1971), in: *Issues & Studies*, Vol.IX, No.4, January 1973, S.36-47, hier S.47.

38) Vgl. Fraser, Stewart E. (ed.): *Education and Communism in China*, S.169.

raum von einem bis eineinhalb Jahren erstreckten und an denen die meisten Lehrer, die zwischen 1970 und 1972 ausgebildet worden waren, teilgenommen hatten. [39)]

Die Aufnahme in eine Einrichtung der Lehrerbildung erfolgte aufgrund des Familienhintergrundes und des politischen Bewußtseins des Bewerbers; wissenschaftliche Qualifikationen waren zweitrangig. Der Lehrplan war geprägt vom Studium der Werke Mao Zedongs. [40)]

Aufgrund des enormen Lehrermangels und der weiterhin angestrebten Umerziehung der Lehrer wurde die Weiterbildung besonders aufgewertet. Das ideologisch-politische Studium an den Schulen wurde regelmäßig von den örtlichen Parteifunktionären überprüft. Weiterbildungsmaßnahmen konnten sie aber nicht durchführen. 1971 wurden "mobile Gruppen" gebildet, die, oft von Pädagogischen Hochschulen organisiert, von einer Schule zur anderen zogen und bei der Weiterbildung der Lehrer halfen. [41)]

Die Pädagogische Hochschule Guangdong war für diese Form der Weiterbildung wegweisend. Sie organisierte neben dem regulären Unterrichtsbetrieb 31 mobile Gruppen, die 31 Ausbildungsklassen für Mittelschullehrer einrichteten. Diese Klassen wurden entweder in den Ferien, in der Freizeit oder auch nach dem Rotationsprinzip von mehr als 8.000 in Weiterbildung befindlichen Grund- und Mittelschullehrern besucht. Insgesamt wurden die mobilen Gruppen der Pädagogischen Hochschule Guangdong in 91 Kommunen tätig und halfen annähernd 10.000 Lehrern bei der Weiterbildung. [42)]

Von der Pädagogischen Hochschule Nanjing liegen für das Jahr 1974 Angaben über ihren Lehrbetrieb vor. Elf Fakultäten (Chinesische Sprache, Pädagogik, Musik, Kunst, Fremdsprachen [Englisch und Russisch], Politische Bildung, Biologie, Geographie, Physik, Chemie und Mathematik) boten Lehrgänge zur

---

39) Vgl. Connell, W. F., et.al. (ed.): *China at School*, S.102, 104.

40) Vgl. Wang Sing-tai: *Changes in Chinese Communist Education*, S.88.

41) Vgl. "Report on Mobile Teaching Groups in Kwangtung Province", FBIS, July 2, 1971, S.D2-4, in: Chen, Theodore H.: *The Maoist Educational Revolution*, S.132.

42) Vgl. "A 'Mobile University' for the Training of Teachers with Greater, Faster, Better and More Economic Results. The Work Methods and Experience of the Mobile Tutorial Teams of Kwangtung Normal College" (*Hongqi*, No.6, June 1, 1971, 84-88), in: Seybolt, Peter J.: *Revolutionary Education in China*, S.166-177, hier S.167, 170 f., auch in: SCMM, No. 707-708, June 28-July 6, 1971, S.114-121.

Ausbildung von Mittelschullehrern an. Die Studenten, von denen die meisten Arbeiter und Bauern waren, mußten eine obere Mittelschule absolviert haben, über zwei Jahre Arbeitserfahrung nach der Schule verfügen, unverheiratet und von den Massen vorgeschlagen sowie von der Leitung der Arbeitseinheit und der Hochschulleitung überprüft worden sein. Nach der Überprüfung mußte noch eine schriftliche Prüfung bestanden werden.

Der Lehr- und Angestelltenkörper der Pädagogischen Hochschule Nanjing setzte sich aus 1.172 Personen zusammen, die 1.604 Studenten betreuten. Das Gehalt der Professoren (ca. 300 Yuan monatlich) und auch das der Dozenten (100 Yuan monatlich) reichte aus, um mit einer vierköpfigen Familie davon zu leben. Für Miete mußten zwei Yuan und für Nahrungsmittel ca. 15 Yuan pro Person monatlich bezahlt werden, die medizinische Versorgung war frei.

Die Ausbildung folgte dem Prinzip "drei in eins", d.h. sie war mit proletarischer Politik, mit produktiver Arbeit und mit den Massen durch deren Einbeziehung in die Unterrichtsarbeit verbunden. Die Hochschule arbeitete "bei offener Tür" und unterhielt 1974 eine eigene Fabrik, eine Farm und darüber hinaus Kontakte zu Fabriken und Volkskommunen zwecks gegenseitiger Unterstützung. [43)]

4.6 Der Fall Huang Shuai

Huang Shuai, eine zwölfjährige Grundschulschülerin, kritisierte Ende 1973 ihren Lehrer, dem sie autoritäres Verhalten vorwarf. Nachdem er sie vor der Klasse wegen dieser Kritik getadelt hatte, schrieb das Mädchen an eine Zeitung, die den Brief ausführlich zusammen mit Tagebuchnotizen abdruckte. [44)]

In der Zeit nach der Veröffentlichung dieses Artikels in der *Renmin Ribao* äußerten sich viele, auch mit kritischen Bemerkungen, zum Verhalten des Mädchens. Doch ernteten die negativen Kritiker nur scharfe Angriffe, denn bereits in der Bemerkung des Herausgebers zur Veröffentlichung des Briefes hatte es geheißen:

---

43) Vgl. Jan S. Prybyla: "Notes on Chinese Higher Education: 1974", in: *The China Quarterly*, No.62, April-June 1975, S.271-296, hier S.283-285.

44) Vgl. *Renmin Ribao*, 28. Dezember 1973, S.1, in: Unger, Jonathan: *Education under Mao*, S.180 (Englisch in: SCMP, No.5539; *China Reconstructs*, August 1974, S.2-5.) Vgl. auch: Wang Hsueh-wen: "The Education in Mainland China: The Struggle Between Reform and Anti-Reform Advocates", in: *Issues & Studies*, Vol.X, No.8, May 1974, S.16-29, hier S.25.

> Den revolutionären Geist des Gegen-den-Strom-Schwimmens aufdeckend, brachte diese zwölf Jahre alte Grundschulschülerin einen Hauptpunkt in der Erziehungsrevolution voran, nämlich daß der verderbliche Einfluß der revisionistischen Linie der Erziehungsfront noch weit von seiner Eliminierung entfernt ist und daß unmoderne traditionelle Ideen noch hartnäckig in den Köpfen der Leute verharren. [45)]

Besonders die Gegner des Trends, im Bildungswesen wieder mehr auf die Qualität zu achten, lobten diese Schülerin und priesen ihren Vorbildcharakter. Bei diesen Gegnern handelte es sich um Qiang Jing, Mao Zedongs Ehefrau, und ihre Anhänger, die später, 1976, als "Viererbande" verhaftet werden sollten. [46)] Die Befürworter der neuen Hinwendung zu "fachkundig" und damit zu einer Steigerung der Unterrichtsqualität sahen in dem Verhalten der Schülerin eine Schädigung des Bildungssystems. Die Verhältnisse im Bildungswesen zu jener Zeit gaben dieser Gruppe Recht. [47)]

Im Januar 1975 stellte Ministerpräsident Zhou Enlai das Konzept der "Vier Modernisierungen" erstmals vor, das seit Oktober 1976 nach dem Tode Mao Zedongs und der Verhaftung der "Viererbande" als offizieller politischer Kurs gilt. Maos Bildungskonzept hatte die Gleichheit betont, führte jedoch zur Angleichung an das niedrigste Niveau und damit zur Hemmung des Fortschritts im Land und zur Unzufriedenheit in der Bevölkerung. Die Hebung des Bildungsniveaus wurde nach 1976 wieder angestrebt, und es läßt sich insgesamt eine Rückkehr zu Leitlinien und Themen der fünfziger und frühen sechziger Jahre feststellen. In dieser neuen politischen Atmosphäre baute sich auch die gesunkene Moral der Lehrer sehr schnell wieder auf. White sieht darin ein lebendiges Zeichen für die Fähigkeit der alten Lehrer, sich ihre Traditionen trotz der zum Teil schrecklichen Erlebnisse und grausamen Behandlungen, die ihnen in der Kulturrevolution widerfuhren, zu bewahren, sie an die neue Lehrergeneration weiterzugeben und sie zu einer Bedingung der Zusammenarbeit mit der Partei im Modernisierungsprogramm zu machen. [48)]

---

45) Wang Hsueh-wen: "The Education in Mainland China: The Struggle Between Reform and Anti-Reform Advocates", in: *Issues & Studies*, Vol.X, No.8, May 1974, S.16-29, hier S.25.

46) Vgl. White, Gordon: *Party and Professionals*, S.43 f.

47) Vgl. White, Gordon: *Party and Professionals*, S.45.

48) Vgl. White, Gordon: *Party and Professionals*, S.45 f. Vgl. auch: Dilger, Bernhard: "Bildung und Erziehung in der Volksrepublik China", in: *Das neue China*, 10.Jg., Nr.2/1983, S.5-8, hier S.7.

5 Die "Vier Modernisierungen", 1977 bis zur Gegenwart

Mit dem Tode des Vorsitzenden Mao Zedong am 9. September 1976 und der Verhaftung der "Viererbande" am 5./6. Oktober 1976 endete auch die Phase der "Großen Proletarischen Kulturrevolution" endgültig. Für die KP Chinas bedeutete dies, eine Neuorientierung aller Bereiche (Landwirtschaft, Industrie, Landesverteidigung sowie Wissenschaft und Technik) in Angriff nehmen zu müssen, um den desolaten Zustand, in dem sich das Land durch die Wirren der vergangenen zehn Jahre befand, zu meistern und eine "fortschrittliche" Entwicklung wieder zu ermöglichen. Auf dem XI. Parteitag der KP Chinas vom 12.-18. August 1977 wurde diese Neuorientierung beschlossen; das Erreichen der "Vier Modernisierungen", wie die Aufgaben in den vier Bereichen kurz genannt wurden, sollte die Reformmaßnahmen der kommenden Jahre bestimmen. [1)]

5.1 Die neue Parteipolitik

Im Dezember 1977 verkündete der offizielle Sprecher für Fragen der Wissenschaft, Fang Yi, in einer Rede Grundsätze für die neue Arbeit im Bereich der Wissenschaft und der Bildung. Fang erklärte, daß die Positionen des Rektors und des Dekans wieder eingeführt und ihnen die Verantwortlichkeit in bezug auf Schulangelegenheiten zurückgegeben werden sollte, wie sie sie vor der "Kulturrevolution" innegehabt hatten. Die Arbeiter-Propaganda-Gruppen, die 1968 Einzug in die Schulen und Hochschulen gehalten hatten, sollten abgeschafft werden. Wissenschaftlern, Hochschullehrern und Lehrern sollte es wieder erlaubt sein, ihre erworbenen Titel zu führen, und es sollten ihnen Auszeichnungen verliehen werden, damit ihr Engagement gefördert und ihre soziale Stellung wieder gehoben würde. Darüber hinaus wurde den Lehrern und Wissenschaftlern garantiert, daß der Anteil der "produktiven Arbeit" nicht mehr als ein Sechstel ihrer gesamten Arbeitszeit in Anspruch nehmen dürfe und in engem Zusammenhang mit ihrer eigentlichen Tätigkeit stehen müsse. [2)]

Diese Reformvorschläge des Jahres 1977, bei denen es sich um eine völlige Umkehrung der Leitlinien der "kulturrevolutionären" Zeit handelt, wurden auf der Nationalen Wissenschaftskonferenz im März 1978, der vierten von mehreren zentralen Konferenzen, von Deng Xiaoping, der schon während der "Kulturrevolution" ein Gegner von Mao Zedongs Bildungspolitik gewesen und dafür zweimal

---

1) Vgl. Straka, Gerald A.: "Lehrer in der Volksrepublik China", in: *Die Deutsche Schule*, 76.Jg., 1984, H.6, S.494-505, hier S.494.

2) Vgl. Rede Fang Yis in NCNA, 30. Dezember 1977, in: "Wissenschaftliche Maßnahmen", in: *China aktuell*, Jg.VII, Februar 1978, S.10 (Ü 18). Vgl. auch: Staiger, Brunhild (Hg.): *China*, S.414.

in "Ungnade" gefallen war, bestätigt. So stellte Deng in seiner Eröffnungsrede am 18. März 1978 fest: "Der Schlüssel für die vier Modernisierungen liegt in der Modernisierung der Wissenschaft und Technik." [3] Er begründete seine Einschätzung mit dem Hinweis auf die enge Verknüpfung von Wissenschaft und Produktion durch die Entwicklung, die in der modernen Wissenschaft und Technik zu verzeichnen sei.

Aus diesem Prozeß heraus erklärte Deng seine Neueinschätzung der Rolle der Intellektuellen. Durch die erfolgreiche Arbeit in Wissenschaft und Technik diene der Intellektuelle der Arbeiterklasse, so daß man sagen könne: "Alle Arbeitenden, ob körperlich oder geistig, sind in der sozialistischen Gesellschaft Werktätige." [4] Damit waren die Intellektuellen von dem Makel, die "stinkende Nr. 9" zu sein, befreit und offiziell als wertvoller Teil der Gesellschaft bestätigt.

Deng bekräftigte auch die Garantie, daß fünf Sechstel der Arbeitszeit den beruflichen Aufgaben gewidmet werden könnten, und erklärte zudem, daß es sich dabei um ein Minimum handle; wichtig sei die aktive Beschäftigung mit wissenschaftlichen Problemen und nicht das Lesen ideologisch-politischer Literatur. Innerhalb kürzester Zeit hatte sich die offizielle Parteipolitik in diesem Punkt in ihr Gegenteil gewandelt!

Um die gestellten Aufgaben zu lösen, sei es, laut Deng, wichtig, dafür zu sorgen, daß dem Volke eine solide Allgemeinbildung zuteil würde. In diesem Sinne forderte er:

> Die Parteikomitees aller Ebenen müssen sich vorrangig und gewissenhaft damit befassen. Alle Branchen und Bereiche müssen das Bildungswesen unterstützen und nach Kräften eigene Lehranstalten errichten. Die Lehrer des Volkes gleichen Gärtnern, die die Fortsetzer der Revolution heranziehen. Ihre schöpferische Arbeit sollte die Achtung der Partei und des Volkes

---

3) Deng Xiaoping: Rede auf der Eröffnungsveranstaltung der Nationalen Wissenschaftskonferenz (18. März 1978), in: Deng Xiaoping: *Ausgewählte Schriften*, S.111-128, hier S.112. Die Gedanken dieser Rede führte Deng bereits bei zwei früheren Gelegenheiten aus, vgl. Deng Xiaoping: "Achtet Wissen, achtet Fachkräfte." (24. Mai 1977) (Teil eines Gesprächs mit zwei Genossen des Zentralkomitees der VR China), ebd. S.53-55.
Deng Xiaoping: "Einige Bemerkungen zur Arbeit in Wissenschaft und Bildung" (8. August 1977) (Rede bei einer Aussprache über die Arbeit in Wissenschaft und Bildung), ebd., S.63-76.

4) Deng Xiaoping: "Rede auf der Eröffnungsveranstaltung der Nationalen Wissenschaftskonferenz" (18. März 1978), in: Deng Xiaoping: *Ausgewählte Schriften*, S.111-128, hier S.116.

> verdienen. Wir müssen ihnen wirklich genügend Zeit für ihre Lehrtätigkeit garantieren und uns um ihr politisches Leben, ihre Arbeitsbedingungen und ihre fachliche Fortbildung kümmern. Lehrer mit hervorragenden pädagogischen Beiträgen sollen belobigt und ausgezeichnet werden. [5)]

Um die Probleme, die sich durch die Reform innerhalb des Bildungssektors ergaben, zu lösen, veranstaltete die Zentralregierung von April bis Mai 1978 eine Nationale Konferenz über Erziehungsarbeit. Am 22. April 1978 hielt Deng Xiaoping eine Rede, in der er die Situation der Lehrkräfte seines Landes beleuchtete und Forderungen an ihre künftige Arbeit stellte. China verfüge über neun Millionen Lehrer, die für die moralische, geistige und körperliche Entwicklung der Werktätigen verantwortlich seien. Diese Forderung hatte erstmals Mao Zedong im Jahre 1957 erhoben. [6)] Wichtig sei, daß die Werktätigen über ein sozialistisches Bewußtsein und Allgemeinbildung verfügen würden. Deng Xiaoping ging über Maos Ziele hinaus, wodurch die Neuorientierung noch einmal deutlich zu Tage trat: Die Lehrer seien revolutionäre Werktätige, denen - auch von den Schülern - Respekt für ihre verdienstvolle Aufgabe gezollt werden müsse. Deng befürwortete ein freundschaftliches Verhältnis zwischen den Lehrern und den Schülern. Die Entlohnung der Lehrer müsse überprüft werden, insbesondere die der Grund- und Mittelschullehrer, deren Arbeit Deng als besonders schwierig einstufte. Doch verwies er gleich auf die schlechte finanzielle Situation des Landes, weshalb die Maßnahmen nicht in kurzer Zeit zufriedenstellend durchführbar seien.

Für besonders gute Lehrer solle die ehrenvolle Bezeichnung "Lehrer der Sonderklasse" eingeführt werden, was eine Hebung des sozialen Status der Lehrer bedeutete. Doch sollten die Lehrer in den ideologisch-politischen Studien nicht nachlassen; die Aufnahme in die Partei solle betrieben werden, um einen Lehrkörper mit proletarischer Gesinnung zu bilden. Zur Steigerung ihrer fachlichen Qualität sollten Weiterbildungsmaßnahmen in ausreichender Zahl und in unterschiedlicher Form angeboten werden. Zum Schluß seiner Rede formulierte Deng seine Erwartungen folgendermaßen:

> Wenn wir unter der Führung des Zentralkomitees der Partei und, gestützt auf die Anstrengungen der Lehrer, Angestellten und Arbeiter in den Lehranstalten sowie der Schüler und Studenten, den Kampf zur Entlarvung und

---

5) Deng Xiaoping: "Rede auf der Eröffnungsveranstaltung der Nationalen Wissenschaftskonferenz" (18. März 1978), in: Deng Xiaoping: *Ausgewählte Schriften*, S.111-128, hier S.122.

6) Vgl. Mao Zedong: "Rede auf der erweiterten 11. Tagung der Obersten Konferenz - Zur Frage der richtigen Behandlung von Widersprüchen im Volke", vom 27.2.1957, in: *Mao Zedong Texte*, Bd.2, S.128-180.

Verurteilung der "Viererbande" zu Ende führen und solide Arbeit leisten, wird unser Bildungswesen - davon bin ich überzeugt -, ebenso wie andere Bereiche, eine Generation von Menschen neuen Typs hervorbringen, immer neue Erfolge erzielen und wird seine Lage immer besser sein. [7]

5.2 Die Auswirkungen der neuen Parteipolitik auf die Lehrer

Zwei Punkte, die für die Lehrer in den Jahren der "Kulturrevolution" besonders große Probleme geschaffen hatten, waren zum einen die Übernahme der Schulleitungen durch politische Kader oder Bauern, denen ohne entsprechende Vorbildung diese Aufgabe anvertraut worden war, und zum anderen die mangelnde Disziplin der Schüler aufgrund des tief gesunkenen sozialen Status der Lehrer.

Diese Schwierigkeiten wurden vom Erziehungsministerium nach dem Tode Mao Zedongs erkannt. Im Frühjahr 1978 gab das Ministerium neue Richtlinien heraus, die die Situation an den Schulen grundlegend änderten. Dort heißt es u.a.:

1. Die Lehrerausbildung ist verstärkt nach einheitlichen Qualifikationsgesichtspunkten zu betreiben und von überhöhter politischer Einflußnahme zu befreien.
2. Die Kontrolle über Lehrer der staatlichen Grund- und Mittelschulen sowie die Zuteilung von Planstellen liegt bei den zuständigen Abteilungen der Kreise und Provinzen.
3. Lehrer dürfen in Zukunft nur noch ausschließlich als Lehrer eingesetzt werden. Die Verantwortung für die Lehrereinsetzung in offene Stellen noch im gleichen Jahr liegt bei den obengenannten Fachbehörden.
4. Verwaltungspersonal aller Ebenen ist nicht länger befugt, Lehrpositionen auszufüllen. Lehrer, die während der letzten Jahre in anderen Tätigkeiten eingesetzt wurden, sind unverzüglich auf ihre alten Positionen zurückzuversetzen.
5. Fünf Sechstel der Arbeitszeit der Lehrer ist als Minimum für Fachtätigkeit zu gewährleisten. Das Sechstel "produktiver Arbeit" soll sinnbezogen zur Unterrichtstätigkeit sein. Einsatz von Lehrern im landwirtschaftlichen Grundlagenbau ist nicht länger statthaft.
6. Lehrer in Erziehungseinrichtungen, die nicht staatlich, sondern unter der Regie der Volkskommunen betrieben werden, müssen in Übereinstimmung mit den allgemeinen Richtlinien ausgewählt und eingesetzt wer-

7) Deng Xiaoping: "Rede auf der Landeskonferenz über die Arbeit im Bildungswesen" (22. April 1978), in: Deng Xiaoping: *Ausgewählte Schriften*, S.132-140, hier S.138-140.

den. Bei Versetzungen, Stellentausch oder Pensionierung ist die Zustimmung der Kreisfachbehörde notwendig. [8]

Der fachbezogene Einsatz der Lehrer ist wichtig geworden, um die "Vier Modernisierungen" durchführen zu können. In den Jahren seit der Gründung der VR China ist diese Einstellung der Partei den Intellektuellen gegenüber wiederholt zu beobachten. In Zeiten, in denen der wirtschaftliche Fortschritt betont wurde - man erinnere sich nur an die Periode des "Großen Sprungs nach vorn" - wurden die Lehrer und alle anderen Intellektuellen respektiert und als wichtiger Teil der Gesellschaft akzeptiert. Doch vertrauenswürdig erschienen sie der Parteiführung nie. Aus diesem Grunde wurden die ideologisch-politischen Studien auch zu keiner Zeit eingestellt. Während der "Kulturrevolution", in der es zu den schlimmsten Verfolgungen und Grausamkeiten gegenüber Lehrern kam, versuchten die meisten von ihnen, eine "objektive" Haltung einzunehmen und sich auf den fachlichen Bereich ihrer Arbeit zu konzentrieren. Doch es wurde eine Atmosphäre geschaffen, in der die Autorität im Klassenzimmer und damit das Verhältnis zwischen Lehrer und Schüler zerstört, das soziale Ansehen der Lehrer gemindert und ihre schlechte finanzielle Lage nicht verbessert wurde. Die Passivität und der Widerstand der Lehrer wuchsen und minderten die Unterrichtsqualität so, daß der Bildungsstandard der jungen Leute sank. Deng Xiaoping als Wortführer der neuen Linie versuchte ab 1977/78, den Enthusiasmus der Lehrer neu zu beleben. Dabei half ihm unter anderem eine Eigenschaft, die den Lehrern zugeschrieben wird und angeblich von der "Viererbande" formuliert wurde: "Lehrer umzuerziehen ist so, als drücke man einen Gummiball unter Wasser. Bei starkem Druck geht er unter, aber sobald man los läßt, taucht er wieder auf." [9]

Dieses "Auftauchen" der Lehrer bei vermindertem Druck ist einzig aus der Bedeutung ihrer Arbeit für die Gesellschaft heraus zu erklären. Ihnen obliegt die Verantwortung für die Ausbildung der jungen Generation, die später einmal durch ihre Arbeitsleistung den Staat sichert. Und diese Arbeit, so erkannte man jetzt, kann von keiner anderen gesellschaftlichen Gruppe übernommen werden.

Die Pflicht eines chinesischen Lehrers in den Augen der Parteipolitik ab 1977 ist es, ein kameradschaftliches Verhältnis zu seinen Schülern zu begründen. Er soll ihnen Hilfestellung geben beim Studium des Marxismus-Leninismus und des Mao Zedong-Denkens, damit sich ihr politisches Bewußtsein erhöht. Möglich ist dies nur, wenn die Schüler den Lehrer respektieren und ihm dabei helfen, den

---

8) *Renmin Ribao*, 6. Februar 1978, in: Staiger, Brunhild (Hg.): *China*, S.415.

9) "How the 'Gang of Four' Stamped on the Party's Policy on Intellectuals", *Beijing Review*, 12 (March 18, 1978), S.19-20, 24, in: White, Gordon: *Party and Professionals*, S.87-90, Zitat S.88.

Unterricht gut zu führen. Es darf kein autoritäres Verhältnis entstehen, da dieses die Bereitschaft der Schüler zum Studium mindert.[10] Um das Ansehen der Lehrer in der Gesellschaft auch tatsächlich zu heben, wurden von offiziellen Stellen Versammlungen einberufen, in denen verdiente Lehrer öffentlich geehrt wurden; in geschmückten Wagen wurden sie an ihren Schülern vorbei zu diesen Versammlungen gefahren.[11] In der "Kulturrevolution", keine zehn Jahre vorher, waren sie, mit Tafeln um den Hals, auf denen ihre "Verbrechen" standen, und "Schandhüten" (spitzen Papiertüten) auf dem Kopf durch die Straßen zu den Kritiksitzungen getrieben worden.[12]

Nun wurden sie von hohen Parteifunktionären auf den Sitzungen geehrt. So lud der stellvertretende Ministerpräsident Fang Yi im August 1979 zu einer Lehrerversammlung nach Beijing ein und erläuterte die neue Parteipolitik und die Hoffnungen, die von seiten der Partei in sie gesetzt wurden.[13] Zwei Tage später schon sprachen der stellvertretende Ministerpräsident Wang Zhen und der Erziehungsminister Jiang Nanxiang vor Grund- und Mittelschullehrern aus 23 Provinzen, Städten und autonomen Gebieten.[14] Am 5. Mai 1980 erschien ein Leitartikel in der *Renmin Ribao*, der mehr als ein Drittel der ersten Seite umfaßte und den Titel "Die ganze Gesellschaft muß die Lehrer respektieren und die Schüler und Studenten lieben" trug. Alle Verantwortlichen in der Partei und in der Regierung wurden aufgerufen, Freundschaft mit den Lehrern zu schließen, sie um ihre Meinung zu bitten und Maßnahmen zu ergreifen, die Lebens- und Arbeitsbedingungen zu verbessern. Eltern wurden aufgefordert, die Arbeit der Lehrer zu unterstützen.[15]

Auf diesen Sitzungen wurden Lehrer, die sich besondere Verdienste in ihrem Beruf erworben hatten, geehrt. Im März 1983 hatte der Staatsrat der VR China

---

10) Vgl. "Zerrüttung der Verhältnisse zwischen Lehrern und Schülern", in: *Beijing Rundschau*, Jg.14, 5. Juli 1977, S.22-24, hier S.23.

11) Vgl. "Schools. Part II: Secondary and Primary Schools", in: *China News Analysis*, No.1108, February 3, 1978, S.1-7. Als Quelle nennt *China News Analysis*: Shenxi People's Broadcasting Station, January 13, 1978.

12) Vgl. die in der angegebenen Literatur zur "Kulturrevolution" durchgängigen Beschreibungen.

13) Vgl. "Fang Yi speaks on education work at teachers meetings" (Beijing Xinhua Domestic Service in Chinese, 17 Aug 79), in: *Foreign Broadcast Information Service*, Vol.I, No.162, 20 August 1979, S.29 f.

14) Vgl. "Vice Premier Wang Zhen Praises Role of Teachers" (Beijing Xinhua in English, 19 Aug 79), in: *Foreign Broadcast Information Service*, Vol.I, No.162, 20 August 1979, S.L 11.

15) Vgl. "Renmin Ribao calls for respect for teachers" (Beijing Xinhua in English, 5 May 80), in: *Foreign Broadcast Information Service*, Vol.I, No.088, 5 May 1980, S.L 8.

verfügt, die Titel für Lehrer an Einrichtungen der höheren Bildung wieder einzuführen, nachdem sie während der "Kulturrevolution" abgeschafft worden waren. Folglich gibt es seitdem wieder die vier Ränge Professor, außerordentlicher Professor, Dozent und Hochschul-Assistent. Die "Provisorischen Bestimmungen zur Festlegung von Titeln für Lehrer an Hochschulen und zu Methoden der Promotion" aus dem Jahre 1960 sollen erneut als Grundlage für Beförderungen dienen. [16)]

Zudem erließ das Erziehungsministerium zusammen mit der Staatlichen Planungskommission die "Provisorischen Regeln zur Bewertung und Auswahl von Lehrern der Sonderklasse". Die "Regeln" sahen drei Maßnahmen zur Belohnung der Lehrer, denen der Titel verliehen wurde, vor. Ihr politischer und sozialer Status sollte gehoben werden, indem ihnen neben den ausgehändigten Zertifikaten auch Sitze in örtlichen Volkskongressen angeboten wurden. Ihr Gehalt sollte angehoben werden; Pädagogische Hochschulen, Pädagogische Mittelschulen, Einrichtungen zur Lehrmaterialforschung und Organisationen für erziehungswissenschaftliche Publikationen wurden angewiesen, Lehrer der Sonderklasse als Teilzeit-Dozenten, Forscher und Herausgeber einzustellen, um ihre Fähigkeiten voll zu nutzen. Alle Lehrer, die diese Auszeichnung erhalten sollten, mußten über umfassende theoretische Kenntnisse und reiche Unterrichtserfahrung verfügen, in der Lage sein, Schüler gut anzuleiten und erfolgreich Grundlagenwissen zu erfassen. Die Wahl der "Lehrer der Sonderklasse" (*teji jiaoshi*) sollte alle drei bis fünf Jahre unter Lehrern der Grund- und Mittelschulen stattfinden. [17)] Über die erste Wahl wurde im März 1979 berichtet. [18)] Auch Anstrengungen zur Verbesserung der Lebenssituation der Lehrer wurden unternommen, bis hin zur organisierten und subventionierten Ferienreise für die ganze Familie. [19)] Die Arbeitsbelastung der Lehrer, die durch die Verpflichtung zur zusätzlichen Übernahme unterrichtsfremder Aufgaben gegeben war, sollte abgebaut werden, so daß sie sich wieder voll auf den Unterricht und die Forschung konzentrieren

16) Vgl. "Wiedereinführung der Dienstgrade nun auch an den Universitäten" (NCNA, 18.3.1978), in: *China aktuell*, Jg.VII, April 1978, S.174 (Ü 25). Vgl. die Übersetzung des Dokumentes von 1960 in der Dokumentation, S.187-190.

17) Vgl. "Official Bodies Call for Selecting Special-Grade Teachers (Beijing, 30 Dec 1978), in: *Foreign Broadcast Information Service*, Vol.I, No.6, 9 January 1979, S.E 19.

18) Vgl. "Special-Grade Teachers" (Beijing, Xinhua in English, 14 March 1979), in: *Foreign Broadcast Information Service*, Vol.I, No.62, 29 March 1979, S.L 12.

19) Vgl. "Sommerferien für Lehrer", in: *Beijing Rundschau*, Jg.17, Nr.41, 14. Oktober 1980, S.26.

konnten.[20] Im November 1978 wurde den Lehrern zugesichert, daß sie nicht mehr zur Teilnahme an produktiver Arbeit aufs Land, in die Fabrik oder in die "7. Mai-Kaderschulen" geschickt werden würden, wie es in der "Kulturrevolution" eingeführt und vehement betrieben worden war. Dieser Schritt wurde mit dem Hinweis auf den Werktätigencharakter der Intellektuellen, die es nicht nötig hätten, sich durch produktive Arbeit umzuerziehen, begründet.[21]

Desgleichen sollten Parteikomitees auch keine Aufgaben übernehmen, die in das Aufgabengebiet eines Professors oder eines anderen Erziehers fallen. Sie sollten helfen, politischen Fortschritt zu erzielen und für die notwendigen Arbeits- und Lebensbedingungen der Lehrkräfte zu sorgen. Den Professoren und anderen Erziehern wurden Befugnisse entsprechend ihrer Titel neu eingeräumt, nachdem diese in der "Kulturrevolution" durch die Machtbefugnisse der Revolutionskomitees beschnitten worden waren. Von den Kadern wurde erwartet, daß sie sich das spezielle Wissen für die Arbeit an einer Bildungseinrichtung aneignen würden.[22]

> Welch eine Veränderung, wenn man (sic!) mit einer Periode vergleicht, in der Wissenschaftler als "stinkende Nr. 9" in den Parolen der Presse auftauchten. Heute müssen die Kader von den Wissenschaftlern lernen.[23]

Das Gehalt der Lehrer war in den Jahren 1966 bis 1976 kaum erhöht worden. Im März 1978 verkündete Deng Xiaoping erneut das Prinzip: "Jedem nach seiner Leistung." Demnach sollte der Lohn nach der Arbeitsleistung des einzelnen, seinen technischen Fähigkeiten und seinem Beitrag an dem Voranbringen der "Vier Modernisierungen" gezahlt werden. Deng betonte, wie wichtig die Arbeit eines Grundschullehrers einzuschätzen sei und kam zu dem Schluß, daß das

---

20) Vgl. "People's Daily Suggests Reducing Teachers' Burden" (Beijing People's Daily in Chinese, 14 Jul 78, p.2), in: *Foreign Broadcast Information Service*, Vol.I, No.153, 8 August 1978, S.E 15-16.

21) Vgl. "Peking and Shanghai exempt teachers and scientist from labour", in: *Summary of World Broadcasts*, Part 3: *The Far East*, 16 November 1978, FE/5970/BII/17; auch in: "Keine körperliche Arbeit mehr für Lehrer, Wissenschaftler und Techniker", in: *China aktuell*, Jg.VII, Dezember 1978, S.803 (Ü 45).

22) Vgl. "People's Daily Calls for Reliance on Professors in Running Colleges" (NCNA English), Beijing, March 29, 1980), in: White, Gordon: *Party and Professionals*, S.321 f.

23) "Kader sollen von Wissenschaftlern lernen" (Leitartikel der *Renmin Ribao*, Nachdruck in *Guangming Ribao*, 30.8.78), in: *China aktuell*, Jg.VII, Oktober 1978, S.628 (Ü 21).

Gehalt zu niedrig bemessen sei. Er kündigte ein Prüfungssystem an, aufgrund dessen Beförderungen und Belohnungen vorgenommen oder aber Disziplinierungsmaßnahmen ergriffen werden. [24)]

Seit Oktober 1977 gibt es in der VR China drei Einkommensbereiche: den Staatsdienst, den staatlichen Wirtschaftssektor und die ländliche Kollektivwirtschaft. Das Erziehungswesen fällt in den Bereich Staatsdienst.

Während der "Kulturrevolution", bis 1971, wurden die Lehrer, wie erwähnt, nach dem Arbeitspunkteprinzip der Industrie entlohnt. Im Zuge der Reform 1977 wurden die Löhne für Arbeiter und Angestellte, einschließlich Lehrer und Wissenschaftler, um 46 Prozent erhöht, [25)] eine erste Maßnahme, um die schlechte finanzielle Situation der Lehrer zu verbessern und sie für die Mitarbeit an der Verwirklichung der "Vier Modernisierungen" zu gewinnen.

Probleme entstanden jedoch nach der Lohnreform bei der Entlohnung der Grund- und Mittelschullehrer auf dem Land. Nur etwa 30 bis 40 Prozent dieser Lehrer wurden Ende der siebziger Jahre vom Staat eingestellt, die Mehrzahl von ihnen war von den lokalen Behörden eingestellt worden und arbeitete in den *minban*-Schulen. Für diese Gruppe griffen die Reformen des Jahres 1977 nicht, und es war ihnen lediglich ein Einkommen garantiert, das mindestens dem Lohndurchschnitt aller Kommunemitglieder entsprechen mußte. Je nach regionalen Bedingungen konnten diese Durchschnittslöhne sehr stark variieren. Der Staat unterstützte die lokal eingesetzten Lehrer lediglich mit einem jährlich ausgezahlten Zuschuß in Höhe von 250 Yuan. [26)] Den staatlich angestellten Grundschullehrern wurde ein Monatslohn garantiert, der je nach Gehaltsstufe zwischen 25 und 70 Yuan monatlich betrug. [27)]

Über die Verteilung der Mittelschullehrkräfte an Schulen in den Städten und auf dem Land gibt Tabelle 2 Auskunft.

---

24) Vgl. Deng Xiaoping: "An dem Prinzip 'Jedem nach seiner Leistung' festhalten" (28. März 1978) (Teil eines Gesprächs mit leitenden Mitgliedern des Büros für Erforschung der politischen Angelegenheiten beim Staatsrat), in: Deng Xiaoping: *Ausgewählte Schriften*, S.129-131, hier S.129 f.

25) Vgl. Machetzki, Rüdiger: "Einkommen und materielle Lebensverbesserung in der Volksrepublik China", in: *China aktuell*, Jg.VII, Februar 1978, S.19-25, hier S.19 f.

26) Vgl. Beijing Rundschau (Hrsg.): *Vom Kindergarten zur Hochschule*, S.18.

27) Vgl. Machetzki, Rüdiger: "Einkommen und materielle Lebensverbesserung in der Volksrepublik China", in: *China aktuell*, Jg.VII, Februar 1978, S.19-25, hier S.21.

Tabelle 2: Zahl der Mittelschullehrer in Stadt und Land (1980-1985)

Jahr	Stadt	Land
1980	896.778	2.122.972
1981	925.239	1.918.718
1982	964.499	1.716.060
1983	847.453	1.618.347
1984	1.045.107	1.511.512
1985	1.134.283	1.517.312

Quelle: *Achievement of Education in China*, Bd.2, S.73.

Es wird deutlich, daß die Zahl der Mittelschullehrer auf dem Lande sinkt, die Zahl der Lehrer in den Städten jedoch zunimmt. Dieser Trend erklärt sich aus dem Versuch, die Grundschulbildung auf dem Land zu forcieren und zu verbreiten, weshalb aus dem Mittelschulbereich Kapazitäten abgezogen werden mußten. In den Städten, in denen die Grundschulbildung bereits weitestgehend gesichert war, wurde eine Qualitätssteigerung der Schulbildung und aus diesem Grunde eine Forcierung der Mittelschulbildung angestrebt. Das Problem der unterschiedlichen Entlohnung minderte sich durch diesen Trend folglich bis zur Mitte der achtziger Jahre, zumal der Anteil der Mittelschullehrer und Schulbediensteten, die von den Kommunen bezahlt wurden, abnahm, wie Tabelle 3 zu entnehmen ist.

Tabelle 3: Zahl der Mittelschullehrer und Schulbediensteten (1980-1985)

Jahr	Total	an *minban*-Schulen
1980	3.897.083	1.072.427
1981	3.745.380	843.463
1982	3.582.308	649.712
1983	3.488.079	574.031
1984	3.465.659	543.480
1985	3.556.861	525.028

Quelle: *Achievement of Education in China*, Bd.2, S.66.

Die Zahlen belegen zwar ein Sinken des Anteils derjenigen Lehrer und Schulbediensteten, die in Schulen arbeiten, die von den Volkskommunen betrieben werden; es ist jedoch noch nicht gelungen, diese Lehrer in den Staatsdienst zu übernehmen und damit ein einheitliches Lohngefüge für alle Lehrer einzuführen.

Bis 1981 wurden noch andere Maßnahmen, die nur einzelne Gruppen betrafen, durchgeführt. So legte die Partei z.B. fest, den "Lehrern der Sonderklasse" eine monatliche finanzielle Verbesserung von 30 Yuan für Mittelschullehrer und 20 Yuan für Grundschullehrer zu gewähren, [28] eine große Summe im Vergleich zu ihrem normalen Durchschnittslohn.

Mit der erneuten Einführung akademischer Titel mußte die Einstufung der Lehrer, die im Bereich der Hochschulbildung tätig waren, überdacht werden. Anfang 1980 wurden 61.300 Lehrer, das waren ein Drittel aller Hochschullehrer, befördert, was auch ihre finanzielle Situation wesentlich verbesserte. So wurden 1.000 Personen in den Rang eines Professors befördert, 6.000 wurden zu außerordentlichen Professoren ernannt und 54.000 erhielten den Titel Dozent. [29] Bei der großen Zahl in den Rang eines Dozenten beförderter Personen handelt es sich um die Hochschulabsolventen der Jahre 1966 bis 1976, die als Assistenten in den Einrichtungen verblieben waren und wegen des Beförderungsstopps keine Dozenten werden konnten. [30]

1981 wurden die Gehälter für Grund- und Mittelschullehrer erneut angehoben und auf 42 bis 120 Yuan monatlich festgelegt. Der staatliche Jahreszuschuß für Lehrer, die von den Volkskommunen bezahlt werden, wurde um 50 Yuan auf 300 Yuan angehoben. [31]

Neben dem Grundgehalt, welches den Lehrern monatlich gezahlt wird, stehen ihnen noch viele Zuschüsse zu. So ist die ärztliche Versorgung frei, bei großen Familien erhalten die Lehrer Beihilfen, Altersversorgung und Krankengeld sind

---

28) Vgl. "China Educational Almanac (1949-1981)", in: *Chinese Education*, Vol.XIX, No.3, Fall 1986, S.1-111, hier S.101.

29) Vgl. White, Gordon: *Party and Professionals*, S.58. Als Quelle nennt White: NCNA, Beijing, January 13, 1980.

30) Vgl. Henze, Jürgen: *Bildung und Wissenschaft*, S.69.

31) Vgl. "State Council Increases Schoolteachers' Salaries" (Beijing, *China Daily* in English, 22 Nov 81, S.1. Report: "State To Increase Pay of 12 Million Teachers"), in: *Foreign Broadcast Information Service*, Vol.I, No.225, 23 November 1981, S.K 11 f., hier S.K 11. Vgl. auch: Straka, Gerald A.: *Schule und Hochschule in der Volksrepublik China*, S.115. Als Quelle nennt Straka: *Beijing Rundschau*, 1981, 49, S.6.

geregelt, und der Staat übernimmt die Bestattungskosten. Darüber hinaus haben die Lehrer eine Arbeitsplatzgarantie, Kinderhorte und Kindergärten stehen zur Verfügung, Wohnungen werden gestellt, Ferien- und Freizeitaktivitäten werden organisiert und der Eintritt in Clubs steht ihnen offen. [32] Insgesamt gesehen, hat sich die Situation der Lehrer sehr zum Positiven gewandelt, das soziale Ansehen ist gestiegen, die drückenden finanziellen Sorgen sind gemindert worden, und doch reichen die Maßnahmen noch lange nicht aus. Da sich der Staat selbst in finanziellen Engpässen befand und die "Vier Modernisierungen" durchgeführt werden sollten, um einen Fortschritt zu ermöglichen, ließen sich andere Maßnahmen nicht konkretisieren. Es ist auch anzunehmen, daß sich der Wandel des Lehrerbildes, wie er von den staatlichen Stellen in den Jahren nach der "Kulturrevolution" angestrebt wurde, in der Praxis nicht in dem gewünschten Maße vollzog. Zum einen lassen sich Werturteile nicht in so kurzer Zeit in ihr Gegenteil verkehren, und zum anderen betrafen die Maßnahmen, wie ausgeführt, nur eine Gruppe der Lehrer. Auf dem Land, wo sich Neuerungen immer langsamer vollziehen, waren die Lehrer in großer Zahl von den Erleichterungen ausgeschlossen. Auch Regierungsstellen trugen dazu bei, am Erfolg der beabsichtigten Reform Zweifel aufkommen zu lassen. Henze berichtet z.B. von einem Fall, der dies verdeutlichen kann. Die Feuerbestattung eines verstorbenen außerordentlichen Professors aus der Stadt Shenyang, Provinz Liaoning, sei abgelehnt worden, da diese nur für Personen mit mehr als 147 Yuan Monatslohn genehmigt war, der Verstorbene aber nur über ein Einkommen von 68 Yuan monatlich verfügte. [33] Es ist offensichtlich, daß sich durch dieses Verhalten der unteren offiziellen Stellen kein entscheidender Gesinnungswandel vollziehen konnte.

5.3 Die Entwicklung der Lehrerzahl

Verglichen mit den Jahren 1946/47, als die Republik China die höchsten Lehrerzahlen verzeichnen konnte, hat sich die Zahl Anfang der achtziger Jahre in der Volksrepublik China enorm erhöht. In den Einrichtungen der Hochschulbildung unterrichteten 1983 357.700 Vollzeit-Lehrer, einundzwanzigmal mehr als 1947: Die Zahl der Lehrer an allen Mittelschulen betrug 2.962.000, 27,7mal mehr als 1946, 5.914.200 Grundschullehrer aller Stufen erteilten 1983 Unterricht, 6,7mal mehr als 1946. [34]

In Tabelle 4 wird die Entwicklung der Lehrerzahl in der VR China, nach Schulformen unterschieden, dargestellt.

---

32) Vgl. White, Gordon: *Party and Professionals*, S.47.

33) Vgl. Henze, Jürgen: *Bildung und Wissenschaft*, S.69. Als Quelle nennt Henze: *Renmin Ribao* vom 17.9.1980, SWB/FE/6534/C 3, vom 17.9.1980.

34) Vgl. *Achievement of Education in China*, Bd.1, S.8.

Tabelle 4: Vollzeit-Lehrer in Hochschulen, Mittelschulen und Grundschulen (1946-1985)

Jahr	Hochschulen	Mittelschulen Allgemeine Mittelschule	Mittelschulen Pädagogische Mittelschule	Grundschulen
1946	17.000	77.936	16.279	864.000
1949	16.000	66.640	8.956	836.000
1950	17.000	69.108	9.225	901.000
1951	23.000	73.242	11.648	1.222.000
1952	27.000	93.930	20.096	1.435.000
1953	34.000	113.233	17.477	1.554.000
1954	39.000	137.946	15.377	1.555.000
1955	42.000	149.107	11.229	1.594.000
1956	58.000	187.197	13.403	1.749.000
1957	70.000	233.783	15.282	1.884.000
1958	85.000	305.107	17.299	2.257.000
1959	100.000	350.408	26.199	2.503.000
1960	139.000	425.530	41.777	2.693.000
1961	159.000	417.622	29.047	2.554.000
1962	144.000	399.456	13.894	2.511.000
1963	138.000	420.465	12.779	2.601.000
1964	135.000	441.515	12.876	3.108.000
1965	138.000	457.075	11.430	3.857.000
1966	139.000	-.-	11.430	3.221.000
1967	139.000	-.-	11.436	3.196.000
1968	143.000	-.-	11.524	3.255.000
1969	137.000	-.-	11.349	3.487.000
1970	129.000	-.-	12.942	3.612.000
1971	139.000	-.-	18.810	4.095.000
1972	130.000	1.657.614	19.420	4.398.000
1973	139.000	1.695.934	20.905	4.679.000
1974	148.000	1.781.993	23.475	4.944.000
1975	156.000	2.092.155	24.618	5.204.000
1976	167.000	2.728.979	28.264	5.289.000
1977	186.000	3.186.692	28.900	5.226.000
1978	206.000	3.181.999	30.271	5.226.000
1979	237.000	3.077.696	34.000	5.382.000
1980	247.000	3.019.750	37.664	5.499.000
1981	250.000	2.843.957	37.484	5.580.000
1982	287.000	2.680.559	39.255	5.505.000
1983	303.000	2.596.900	40.464	5.425.000
1984	315.000	2.556.619	42.563	5.370.000
1985	344.000	2.651.595	45.966	5.377.000

Quelle: *Achievement of Education in China*, Bd.1, S.30 f., 167, 190; Bd.2, S.9, 57, 66.

An dieser Tabelle lassen sich die bildungspolitischen Entwicklungen seit 1949 ablesen. Mit Gründung der Volksrepublik begannen weniger Lehrer an den Schulen ihren Dienst als in den letzten Jahren der Republik. Politische Flüchtlinge sind hierfür als Hauptgrund zu nennen. Doch ist der Lehrerschwund wesentlich geringer, als man vermuten würde. Wie bereits ausgeführt, verhielten sich die Intellektuellen loyal und blieben in ihrem Land. Einzig die Zahl der Lehrer an den Pädagogischen Mittelschulen verringerte sich fast um die Hälfte, ein Indiz für die mangelnde Lehrerbildung in der Anfangsphase. Bis zum "Großen Sprung nach vorn" läßt sich ein stetes und regelmäßiges Wachstum verzeichnen, aber mit dem Jahr 1958 schnellen die Lehrerzahlen in die Höhe. Der Bildung wurde großes Gewicht beigemessen, um qualifiziertes Personal für den Fortschritt zu gewinnen. Ab 1961 befand sich das Land in desolatem Zustand, die Lehrerzahlen im Bereich der Grundschulbildung sanken, die Zahlen im Bereich der Mittelschulbildung und im Hochschulbereich schwankten. Gravierend ist der Einbruch an den Pädagogischen Mittelschulen. Dort sanken die Lehrerzahlen um mehr als die Hälfte von 29.047 Lehrern im Jahr 1961 auf 13.894 im Jahr 1962, obwohl sie bereits von 1960 bis 1961 um mehr als 12.000 vermindert worden waren. Der Stand von 1960 konnte erst zu Beginn der achtziger Jahre wieder erreicht werden. Während der "Kulturrevolution", besonders in der Kampfphase, veränderten sich die Zahlen kaum, für die Allgemeinen Mittelschulen liegen für die Jahre 1966 bis 1971 keine Angaben vor. Erst ab 1972, dem Jahr, in dem alle Einrichtungen den Schulbetrieb wieder aufgenommen hatten, wuchs die Zahl der Lehrer so konstant wie in den ersten Jahren nach der Gründung der Volksrepublik. Die Bedeutungsaufwertung, die die Lehrer nach dem Tode Mao Zedongs erfuhren, läßt sich aus der Tabelle ablesen, wenn man die Lehrerzahlen für die Mittelschulen mit den Lehrerzahlen an den Pädagogischen Schulen vergleicht. Obwohl die Zahlen im Mittelschulbereich sanken, wurden die Pädagogischen Mittelschulen personell aufgestockt. Um die "Vier Modernisierungen" zu verwirklichen, betonte die Partei die führende Rolle der Bildung; um die Qualität der Bildung zu erhöhen, bedurfte es gut ausgebildeter Lehrer, und so fand die Lehrerbildung große Beachtung.

5.4 Die Lehrerbildung

Im Januar 1979 wurde die Neugründung von 77 Pädagogischen Hochschulen gemeldet mit dem Ziel, die Zahl und die Qualität der Mittelschulen zu erhöhen. [35] Dies verdeutlicht die Anstrengungen, die von seiten der Parteiführung unternommen wurden, die Schulbildung insgesamt zu stärken.

---

35) Vgl. "New Institutes of Higher Education To Be Established", in: *Foreign Broadcast Information Service*, Vol.I, No.8, 11 January 1979, S.E 15.

Auf einer Arbeitskonferenz zur nationalen Lehrerbildung, die im Juni 1980 stattfand, wurden Anweisungen diskutiert, die das Zentralkomitee im Mai herausgegeben hatte. Die Anweisungen wiesen die künftige Richtung aus und ersuchten die zuständigen Stellen um gute Arbeitsleistungen zur normgerechten Ausbildung einer Armee von Lehrkräften, die qualifiziertes Personal für den Aufbau der "Vier Modernisierungen" stellen kann. Lin Biao und die "Viererbande" wurden scharf kritisiert: Durch ihre Verfolgungen und Massaker sei die Lehrerbildung ernsthaft gestört worden und müsse neu aufgebaut werden. Ihr kam in der neuen Parteiideologie die Rolle einer "Werkzeugmaschine" zu, weshalb ihre Qualität gesteigert werden sollte. Es wurde festgelegt, daß Pädagogische Hochschulen Mittelschullehrer, Pädagogische Fachmittelschulen Unterstufen-Mittelschullehrer, Pädagogische Mittelschulen Grundschullehrer und Pädagogische Mittelschulen für Vorschulerziehung Kindergartenlehrer ausbilden sollten.

Drei Forderungen wurden an einen qualifizierten Lehrer gestellt: Er sollte über ein profundes Wissen verfügen, die Erziehungswissenschaft beherrschen und die Bildungsgesetze verstehen sowie noble moralische Eigenschaften und ein gewisses geistiges Niveau haben. Die erziehungswissenschaftlichen Studien innerhalb der Lehrerbildung sollten verstärkt werden durch die Erhöhung der Stundenzahl in Pädagogik, Psychologie und Unterrichtsmethodik. Doch sollten der Marxismus-Leninismus und das Mao Zedong-Denken weiterhin die Studien bestimmen, auch wenn chinesische und sogar ausländische Erfahrungen einfließen sollten. Stets sollten die Studien mit der Praxis in Verbindung stehen. Zur Motivierung qualifizierter Schüler, ein Lehrerstudium zu beginnen, mußten der Sozialstatus und die finanzielle Situation des Lehrers verbessert werden; es wurde aber auch bestimmt, daß die Absolventen von Pädagogischen Mittelschulen in den Kreisen als Grundschullehrer eingesetzt werden sollten, aus denen sie stammten. [36)]

Im Oktober 1980 veröffentlichte das Erziehungsministerium das Dokument "Ansichten zur Stärkung des Aufbaus einer Armee von Lehrkräften für Pädagogische Hochschulen".

Das Dokument erklärt die vorhandenen Hochschullehrer zum wertvollsten Kapital für die Entwicklung und die Stärkung der Lehrerbildung an Hochschu-

---

36) Vgl. "Bericht des Erziehungsministeriums über einige Probleme bezüglich der Lehrerbildung mit der Bitte um Anweisungen" (5.9.1980), in: *Materialauswahl zur gegenwärtigen Lehrerbildung an Hochschulen in China*, S.214-218, hier S.214-217. Vgl. Übersetzung in der Dokumentation, S.192-195.

len. 1979 seien mehr als 43.000 Lehrkräfte an den Pädagogischen Hochschulen tätig gewesen (1.500 Professoren und außerordentliche Professoren oder 3,4 Prozent der Lehrkräfte, 12.500 Dozenten oder 28,9 Prozent und 29.500 Lehrer und Assistenten oder 67,7 Prozent), doch sei der Lehrermangel, besonders an den neugegründeten Schulen, noch sehr hoch. Die Folge sei, daß ein kompletter Fächerkanon an den meisten Schulen nicht angeboten werden könne. Zu dem akuten Mangel komme noch die große Zahl arbeitsunfähiger Lehrer. Als Gründe dafür verweist das Erziehungsministerium auf die Schwierigkeiten, mit denen die Lehrer noch zu kämpfen hatten, darunter vor allem Überalterung und schlechte materielle Bedingungen. Hierbei muß auch an Folgeschäden durch die Mißhandlungen während der "Kulturrevolution" gedacht werden. Insgesamt, so erklärt das Ministerium, sind 15 Prozent aller Lehrer nur teilweise arbeitsfähig, fünf Prozent können ihre Arbeit gar nicht ausüben.

Um die Qualität der Ausbildung zu heben, ordnet das Erziehungsministerium an, alte Lehrer als Institutsleiter einzusetzen, so daß ihre Fähigkeiten genützt werden können. In der "Kulturrevolution" hatten diese Aufgabe, wie beschrieben, Revolutionskomitees übernommen. Alte Lehrer und Experten wurden nun z.B. angehalten, ihre Erfahrungen schriftlich zusammenzufassen und Lehrmaterialien zusammenzustellen. Ein Assistent, der ihnen zur Seite gestellt wurde, sollte bei dieser Arbeit Hilfestellung leisten. Zur Hauptkraft für Unterricht und Forschung wurde der Lehrer im mittleren Alter bestimmt, da er durch sein erworbenes hohes Niveau die Unterrichtsqualität direkt beeinflußt. Weiterbildungsmöglichkeiten sollen ihm regelmäßig angeboten werden wie auch den Junglehrern, denen es noch an Erfahrungen mangelt, weshalb ihnen ein anleitender Lehrer zugewiesen wird.

An den Pädagogischen Hochschulen soll neben dem Unterricht auch die wissenschaftliche Forschungsarbeit berücksichtigt werden. Über ihre gesamte berufliche Tätigkeit sollen die Hochschullehrer Buch führen, was neben speziellen Prüfungen über Beförderungen, Arbeitszuteilungen und Titel entscheidet.

Den 102 Pädagogischen Fachmittelschulen (1979) kommt die Aufgabe zu, Unterstufen-Mittelschullehrer auszubilden. Bei vorhandenen Möglichkeiten sollen ihnen angeschlossene Mittelschulen gegründet werden, um den Praxisbezug zu gewährleisten. Doch, so stellt das Ministerium fest, ist das Lehrkraftkontingent an den Pädagogischen Fachmittelschulen gering und die Qualität der Schulen mangelhaft. Um diesem Mangel abzuhelfen, sollen Doktoranden und ausgezeichnete Absolventen von ordentlichen Studiengängen ebenso wie erfahrene

Mittelschullehrer als Lehrkräfte an die Pädagogischen Fachmittelschulen geschickt werden. [37)]

1981 wurden die Schwierigkeiten der Pädagogischen Fachmittelschulen Thema einer Aussprache in Tianjin. Wegen der vielen Neugründungen zur Forcierung der Lehrerbildung mangele es den Schulen an Erfahrungen, auch seien Unterrichtspläne und Lehrpläne noch nicht vorhanden, da sich viele der Pädagogischen Fachmittelschulen in der Aufbauphase befänden. Es wurde empfohlen, das Lehrangebot auf stützende Kurse zu beschränken und nur in den höheren Jahrgängen Vorlesungsreihen über Spezialthemen anzubieten, wenn es die Möglichkeiten der Schulen erlaubten. Im Gesamtplan der Schulen sollten die Fachkurse 65 bis 80 Prozent, die Fächer Pädagogik und Psychologie 5 bis 7,5 Prozent ausmachen, die verbleibende Unterrichtszeit sollte für die Fächer Kommunistische Politik, Fremdsprache und Sprache zur Verfügung gestellt werden. Um die praktische Ausbildung zu stärken, war im dreijährigen Fachmittelschulkurs ein sechswöchiges und im zweijährigen Kurs ein vierwöchiges Praktikum für die Studenten Pflicht. [38)]

Ein Dokument des Erziehungsministeriums vom Oktober 1980 regelte das Arbeitspensum für Hochschullehrer. Es sollte damit der Aufbau einer Armee von Lehrkräften für Hochschulen, deren Sollstärke rationell errechnet war, ermöglicht werden. Ebenso sollten die Maßnahmen garantieren, daß sozialistische Aktivitäten entfaltet und der Verpflichtung für Unterricht und wissenschaftliche Forschung in der Praxis nachgekommen werden kann. Das Arbeitspensum wurde festgelegt auf jährlich 1.680 Stunden (bei acht Stunden täglich und fünf Tagen pro Woche). Zwei Drittel des gesamten Arbeitspensums sollten für die Unterrichtsarbeit verwandt werden. Bei attestierter körperlicher Schwäche wird die Arbeitszeit gekürzt. Arbeitsleistungen, die über dem veranschlagten Soll der Lehrkräfte liegen, werden laut Dokument finanziell vergütet. Diese Vergütung wurde festgesetzt als eine einmalige jährliche Zahlung. Jeweils zehn über dem

---

37) Vgl. "Bekanntmachung des Dokumentes 'Ansichten zur Stärkung des Aufbaus einer Lehrkraftarmee für Pädagogische Hochschulen', welches das Erziehungsministerium herausgibt" (27.10.1980), in: *Materialauswahl zur gegenwärtigen Lehrerbildung an Hochschulen in China*, S.242-249, hier S.242-247. Vgl. Übersetzung in der Dokumentation, S.195-200.

38) Vgl. "Zusammenfassendes Protokoll einer Aussprache zur Unterrichtsarbeit an Pädagogischen Fachmittelschulen" (November 1981), in: *Materialauswahl zur gegenwärtigen Lehrerbildung an Hochschulen in China*, S.260-263, passim. Vgl. Übersetzung in der Dokumentation, S.203-205.

Soll liegende Unterrichtsstunden wurden als eine Einheit zusammengefaßt und mit vier Yuan vergütet. [39]

Um eine genügende Zahl von Hochschullehrern ausbilden zu können, wurde das Postgraduiertenstudium nach der "Kulturrevolution" wieder eingeführt und forciert. In zwei- bis vierjährigen Ausbildungsgängen wurden Hochschullehrer und wissenschaftliches Forschungspersonal auf ihre Aufgaben vorbereitet. [40] Der sprunghafte Anstieg der Postgraduierten, auch im Bereich der Pädagogik, kann der Tabelle 5 entnommen werden.

Um die zahlenmäßige Entwicklung der Lehrerbildung noch einmal abschließend zu beleuchten, wird in Tabelle 6 die Anzahl der Pädagogischen Mittelschulen seit Gründung der VR China aufgelistet.

Die zahlenmäßige Verdoppelung der Schulen zur Zeit des "Großen Sprungs nach vorn", der Einbruch zur Zeit der "Kulturrevolution" und die wachsende Bedeutung der Lehrerbildung in den Jahren danach entsprechen den Tendenzen, die im Verlauf der Arbeit aufgezeigt wurden. Zeiten der Ruhe, in denen sich die Lehrerbildung langsam entwickelte, folgten Zeiten der Forcierung, da der Aufbau des Landes verstärkt von den kommunistischen Führern in Angriff genommen wurde und Lehrer dringend benötigt wurden. Diese Phasen wurden von Perioden der politischen Verfolgung abgelöst, in denen die Zahl der Lehrerbildungseinrichtungen rapide sank. Die Folge war, daß die Zahl der Lehrer großen Schwankungen unterworfen war und die Ausbildung nicht kontinuierlich durchgeführt wurde. So ist es den Kommunisten noch nicht gelungen, den Lehrermangel zu beheben und die Lehrerbildung zu konsolidieren.

In Tabelle 7 werden die Schüler- und Studentenzahlen in Einrichtungen der Lehrerbildung notiert, um das Dargestellte zu vervollständigen.

Ein weiterer interessanter Aspekt, auf den im Rahmen dieser Arbeit nur hingewiesen werden kann, ist der problematische Zusammenhang zwischen Schulexpansion (vgl. Tabelle 6), demographischer Entwicklung - mit besonderem Augenmerk auf die Versuche, die Geburtenrate zu senken und die Tatsache, daß die absolute Bevölkerungszahl dennoch weiter steigt - und den Schülerzahlen insgesamt.

---

39) Vgl. Dokumente des Erziehungsministeriums. (81) Bildungskader, Schriftstück Nr.011. Bekanntmachung der probeweise durchzuführenden Bestimmungen bezüglich des Arbeitspensums von Hochschullehrern (20.4.1981), in: *Wichtige Dokumente zur Hochschulbildung*, Bd.2, S.134-142, hier S.136, 140-142. Vgl. Übersetzung in der Dokumentation, S.200-203.

40) Vgl. *China. Facts and Figures*, S.5.

Tabelle 5: Anzahl der Postgraduierten (1981-1985)

Jahr	Total	Pädagogik
1981	18.848	227
1982	25.847	252
1983	37.166	357
1984	57.566	617
1985	87.331	1.204

Quelle: *Achievement of Education*, Bd.2, S.46.

Tabelle 6: Die Entwicklung der Anzahl der Pädagogischen Mittelschulen (1946-1985)

Jahr	Anzahl	Jahr	Anzahl
1946	902	1967	394
1949	610	1968	391
1950	586	1969	373
1951	744	1970	402
1952	916	1971	636
1953	788	1972	645
1954	632	1973	737
1955	515	1974	725
1956	598	1975	887
1957	552	1976	982
1958	1.028	1977	1.028
1959	1.365	1978	1.046
1960	1.964	1979	1.053
1961	1.072	1980	1.017
1962	558	1981	962
1963	490	1982	908
1964	486	1983	861
1965	394	1984	1.008
1966	394	1985	1.028

Quelle: *Achievement of Education in China*, Bd.1, S.20; Bd.2, S.52, 112.

Tabelle 7: Schüler- und Studentenzahlen in Einrichtungen der Lehrerbildung (1946-1985)

Jahr	Pädagogische Mittelschule	Einrichtungen der höheren Bildung insgesamt	vierjährig	zweijährig
1946	246.000	-.-	-.-	-.-
1947	-.-	20.818	15.397	5.421
1949	152.000	12.039	10.078	1.961
1950	159.000	13.312	-.-	-.-
1951	220.000	18.225	-.-	-.-
1952	345.000	31.551	15.490	16.061
1953	369.000	39.958	20.787	19.171
1954	308.000	53.112	29.083	24.029
1955	219.000	60.657	38.892	21.765
1956	273.000	98.821	61.185	37.636
1957	296.000	114.795	73.110	41.685
1958	386.000	157.278	95.350	61.928
1959	540.000	192.285	119.204	73.081
1960	839.000	204.498	133.587	70.912
1961	462.000	186.841	137.079	49.762
1962	182.000	137.561	118.673	18.888
1963	131.000	114.296	105.248	9.048
1964	134.000	97.462	90.385	7.077
1965	155.000	94.268	86.948	7.320
1966	134.000	72.003	66.793	5.210
1967	84.000	48.776	46.624	2.152
1968	30.000	25.078	25.078	-.-
1969	15.000	2.516	2.516	-.-
1970	32.000	9.140	9.140	-.-
1971	120.000	-.-	-.-	-.-
1972	195.000	-.-	31.246	2.311
1973	218.000	-.-	-.-	-.-
1974	285.000	-.-	-.-	-.-
1975	302.000	-.-	-.-	-.-
1976	304.000	-.-	-.-	-.-
1977	298.000	-.-	-.-	-.-
1978	360.000	249.940	74.296	174.349
1979	485.000	311.168	115.968	195.200
1980	482.108	338.197	151.078	187.119
1981	436.904	321.444	185.487	135.957
1982	411.381	289.448	149.532	139.916
1983	454.861	313.339	155.791	157.548
1984	511.389	361.827	168.986	192.841
1985	562.424	425.047	187.750	237.297

Quelle: *Achievement of Education in China*, Bd.1, S.22 f., 55-61; Bd.2, S.5, 22, 26, 54.

Trotz der sich in den Zahlen dokumentierenden Anstrengungen zur Stärkung des Lehrkörpers wurden Stimmen laut, die die Qualität und das Niveau der vorhandenen Lehrer bemängelten.

5.5 Die Weiterbildung der Lehrer

Laut Untersuchungsergebnissen, die zum Ende der siebziger Jahre bekannt wurden, hatten 1979 nur 47 Prozent aller Grundschullehrer eine Mittelschule oder höhere Schule besucht; nur 10,6 Prozent aller Unterstufen-Mittelschullehrer waren auf einer spezialisierten Mittelschule oder einer höheren Schule gewesen, und nur 50,8 Prozent der Oberstufen-Mittelschullehrer verfügten über die gewünschte vierjährige Lehrerbildung oder eine höhere Qualifikation. 41)

Die Weiterbildung derjenigen Lehrer, die sich im Beruf befinden, wurde forciert. 1980 absolvierten 174.500 Mittelschullehrer eine Weiterbildung in den dafür vorgesehenen Schulen, in denen sich in ebendiesem Jahr 774.400 Lehrer zur Ausbildung befanden; 211.900 Grundschullehrer durchliefen eine Weiterbildung in entsprechenden Einrichtungen, in denen 1980 1.531.200 Lehrer eingeschrieben waren. 42)

Die Lehrer, die sich einer Weiterbildungsmaßnahme unterzogen, wurden von ihrer Einheit freigestellt; das Gehalt, welches sie vor Beginn der Ausbildung erhielten, wurde ihnen weitergezahlt; nach Beendigung der Maßnahme kehrten die Lehrer zu ihren Einheiten zurück. Die Weiterbildung wurde entweder von Pädagogischen Einrichtungen durchgeführt oder von Schulen organisiert, die die Erfahrungen der älteren Lehrer nutzten, indem sie diese für die Weiterbildung abstellten. 43)

Seit 1979 wurde den Lehrern die Möglichkeit geschaffen, Fernkurse zu belegen. Die Aufnahmeprüfung für einen Studiengang durften Arbeiter, Lehrer, Offiziere, Soldaten und Jugendliche ablegen, die von ihrer Einheit eine Genehmigung dafür erhalten hatten. Über 50 Pädagogische Hochschulen und Universitäten

---

41) Vgl. Parker, Franklin and Betty J. Parker: *Education in the People's Republic of China*, S.xlii.
42) Vgl. Wang Yu und Zhang Zhenhua (Hrsg.): *Bildung und Wissenschaft*, S.94.
43) Vgl. Beijing Rundschau (Hg.): *Vom Kindergarten zur Hochschule*, S.16, 111.

boten Fernlehrgänge an, in denen 1985 324.400 Teilnehmer eingeschrieben waren, die von 5.500 Lehrkräften ausgebildet wurden. [44)]

Der Lehrberuf war trotz aller Anstrengungen, die die Parteiführung unternahm, zu Beginn der achtziger Jahre für die Schüler und Studenten nicht attraktiv. 1979 wollten von 523 befragten Schülern nur 5,35 Prozent einen Lehrberuf ergreifen; ein Jahr später sank der Prozentsatz bei 1.122 befragten Schülern auf 2,26 Prozent. Die Ansichten und Vorurteile, die in der "Kulturrevolution" verbreitet wurden, waren noch präsent, und das Gehalt sowie die finanziellen Aufwendungen für den Bildungssektor reichten in der Praxis, obwohl sie angehoben worden waren, nicht aus. [45)] Das Prestige der Universitäts- und Hochschullehrer, wie das der anderen Intellektuellen, stieg jedoch bis zum Jahr 1985 enorm. Die neun angesehensten Berufe waren: Universitätslehrer, Arzt, Naturwissenschaftler, Elektroingenieur, Sozialwissenschaftler, Architekt, Journalist, Schriftsteller und Mittelschullehrer. [46)]

Die Bemühungen, das Prestige der Intellektuellen zu heben, zeigten im Bereich der Hochschulbildung Wirkung. Zum einen lag das in der traditionellen Verehrung des Weisen begründet, und zum anderen lag es an den Maßnahmen selbst. Das Gehalt der Hochschullehrer war von jeher höher gewesen als das von Grund- und Mittelschullehrern; ihnen wurde die Verantwortung nicht nur für den Unterricht, sondern auch für einen wachsenden Sektor der Forschung übertragen, und sie wurden in ihrer Arbeit von einem Assistenten unterstützt; zudem hatten sie eine für ihren Beruf entsprechende Ausbildung durchlaufen.

Dies alles galt für die Lehrer an Grund- und Mittelschulen in der Mitte der achtziger Jahre nicht. Das Gehalt war noch immer unzulänglich, die Ausbildung mangelhaft, und auf dem Land waren die Lehrer noch sehr oft abhängig vom Willen der Eltern ihrer Schüler. [47)] Dies wurde im Mai 1985 von Zhao Shouyi,

---

44) Vgl. Wang Yu und Zhang Zhenhua (Hg.): *Bildung und Wissenschaft*, S.97 f., 112.

45) Vgl. Han Jinzhi, Xiao Yan'nuo, Wei Huazhong: "The Formation and Development of Youth Ideals" (*Jiaoyu yanjiu*, no.11, November 1981, pp. 6-12), in: *Chinese Education*, Vol.XVII, No.4, Winter 1984/85, S.22-40, hier S.24-27.

46) Vgl. Xuan Zhaokai, Zhang Jiang, Xie Wen: "An Investigation of the Education of Various Professions" (*Shenhui*, no.4, August 1984, pp.20-23), in: *Chinese Education*, Vol.XVIII, No.1, Spring 1985, S.62-70, hier S.63.

47) Vgl. *Frankfurter Allgemeine Zeitung* vom 5.2.85: "Peking will bis 1990 die allgemeine Schulpflicht einführen. Herbe Kritik an starren Unterrichts-

Minister für Arbeit und Personal, in einem Interview offiziell bestätigt. [48)]

Zu den Problemen im Hinblick auf das schlechte Ausbildungsniveau der Lehrer kamen erschwerend Probleme beim Aufbau der während der "Kulturrevolution" zerstörten Schulgebäude hinzu. Vergleicht man die Arbeitsbedingungen der Grund- und Mittelschullehrer vor der Gründung der VR China mit denen der achtziger Jahre, stellt man fest, daß sie sich kaum verändert haben. Auch in diesem Bereich ist den Kommunisten eine Verbesserung der Verhältnisse nicht gelungen. Ein Bericht kann dies verdeutlichen:

> 1978 waren in 23 Provinzen 17,2 Prozent der Schulgebäude eingestürzt, und die Gefahr der Verletzung von Menschen durch einstürzende Gebäude war noch nicht gebannt. In Sian, der Hauptstadt der Provinz Shensi, hatten 22 Prozent der Klassenräume in Grund- und Mittelschulen keine Fensterscheiben. Der Mehrheit der Schulen stand keinerlei Ausstattung zur Verfügung. ... Die Schulen sind so arm und die Lehrer so schlecht bezahlt, daß viele Schulen, um Geld zu verdienen, abends in Herbergen verwandelt werden (wahrscheinlich ohne Betten) oder die Studenten arbeiten, um Geld zu verdienen. [49)]

5.6 Die Reformbeschlüsse von 1985

Am 27. Mai 1985 wurde der "Beschluß des ZK der KP Chinas über die Reform des Bildungssystems" veröffentlicht. Obwohl sich das Bildungssystem in den letzten Jahren entwickelt hatte, reichten die Ergebnisse bei weitem nicht aus, um die "Vier Modernisierungen", an denen die Parteiführer als politischer Leitlinie festhielten, voranzubringen. Und so wurde 1985 erklärt: "Die Reform des Bildungssystems zielt im wesentlichen darauf ab, den Bildungsstand unserer Nation

---

Forts. von letzter Seite:
methoden / Unterbezahlte Lehrer, unwillige Eltern" (Beijing, 4. Februar), in: Müller, Wilfried und Hubert-Günter Striefler (Hg.): *China im Spiegel der Weltpresse*, S.91.

48) Vgl. *Handelsblatt* vom 26.6.85: "Zhao Shouyi, Minister für Arbeit und Personal: Mehr Arbeitsplätze, bessere Löhne. Das Beschäftigungsproblem muß mit neuen Methoden gelöst werden", in: Müller, Wilfried und Hubert-Günter Striefler (Hg.): *China im Spiegel der Weltpresse*, S.118.

49) Chen, Theodore H.: *Chinese Education Since 1949*, S.208 (*China News Analysis*, no.118 (May 23, 1980), S.2). Vgl. auch die entsprechenden Ausführungen in Kap.1, S.29 f., (s.a. Anm.59) und in Kap.2, S.33 f., (s.a. Anm.8) der vorliegenden Arbeit.

zu erhöhen und mehr qualifizierte Menschen auszubilden." [50] In dem "Beschluß" wird darauf hingewiesen, daß die Zeit der "Kulturrevolution" dem Bildungswesen schwere Schäden zugefügt habe, indem einer Generation Jugendlicher eine qualifizierte Ausbildung verwehrt worden sei. Noch seien die Folgen dieser Zeit negativ zu spüren. Das Land brauche aber qualifizierte Menschen mit technischen Fähigkeiten, politischem Bewußtsein, moralischen Qualitäten und Disziplinbewußtsein.

Um die bestehenden Schwierigkeiten im Bildungssektor zu meistern, empfiehlt der "Beschluß", den Hochschulen im Bereich des Unterrichts mehr Entscheidungsspielraum zu lassen, um Fakultäten und Fachrichtungen sinnvoll und den Verhältnissen entsprechend einrichten zu können. Dabei soll auch die Reform der Unterrichtsinhalte und -methoden berücksichtigt werden.

Der "Beschluß" kündigt eine Aufstockung der Finanzmittel für Schulen und Lehrergehälter an, jedoch sei dies nur im Rahmen der begrenzten finanziellen Möglichkeiten des Staates zu realisieren. [51] In dem Beschluß heißt es weiter:

> Ein grundlegendes Kettenglied für die Entwicklung und Reform des Bildungswesens besteht darin, die allgemeine neunjährige Schulpflicht einzuführen, den lokalen Behörden die Verantwortung für die elementare Schulbildung zu übertragen und sie auf den entsprechenden Ebenen zu verwalten. [52]

Die Verwirklichung der allgemeinen Schulpflicht kann wegen regionaler Unterschiede nur schrittweise geschehen und mit Rücksicht auf die vorhandenen Bedingungen eingeführt werden. In den Städten, in denen die Grundschulbildung bereits verbreitet ist, soll sich das Augenmerk auch auf die Einrichtung unterer Mittelschulen richten. Um die Grundschulpflicht zu realisieren, ist

> ein zahlenmäßig ausreichendes, qualifiziertes und konstantes Kontingent von Lehrern aufzustellen. Dazu müssen gezielte Maßnahmen zur Erhöhung der gesellschaftlichen Stellung und der materiellen Leistungen für die Lehrer in den Mittel- und Grundschulen und in der Vorschulerziehung ergriffen werden. [53]

Allmählich sollen alle Lehrer durch Weiterbildung die ihrer Stellung entsprechende Qualifikation besitzen. Nach Ablauf einer Übergangsfrist von fünf Jahren

---

50) "Beschluß des ZK der KP Chinas über die Reform des Bildungssystems", in: *China Daily*, May, 29, 1985, hier S.1.

51) Ebd., S.2-6.

52) Ebd., S.6 f.

53) Ebd., S.9.

ist es nicht mehr zulässig, Lehrer ohne adäquate Qualifikation in den Schuldienst aufzunehmen. Ebenso ist es nicht gestattet, Lehrern andere Tätigkeiten zuzuweisen. [54)]

Am 12. April 1986 wurde das "Gesetz der Volksrepublik China über die allgemeine Schulpflicht" erlassen, das am 1. Juli 1986 in Kraft trat. [55)]

Neben der Allgemeinbildung findet auch der Mittelschulbereich Berücksichtigung in dem "Beschluß". Vor allen Dingen, so wird betont, komme es auf die berufliche Vorbereitung der jungen Menschen an. Für diesen Zweck stehen untere und obere Mittelschulen sowie Fachmittelschulen und Hochschulen zur Verfügung, die jedoch weiter verbessert und mit speziell für die Berufsbildung geschulten Lehrern besonders ausgestattet werden sollen. Ein Teil der allgemeinbildenden oberen Mittelschulen soll in obere Berufsmittelschulen umgewandelt werden. Die Aufgabe der Hochschulen sei die Ausbildung hochqualifizierter Fachkräfte und die Entwicklung von Wissenschaft, Technologie und Kultur. Eine Erweiterung der Entscheidungsbefugnisse der einzelnen Hochschulen solle die Anpassung an die momentanen Bedürfnisse ermöglichen. Neben die übliche Aufnahme neuer Studenten gemäß dem Staatsplan wird es den Hochschulen laut "Beschluß" gestattet, weiterhin Studenten, die von ihren Einheiten empfohlen werden und für die die Einheiten die Kosten der Ausbildung tragen, aufzunehmen. Auch selbstzahlende Studenten sollen nun Aufnahme in einer Hochschule finden. Leitendes Prinzip bei der Reform des Hochschulwesens bleibt die Verbindung von Theorie und Praxis und die ideologische Führung durch den dialektischen und historischen Materialismus.

Zur Durchführung der Reformmaßnahmen hat das ZK beschlossen, eine Staatliche Kommission für das Bildungswesen zu gründen, die die zentrale Planung übernimmt. [56)]

Die Bedeutung der Lehrer für das Gelingen der Reform des Bildungssystems wird hervorgehoben. Es komme darauf an, die Initiative der rund zehn Millionen Lehrer zu wecken. Es wird festgestellt:

> Die meisten von ihnen haben lange Zeit, wie hart ihr Leben auch war, was für politische Stürme sie auch erlebten, stets an die Partei geglaubt, das

54) Ebd., S.9 f.
55) Vgl. Dilger, Bernhard: "Volksrepublik China", in: *Vergleichende Sonderpädagogik*, S.702-716, hier S.710.
56) Vgl. "Beschluß des ZK der KP Chinas über die Reform des Bildungssystems", in: *China Daily*, May, 29, 1985, hier S.11-22.

sozialistische Vaterland geliebt und treu dem Bildungswesen des Volkes gedient. Sie sind würdige Lehrer und Vorbilder des Volkes. 57)

Es wird angestrebt, den Lehrberuf zu einem der geachtetsten Berufe zu machen; respektvolle Behandlung und Beförderungen dienen dabei als Unterstützung. Dem Rektor soll wieder die Verantwortung für die Regelung der Schulangelegenheiten übertragen werden. Ihm zur Seite stehen mehrere Lehrer, die ein Kontrollorgan bilden. Konferenzen mit Vertretern der Lehrer und Mitarbeiter dienen der Koordinierung der Arbeit. Den schulinternen Parteiorganisationen obliegt weiterhin die ideologisch-politische Schulung. 58)

Bereits im Mai 1984 hatten sich die Staatsorgane mit diesen Reformgedanken während der 2. Tagung des VI. Nationalen Volkskongresses beschäftigt. 59) Der "Beschluß" fußt demnach auf gut durchdachten Überlegungen. Öffentlich wurden die Hauptgedanken des "Beschlusses" auf der Erziehungskonferenz vom 17. Mai 1985 in einer Rede von Wan Li dargestellt. 60)

Auf der 4. Tagung des VI. Nationalen Volkskongresses, die im April 1986 stattfand, wurde der Inhalt des "Beschlusses" noch einmal bestätigt und erhielt so seine Gültigkeit bis zum Ende des Jahrzehnts. 61) Dies drückt sich aus in offiziellen Dokumenten und ist auch noch 1990 unverändert geblieben. 62)

---

57) Ebd., S.23.

58) Ebd., S.23 f.

59) Vgl. *Zweite Tagung des VI. Nationalen Volkskongresses der Volksrepublik China*, S.30-34, 80-82.

60) Vgl. "'Text' of Wan Li Speech at Educational Conference", in: *Foreign Broadcast Information Service*, Vol.I, No.106, 3 Jun 85, S.K 1 - K 11 (Xinhua Beijing, 30 May).

61) Vgl. *The Fourth Session of the Sixth National People's Congress*, S.24-28, 115-118. Vgl. dazu auch den auf der Tagung verabschiedeten Fünf-Jahres-Plan 1986-90, in: Bundesstelle für Außenhandelsinformation, *Ost-Information*, S.XXI f.

62) Vgl. "Beschluß des Zentralkomitees der Kommunistischen Partei Chinas über die Leitprinzipien für den Aufbau der sozialistischen geistigen Zivilisation" (angenommen von der 6. Plenartagung des XII. Zentralkomitees der Kommunistischen Partei Chinas am 28. September 1986), in: *Beijing Rundschau*, Jg.23, Nr.40, 7. Oktober 1986, S.I-XII, hier S.IX f. Li Peng, amtierender Ministerpräsident des Staatsrates: "Bericht über die Tätigkeit der Regierung, erstattet auf der 1. Tagung des VII. Nationalen Volkskongresses am 25. März 1988", in: *Beijing Rundschau*, Jg.25, Nr.17, 26. April 1988, S.I-

5.7 Auswirkungen der Reformgedanken auf die Lehrer

1985 erschien der Band "Erziehung" (*jiaoyu*) innerhalb der "Chinesischen Enzyklopädie". Unter dem Stichwort "Lehrer" (*jiaoshi*) findet sich folgender Satz:

> Die Gebildeten übermitteln der Menschheit das gesammelte Wissen über Kultur und Wissenschaft und führen eine ideologisch-moralische Erziehung durch; ihre Ausbildung wird bestimmt durch den gesellschaftlichen Bedarf an qualifizierten Fachkräften. [63)]

Die Ehrung der Lehrer, so die offizielle Darstellung in diesem Artikel, habe eine lange Tradition, die sich dank der moralischen und kulturellen Ehrwürdigkeit der Lehrer höherer Lehranstalten über Generationen habe erhalten können. Die Mehrheit der Lehrer in privaten Einklassenschulen hingegen sei sehr arm und ihre soziale Stellung sehr niedrig gewesen. Dieses sei in der sozialistischen Gesellschaft grundlegend geändert worden, indem alle als "Lehrer des Volkes" anerkannt worden seien. Der Lehrerbildung sei große Aufmerksamkeit geschenkt worden, so daß ein Potential von 9.000.000 Lehrern, die Teil der Arbeiterklasse seien, zur Verfügung stehe. Sie seien die Träger der geistigen Zivilisation und des Sozialismus, und ihnen komme die spezielle Aufgabe von Lehre und Erziehung zu. Sie müßten die Grundsätze des Marxismus-Leninismus und des Mao Zedong-Denkens vermitteln, Unterweisungen in modernen Geisteswis-

---

Forts. von letzter Seite:
XXXII, hier S.XIII-XV. Li Peng, Ministerpräsident: "Die Richtlinie, das wirtschaftliche Umfeld zu verbessern, die Unordnung in der Wirtschaft zu überwinden und die Reform zu vertiefen, unbeirrbar durchsetzen. - Bericht über die Tätigkeit der Regierung, erstattet am 20. März 1989 auf der 2. Tagung des VII. Nationalen Volkskongresses", in: *Beijing Rundschau*, Jg.26, Nr.15, 11. April 1989, S.I-XXXII, hier S.XVIII. Yao Yilin, Stellvertretender Ministerpräsident und Vorsitzender der Staatlichen Planungskommission: "Über den Planentwurf für die volkswirtschaftliche und gesellschaftliche Entwicklung 1989. Bericht auf der 2. Tagung des VII. Nationalen Volkskongresses am 21. März 1989", in: *Beijing Rundschau*, Jg.26, Nr.18, 2. Mai 1989, S.II-XXIV, hier S.IV, X. Li Peng, Ministerpräsident: "Für eine weiter anhaltende politische, wirtschaftliche und gesellschaftliche Entwicklung unseres Landes kämpfen. Tätigkeitsbericht der Regierung, erstattet am 20. März 1990 auf der 3. Tagung des VII. Nationalen Volkskongresses", in: *Beijing Rundschau*, Jg.27, Nr.16, 17. April 1990, S.I-XXVIII, hier S.XIII.

63) *Chinesische Enzyklopädie*, S.146 f. Vgl. Übersetzung in der Dokumentation, S.205-207.

senschaften und den technischen Wissenschaften geben und laut nationaler Anforderung die Kinder und Jugendlichen zu moralisch, geistig und körperlich gebildeten Menschen erziehen. Wichtig sei vor allen Dingen die allseitige Entwicklung.

Der Artikel erwähnt auch die vorhandenen Mängel vieler Lehrer, die sich stets um eine berufliche Verbesserung bemühen müßten. Vor allen Dingen sei es wichtig, den Unterricht zu verbessern. Dafür müßten das Unterrichtsmaterial gründlich und intensiv studiert, der Aufbau des Materials beherrscht, d.h. didaktisch vorgegangen, von den realen Verhältnissen der Schüler und des Lehrers ausgegangen, die Wirkung des Unterrichts ständig überprüft, Unterrichtserfahrungen zusammengefaßt, die Gesetzmäßigkeit der Unterrichtsarbeit erforscht und die Unterrichtsqualität ununterbrochen gesteigert werden. Ein Lehrer habe stets für seine Schüler Sorge zu tragen und ihnen gegenüber Geduld zu üben, um ein demokratisches Verhältnis unter Staatsbürgern und ein Verhältnis der Gleichberechtigung zu erzielen. Dafür müsse sich der Lehrer vorbildhaft, in Wort und Tat, verhalten und sein Niveau ständig steigern. [64)]

Der Artikel greift die Gedanken des Reformbeschlusses in vollem Maße auf; die Bedeutung der Lehrer für das Volkswohl wird betont, ohne wie früher üblich auf deren ideologisch-politische Unglaubwürdigkeit hinzuweisen. Aus diesem Grunde findet sich auch das Wort "Umerziehung" in diesem Artikel nicht. Die Mängel, die es auszugleichen gilt, sind laut Artikel beruflicher Natur. Überhaupt verschweigt der Text die Umerziehungskampagnen seit der Gründung der Volksrepublik, nicht einmal die "Kulturrevolution" findet Erwähnung. So ist der Artikel sehr einseitig und nicht objektiv, spiegelt jedoch deutlich die offizielle Sichtweise über den "Lehrer" in der Mitte der achtziger Jahre wider.

Das Obengenannte gilt auch für den Artikel "Professor" (*jiaoshou*) in der "Chinesischen Enzyklopädie". Früher sei *jiaoshou* der offizielle Name für Beamte gewesen, doch habe es sich im Laufe der Zeit eingebürgert, damit einen akademischen Rang oder ein Amt an Hochschulen zu bezeichnen. In der Song-Dynastie (960-1279 n.Chr.) seien erstmals zentrale Professuren eingerichtet worden. Per "Hochschul-Erlaß" von 1912 seien ordentliche und außerordentliche Professoren ernannt worden, 1917 kamen Assistenten hinzu, eine zweite Revision habe 1924 die außerordentlichen Professuren abgeschafft. Die Einteilung der Titel in Professor, außerordentlicher Professor, Dozent und Hochschul-Assistent sei 1927 vom Bildungsverwaltungsrat der Guomindang-Regierung in den "Bestimmungen zur Qualifikation der Hochschullehrer" festgelegt und von der KP Chinas 1949

---

64) Vgl. *Chinesische Enzyklopädie*, S.146 f. Vgl. Übersetzung in der Dokumentation, S.205-207.

übernommen worden. Am 5.3.1960 erschienen die "Provisorischen Bestimmungen zur Festlegung von Titeln für Lehrer an Hochschulen und zu Methoden der Promotion", [65] in denen der Staatsrat wissenschaftliche Aspekte, wissenschaftliches Niveau und berufliche Fertigkeiten zum Maßstab für die Titelvergabe und für Beförderungen machte. Die Hauptverpflichtungen der Professoren bestehen, laut Artikel, in dem Abhalten von Vorlesungen, der Anleitung von Postgraduierten und der Teilnahme an wissenschaftlicher Forschung. [66]

Konkreter wird ein Artikel von Fu Weili und Jiao Er von 1985. Demnach soll ein Professor einer bestimmten Fakultät vorstehen, über ein hohes akademisches Niveau verfügen und in Unterricht und wissenschaftlicher Forschung eine führende Rolle spielen. Dies unterscheide ihn vom außerordentlichen Professor, der sich auf ein bestimmtes Gebiet in Unterricht und Forschung konzentriere. Falls kein Professor an der Einrichtung vorhanden ist, übernimmt ein außerordentlicher Professor die Leitung der Forschungsinstitute oder Forschungsgruppen. Ein Dozent trägt die Verantwortung für ein oder zwei Kurse oder entsprechend für ein oder zwei Forschungsprojekte. Hochschul-Assistenten unterstützen alle Tätigkeiten im Bereich Unterricht und Forschung. Prinzipiell läßt sich feststellen, daß die Verantwortlichkeit mit jedem Rang steigt. [67]

Die Rektoren erhielten mit den "Reformbeschlüssen" die Verantwortung für die Leitung der Schulen zurück. Sie werden durch Lehrerkollegen und Schülereltern gewählt und von den Behörden für drei Jahre ernannt. Vor der "Kulturrevolution" galten diese Ernennungen für das ganze Leben. [68] Zu den Rechten des Rektors gehören im einzelnen der Einsatz der Lehrer, Ablehnung eines von den Schulbehörden zugewiesenen Lehrers, Genehmigung von Nebentätigkeiten der Lehrer sowie Entscheidung über die Verwendung von staatlichen Zuschüssen. [69]

Von den Rektoren der Grund- und Mittelschulen wird dagegen nur das Niveau eines Hochschulabsolventen erwartet, doch in den meisten Fällen verfügen diese

---

65) Vgl. die Übersetzung des Dokumentes in der Dokumentation, S.187-190. Das Datum der Verabschiedung des Textes wird in dem Buch *Wichtige Dokumente zur Hochschulbildung* allerdings mit dem 16.2.1960 angegeben.

66) Vgl. *Chinesische Enzyklopädie*, S.149 f. Vgl. Übersetzung in der Dokumentation, S.207-208.

67) Vgl. Fu Weili and Jiao Er: "On the Relations Between the Rank and Age Structure of Teachers in Institutions of Higher Education" (The Chinese People's Reprint Series 6, 1985: 81-86), in: *Chinese Education*, Vol.XIX, No.4, Winter 1986/87, S.94-106, hier S.95, 98 f.

68) Vgl. "Amtsdauer für Hochschulrektoren", in: *Beijing Rundschau*, Jg.18, Nr.33, 18. August 1981, S.6.

69) Vgl. Weggel, Oskar: *China*, S.222.

Rektoren nicht über einen Hochschulabschluß. Nach der "Kulturrevolution", in der die Kader nur aufgrund ihrer ideologisch-politischen Qualifikation ausgewählt wurden, mußten neue Rektoren gewählt werden, um die Reformen durchführen zu können, auch wenn das Niveau der neu zum Rektor Ernannten niedrig war. Um die dadurch entstandenen Schwierigkeiten bei der Amtsführung zu beheben, werden auch die Rektoren angehalten, Möglichkeiten der Weiterbildung wahrzunehmen. [1)]

5.8 Die Lehrerbildung. Eine Zusammenfassung

Unter dem Stichwort "Lehrerbildung" (*shifan jiaoyu*) vermerkt die "Chinesische Enzyklopädie": "Ausbildung von Lehrkräften der Fachrichtung Erziehung." [2)] Seit die Qing-Regierung am 13.01.1904 ein "Statut für die Lehrerbildungsanstalten" erlassen habe, seien eine untere Pädagogische Lehranstalt (auf dem Niveau der Mittelschulbildung) und eine obere Pädagogische Lehranstalt (auf dem Niveau der Hochschulbildung) unterschieden worden. Die untere Pädagogische Lehranstalt bildete in fünfjährigen Studiengängen Grundschullehrer, die obere Pädagogische Lehranstalt in achtjährigen Lehrgängen Lehrkräfte für die anderen Schulformen aus. Ab 1907 wurde es den Mädchen gestattet, ein Studium zu beginnen. 1912 veröffentlichte das Erziehungsministerium der Republik die Dokumente "Die gegenwärtige Lehrerbildung" und "Die Bestimmungen zur Pädagogischen Schule", aufgrund deren der Name "untere Pädagogische Lehranstalt" durch "Pädagogische Schule" ersetzt wurde. Seit 1922 betrug die Studienzeit sechs Jahre, aufgeteilt auf je drei Jahre untere und obere Stufe der Pädagogischen Schule.

Der Artikel verweist auf die besondere Bedeutung, die die Volksregierung der Lehrerbildung in den Jahren 1927 bis 1947 innerhalb ihrer revolutionären Stützpunktgebiete beimaß. 1941 habe es im Shaanxi-Gansu-Ningxia-Grenzgebiet bereits fünf Pädagogische Schulen gegeben.

Ab 1952 seien die Kurzzeitbildungsprogramme zur Lehrerbildung energisch vorangetrieben und eine Ausweitung der Grundschullehrerbildung erzielt worden. Bis zur "Kulturrevolution" seien Maßnahmen zur Verbesserung der Lehrerbildung durchgeführt worden, die jedoch durch die Abschaffung der meisten

---

70) Vgl. Wang Hui, Zhang Chunru, Liu Xuelan, Zheng Deshan: "An Investigation into the Current Status of Primary and Secondary School Principals in Tianjin City" (*Jiaoyu Keyan Ziliao*, 10 (January 1985), S.16-24.), in: *Chinese Education*, Vol.XX, No.1, Spring 1987, S.10-29, hier S.10, 15-17, 20 f.

71) *Chinesische Enzyklopädie*, S.319. Vgl. Übersetzung in der Dokumentation, S.208-214.

Pädagogischen Schulen während der "Kulturrevolution" stark eingeschränkt worden seien. Nach 1976 habe eine Reorganisationsphase eingesetzt. Die nationale Konferenz zur Erziehungsarbeit im Juni 1980 habe die Richtung für die weitere Entwicklung gewiesen. [72] Danach gelte: Pädagogische Mittelschulen werden den Fachschulen zugerechnet; ihre Aufgabe ist die Ausbildung von Grundschullehrern und Kindergärtnerinnen in drei- oder vierjährigen Lehrgängen. Aufgenommen werden untere Mittelschulabsolventen und auf Arbeit wartende Jugendliche, die über eine entsprechende Bildung verfügen. Zum Fächerkanon gehören: Politik, Sprache und Literatur, Didaktik zur Vermittlung des Lesens und Schreibens an Grundschulen, Lehrstoff und Didaktik für die Fächer Mathematik, Physik, Chemie, Biologie an Grundschulen, Fremdsprachen, Geographie, Geschichte, Psychologie, Pädagogik, Sport, Musik, bildende Kunst sowie ein Praktikumslehrgang.

Pädagogische Hochschulen existieren seit der Jahrhundertwende, erklärt der Artikel. Im Februar 1913 regelten die "Bestimmungen zur Pädagogischen Hochschule" die Einrichtung von Propädeutika, Sportkursen, Kursen für wissenschaftliche Forschung und Fachkursen. Nach 1923 seien alle Pädagogischen Hochschulen in Pädagogische Universitäten umgewandelt oder in Allgemeine Universitäten überführt worden. Erst mit Gründung der VR China habe es wieder unabhängig errichtete Pädagogische Hochschulen gegeben. In den Jahren 1953 und 1954 seien zwei nationale Konferenzen einberufen worden, die die Pädagogische Hochschulbildung standardisierten. [73]

---

72) Vgl. dazu die Übersetzung zweier Dokumente in der Dokumentation: "Bericht des Erziehungsministeriums über einige Probleme bezüglich der Lehrerbildung mit der Bitte um Anweisungen" (5.9.1980), S.192-195 und "Bekanntmachung des Dokumentes 'Ansichten zur Stärkung des Aufbaus einer Lehrkraftarmee für Pädagogische Hochschulen', welches das Erziehungsministerium herausgibt" (27.10.1980), S.195-200.

73) Vgl. dazu die Übersetzung folgender Dokumente in der Dokumentation: "Plan zur Neuordnung der Fakultäten der nationalen Einrichtungen der Hochschulbildung im Jahre 1953" (29.5.1953), S.140-141; "Bestimmungen bezüglich der geplanten Einrichtung der Fakultäten Erziehung, Englische Sprache, Sport sowie Politik an Pädagogischen Hochschulen" (20.7.1953), S.141-144; "Referat über die grundlegende Situation und die künftigen Aufgaben bezüglich der nationalen Lehrerbildung an Hochschulen" (28.9.1953), S.144-151; "Referatsthesen bezüglich der Unterrichtsreform an Pädagogischen Hochschulen" (6.10.1953), S.151-154; "Zusammenfassendes Referat über die Nationale Konferenz zur Lehrerbildung an Hochschulen" (13.10.1953), S.154-164.

Diese Pädagogischen Hochschulen hätten neben dem Unterricht eine wichtige Aufgabe im Bereich der erziehungswissenschaftlichen Forschung. Auch die Ausbildung von Postgraduierten wird als wichtig eingestuft. Die Veranstaltung von Fernkursen, Abendhochschulen, Ausbildungskursen und Weiterbildungskursen für Lehrkräfte an Mittelschulen gehöre ebenso zum Aufgabengebiet einer Pädagogischen Hochschule. Da ein Anstieg des Bildungsniveaus zu verzeichnen sei, empfiehlt der Artikel die Reduzierung der Pädagogischen Mittelschulen zugunsten der Pädagogischen Hochschulen. Der Weiterbildung im Amt befindlicher Lehrer komme wegen der raschen Fortschritte in Wissenschaft und Technik besondere Bedeutung zu. [74)]

Bei dem Artikel handelt es sich um die offizielle staatliche Darstellung der Lehrerbildung in China. Die Wiedergabe dieses Artikels, der sich eng an die geschichtliche Entwicklung hält und auch die Zeit der "Kulturrevolution" nicht ausklammert, bestätigt die Darstellungen der vorliegenden Studie.

5.9 Die Situation der Lehrer

Die Erfolge im Bereich des Bildungssystems dokumentieren sich in steigenden Schülerzahlen in Einrichtungen aller Stufen, durch vermehrte Schulgründungen und die Verbreitung der allgemeinen Schulpflicht. [75)]

So gab das Staatliche Statistikamt im Juli 1989 bekannt, daß die Zahl der Lehrkräfte von 1978 bis 1988 um 569.000 (187.000 Hochschullehrer, 107.000 Mittelschullehrer, 275.000 Grundschullehrer) gestiegen sei. Doch trotz aller Anstrengungen mangelt es noch immer an qualifizierten Lehrern. Elf Prozent der Hochschullehrer, 58,66 Prozent der Oberstufen-Mittelschullehrer, 64,39 Prozent der

---

74) Vgl. *Chinesische Enzyklopädie*, S.319 ff. Vgl. Übersetzung in der Dokumentation, S.208-214.

75) Vgl. "Statistisches Kommuniqué über die volkswirtschaftliche und gesellschaftliche Entwicklung 1986 - Herausgegeben vom Staatlichen Statistikamt der Volksrepublik China am 20. Februar 1987", in: *Beijing Rundschau*, Jg.24, Nr.9, 3. März 1987, S.20-27, 29, hier S.26. "Zahlen und Fakten zur Reform (VII): Fortschritt bei Bildung und Erziehung. Zahl der Hochschulabsolventen gewaltig gestiegen. Vom Staatlichen Statistikamt", in: *Beijing Rundschau*, Jg.25, Nr.48, 29. November 1988, S.41-42, hier S.41 f. "Die volkswirtschaftliche und gesellschaftliche Entwicklung 1988. Kommuniqué des Staatlichen Amtes für Statistik der VR China", in: *Beijing Rundschau*, Jg.26, Nr.10, 7. März 1989, S.I-X, hier S.VII.

Unterstufen-Mittelschullehrer und 31,87 Prozent der Grundschullehrer verfügten 1989 nicht über die für ihre Arbeit entsprechende formale Qualifikation, [76] ein erstaunlich hoher Prozentsatz, der die angestrebten Ziele relativiert.

Eine Beschreibung der Arbeitssituation, die ein Lehrer in einer Weiterbildungseinrichtung in Luoyang (Provinz Henan) 1986 gegeben hat, liefert eine Begründung für das niedrige Niveau der Lehrer trotz aller durchgeführten Weiterbildungsmaßnahmen:

> Wir waren oft gezwungen, im Kerzenlicht den Unterricht vorzubereiten und die Arbeiten der Teilnehmer zu korrigieren. Einige von uns hatten nur geringe Erfahrungen als Lehrer, daher lernten sie von den erfahrenen Lehrerinnen und Lehrern und sogar von ihren "Schülern", da letztere meistens über eine längere Unterrichtspraxis verfügten. [77]

Auch die finanzielle Situation der Grund- und Mittelschullehrer ist noch immer unbefriedigend. 1987 wurde das Gehalt um zehn Prozent angehoben. Zhao Dongwan, Minister für Arbeit und Personal, hatte darauf hingewiesen, daß die Gehälter derjenigen Hochschulabsolventen, die einen Lehrberuf an einer Grund- oder Mittelschule ergreifen würden, höher sein müsse als das Gehalt in anderen Bereichen, um den Lehrberuf attraktiver gestalten zu können. [78] Das Staatliche Statistikamt stellte jedoch 1989 fest, daß Lehrer im Vergleich zu anderen Mitarbeitern staatlicher Betriebe, Institutionen oder Büros das drittniedrigste Gehalt bezogen. Auch das Wohnungsproblem ist noch immer nicht gelöst, und den Einrichtungen mangelt es an finanziellen Mitteln für die medizinische Betreuung. [79] Dabei wurde zuerst 1987 auf den schlechten gesundheitlichen Zustand vieler Intellektueller, besonders der vierzig- bis fünfzigjährigen, aufmerksam gemacht. Eine Untersuchung von 340 Lehrern im mittleren Alter, alle am Pädagogischen Institut Beijing beschäftigt, hatte ergeben, daß 75 Prozent von ihnen an verschiedenen Krankheiten litten. An anderen Instituten wurden Werte um 50 Prozent ermittelt. Yang Le, Leiter des Forschungsinstituts für Mathematik der Akademie der Wissenschaften Chinas, führte den schlechten Gesundheitszustand

---

76) Vgl. "Probleme des Bildungswesens. Zahlen und Fakten des Staatlichen Statistikamtes", in: *Beijing Rundschau*, Jg.26, Nr.29, 18. Juli 1989, S.23-25, hier S.24.

77) Fang Fuyao: "Lehrerfortbildung", in: *Beijing Rundschau*, Jg.23, Nr.33, 19. August 1986, S.24-26, hier S.26.

78) Vgl. "China erhöht Lehrergehälter", in: *Beijing Rundschau*, Jg.24, Nr.50, 15.Dezember 1987, S.6 f.

79) Vgl. "Probleme des Bildungswesens. Zahlen und Fakten des Staatlichen Statistikamtes, in: *Beijing Rundschau*, Jg.26, Nr.29, 18.Juli 1989, S.23-25, hier S.25.

auf die Unterernährung der meisten Intellektuellen in ihrer Jugend zurück, da sich das Land zu der Zeit in großen wirtschaftlichen Schwierigkeiten befand. Nach den verlorenen Jahren, bedingt durch die Wirren der "Kulturrevolution", würden sich viele Intellektuelle bei dem Versuch übernehmen, das Versäumte nachzuholen. Auch die schlechten Wohnbedingungen wurden von Yang Le als Grund für gesundheitliche Schäden genannt. [80)]

Im September 1987 erschien in der Monatsschrift "Volksliteratur" eine Reportage, die großes Aufsehen erregte. Ihr Titel lautete: "Die geheiligte Besorgnis: Eine aktuelle Berichterstattung über die schwierigen Verhältnisse im Schulwesen". Die Reportage kommt zu dem Schluß, daß immer mehr Jugendliche den Lehrberuf ablehnen. [81)] Es ist demnach auch zum Ende der achtziger Jahre noch nicht gelungen, das Ansehen des Lehrers so zu heben, daß junge Menschen den Beruf gerne ergreifen wollen. Der Spruch "Jeder wünscht für sein Kind gute Lehrkräfte, aber keiner wünscht, daß sein Kind Lehrer wird" hat noch immer nichts von seiner Gültigkeit verloren. [82)]

5.10 Die Situation nach den Studentendemonstrationen 1989

Zu Beginn des Jahres 1989 begann eine Demonstrationsbewegung unter den Studenten, die in ihrer absolut friedlich verlaufenden Form in aller Welt viel Beachtung in den Medien fand. Ihr Ruf nach Freiheit und Demokratie offenbarte, daß noch viele Mißstände im Lande zu beheben sind. Dieser Situation machten Deng Xiaoping und seine Anhänger im Juni 1989 ein grausames Ende, indem sie die Volksbefreiungsarmee gegen die Studenten und alle anderen, die sich ihnen angeschlossen hatten, einschreiten und ein Blutbad unter den Demonstranten anrichteten ließen.

Mit diesem Schießbefehl endete die Periode der Orientierung an fachlicher Ausbildung, die den chinesischen Intellektuellen für etwas über zehn Jahre eine Phase der Ruhe gegönnt hatte. Zwar konnte man in einem Leitartikel der *Renmin Ribao* vom 4. August 1989 lesen, daß sich die Parteispitze weiterhin auf die Intellektuellen beim Aufbau des Landes und der Verwirklichung der "Vier Mo-

---

80) Vgl. "Schlechter Gesundheitszustand der 40-50jährigen Intellektuellen", in: *Beijing Rundschau*, Jg.24, Nr.30, 28. Juli 1987, S.8 f., hier S.8.

81) Vgl. "Jeder wünscht für sein Kind gute Lehrkräfte, aber keiner wünscht, daß sein Kind Lehrer wird - Direktorin Zhang über die Schwierigkeiten und die Freuden der Lehrkräfte", in: *Beijing Rundschau*, Jg.25, Nr.4, 26. Januar 1988, S.32-34, hier S.32 f.

82) Ebd., S.33.

dernisierungen" stützen werde, da sie durch die vielen Umerziehungsmaßnahmen zu vertrauenswürdigen Kräften geworden seien, [83] doch wurden gleichzeitig Disziplinierungsmaßnahmen für Hochschullehrer und Studenten getroffen. Umerziehungssitzungen, wie sie schon seit der "Anti-Rechts-Bewegung" und allen kampfbetonten Phasen danach bekannt waren, wurden in den Semesterferien für die Studenten und Dozenten veranstaltet, auf denen die politische Erziehung verstärkt wurde. Fünf Wochen vor Beginn des neuen Semesters im Herbst 1989 mußten Studenten und Dozenten zusammenkommen, um wichtige Reden Deng Xiaopings zu studieren. Geändert hatten sich dabei nur die Texte, da in den anderen Umerziehungsbewegungen Schriften Mao Zedongs die Studiengrundlage gebildet hatten. Nach Ablauf der fünfwöchigen Schulung wurden persönliche Berichte von denjenigen verlangt, die an den Demonstrationen zu Beginn des Jahres teilgenommen und die Ideale unterstützt hatten; in diesen Berichten mußten sie sich zu dem "Fehler" der Teilnahme bekennen. Während der Studienzeit, so wurde angeordnet, sollte das ideologisch-politische Studium erneut ausgeweitet werden, nachdem es in den nachkulturrevolutionären Jahren eingeschränkt worden war. Auch die bekannte Maßnahme der Verschickung aufs Land sollte wieder eingeführt werden; alle Absolventen sollen nach dem Studium für ein oder zwei Jahre aufs Land geschickt werden. Vor Beginn des Studiums ist ein einjähriger Militärdienst zu absolvieren. [84]

Wie ernst die Parteiführung die Verfolgung und Unterdrückung der Kritiker nimmt, zeigt sich auch an der Tatsache, daß sie dem bekannten Astrophysiker Fang Lizhi und seiner Frau, der außerordentlichen Professorin Li Shuxian, die während der Unruhen in der US-Botschaft in Beijing Schutz gefunden hatten, erst ein Jahr später die Erlaubnis erteilten, das Botschaftsgebäude und das Land zu verlassen. Vorher mußten auch sie ein Bekenntnis ihrer Fehler unterzeichnen. Li Peng, der Ministerpräsident der VR China, führte diese humanere Behandlung der "Unruhestifter", die sich auch in anderen Gnadenakten dokumentiert, auf die stabilere politische und wirtschaftliche Situation des Landes im Jahr 1990 zurück. [85]

Die Konsequenzen für das Bildungswesen und für die Situation der Lehrer lassen sich gegenwärtig nur aus kurzen Meldungen entnehmen, die einen Trend andeuten. Die Aufnahme neuer Studenten wurde 1989 eingeschränkt. So sank z.B. die

---

83) Vgl. "Partei braucht Intellektuelle", in: *Beijing Rundschau*, Jg.26, Nr.33, 15. August 1989, S.9 f.

84) Vgl. Kolonko, Petra: "Rache an den Studenten. Die neuesten Maßnahmen der chinesischen Führung zur Disziplinierung der Hochschulen", in: *Frankfurter Allgemeine Zeitung*, Nr.202, 1.9.1989, S.16.

85) Vgl. "Freiheit für Fang Lizhi und Li Shuxian", in: *Beijing Rundschau*, Jg.27, Nr.27, 3. Juli 1990, S.7 f.

Aufnahme neuer Postgraduierter im Vergleich zum Vorjahr um 29.000 Personen oder um 19,4 Prozent, und das in einem Bereich, der in den vorangegangenen Jahren besonders forciert worden war. Dieser Trend gilt jedoch nur für den Bereich der Hochschulbildung, in dem die Demonstrationen entstanden. Die Berufs- und Fachschulbildung, die seit dem Reformbeschluß von 1985 verstärkt durchgeführt wurde, war davon nicht betroffen. [86)]

Am 17. Januar 1990 berief die Staatliche Bildungskommission eine nationale Konferenz ein. Auf dieser Konferenz erläuterte Minister Li Tieying, zuständig für den Bildungsbereich, daß es darauf ankomme, verstärkt ideologisch-politische Arbeit unter Lehrern und Studenten zu leisten, da sonst die Entwicklung des Bildungswesens nicht zu erreichen sei. Jiang Zemin, der Generalsekretär des ZK der Partei, betonte, daß das Nationalbewußtsein der Studenten und jungen Lehrer gehoben werden müsse. Er forderte Vertrauen, aber auch Strenge im Umgang mit ihnen. Die Entwicklung des Bildungswesens erfordert nach Meinung des Ministerpräsidenten Li Peng auch die Verbesserung der Arbeits- und Lebensbedingungen der Lehrer. [87)] Alle diese Forderungen wurden immer dann erhoben, wenn die Intellektuellen, ermutigt durch Zeiten der Ruhe, Kritik an der Partei und der Politik geäußert hatten.

Wie sich die Situation für die Lehrer in den neunziger Jahren entwickeln wird, läßt sich noch kaum absehen. Erste Versuche, die Lage wieder zu entspannen, sind unternommen worden und lassen für die Zukunft der Lehrer hoffen, zumal sich China dringend wirtschaftlich entwickeln muß und deshalb auf die Lehrer angewiesen ist. So wird die Gruppe der Intellektuellen aufgefordert, die Probleme zu studieren, die für den Aufbau und die Reform Chinas gelöst werden müßten, wobei auch die Problemlösungen des Auslandes nicht ausgeklammert sein sollten, sowie ihre Thesen offen zu äußern, damit ein akademischer Austausch stattfinden könne. [88)] Doch es ist den Forderungen klar zu entnehmen, daß es der chinesischen Führung nicht um die Situation der Lehrer, sondern um eine möglichst rasche und gute Entwicklung des Landes zu tun ist.

So erklärte Jiang Zemin, der Generalsekretär der KP Chinas, am Vorabend des Jahrestages der 4.-Mai-Bewegung vor 3.000 Jugendlichen:

---

86) Vgl. "Volkswirtschaftliche und gesellschaftliche Entwicklung 1989. Kommuniqué des Staatlichen Statistikamtes der VR China", in: *Beijing Rundschau*, Jg.27, Nr.9, 27. Februar 1990, S.I-X, hier S.VIII f.

87) Vgl. "Das Bildungswesen reformieren", in: *Beijing Rundschau*, Jg.27, Nr.5-6, 6. Februar 1990, S.5.

88) Vgl. "Die Rolle der Intellektuellen", in: *Beijing Rundschau*, Jg.27, Nr.20, 15. Mai 1990, S.6 f., hier S.7.

> Die chinesische Intelligenz (hat) die wichtige Aufgabe, das moralische, wissenschaftliche und kulturelle Niveau der Nation zu heben und eine neue Generation von politisch bewußten, moralisch gesunden, gebildeten und disziplinbewußten Menschen großzuziehen. [89)]

In dem Appell Jiang Zemins ist eine eindeutige Warnung an die Lehrer enthalten, indem er die Forderung nach geistig, körperlich und moralisch gebildeten Menschen, die Mao Zedong im Jahre 1957 aufgestellt hatte, erweitert und das Disziplinbewußtsein als Charakteristikum für eine neue Generation hinzufügt.

Die Entspannung kann nach der Vorstellung des derzeitigen Parteivorsitzenden nur dann funktionieren, wenn sich die Gruppe der Intellektuellen und damit die Lehrer der Parteidisziplin unterordnet.

Es läßt sich abschließend feststellen, daß sich das Lehrerbild in der VR China nicht wesentlich gewandelt hat. Die Einstellung zu dieser gesellschaftlichen Gruppe ist noch immer abhängig von der jeweiligen Politik der chinesischen Führung; das Mißtrauen, das den Lehrern aus Furcht vor Kritik entgegengebracht wird, ist noch nicht geschwunden. Es bedingt Maßnahmen, die ihrer Umerziehung oder Unterdrückung dienen und zwangsläufig neue Kritik und Unzufriedenheit auslösen. Es ist zu hoffen, daß sich dieser verhängnisvolle Kreislauf in absehbarer Zeit durchbrechen läßt und zu einem endgültigen Wandel der Einstellung, der nicht zeitlich befristet ist und ins Gegenteil umschlagen kann, führt. Als ein erster Schritt in diese Richtung kann die Tatsache gewertet werden, daß die Bedeutung des Lehrberufs für die Entwicklung des Landes von der KP Chinas nicht mehr angezweifelt wird.

---

89) Ebd., S.6.

Dokumentation

Übersetzung aus dem Chinesischen von Texten zum Thema der Untersuchung

1. Gemeinsames Programm der Politischen Konsultativkonferenz des Chinesischen Volkes. (Auszüge)

Erste Nationale Konferenz, abgehalten am 29.9.1949

5. Kapitel Bildungs- und Kulturpolitik

Art. 41: Die kulturelle Bildung der Volksrepublik China dient der kulturellen Bildung der neuen Demokratie des Volkes, der Wissenschaft und den Massen. Leitlinie der kulturellen Bildungsarbeit des Volkes soll die Erhöhung des kulturellen Niveaus des Volkes sein, die Ausbildung qualifizierten Personals zum Aufbau des Staates, Beseitigung der feudalistischen und faschistischen Ideologie der Kompradoren und, als wesentliche Aufgabe, die Entwicklung des Gedankens, dem Volk zu dienen.

Art. 42: Wir fordern Vaterlandsliebe, die Liebe zum Volk, zur Wissenschaft und tragen Sorge für die öffentlichen Finanzen sowie die öffentliche Moral aller Bürger der Volksrepublik China.

Art. 43: (Wir fordern) die energische Entwicklung der Naturwissenschaften, um dem industriellen, landwirtschaftlichen und internationalen Aufbau zu dienen. Wissenschaftliche Entdeckungen und Erfindungen sowie die Verbreitung wissenschaftlicher Kenntnisse (sollen) belohnt (werden).

Art. 44: Wir fordern die Anwendung des historischen Aspektes der Wissenschaft, das Studium und die Auslegung der Geschichte, der Wirtschaft, der Politik, der Kultur und der internationalen Angelegenheiten. Ausgezeichnet verfaßte sozialwissenschaftliche (Arbeiten sollen) belohnt (werden).
...

Art. 46: Die Bildungsmethoden der Volksrepublik China sind zu diskutieren und in der Praxis durchzuführen. Die Volksregierung soll einen Plan erstellen, um schrittweise die alten Studienvorschriften, Bildungsinhalte und Unterrichtsmethoden zu ändern.

Art. 47: Der vorhandene Plan soll allmählich die Bildung real verbreiten, die Mittelschul- und Hochschulbildung festigen, technischer Bildung Aufmerksamkeit schenken, die Freizeitbildung der Arbeiter und die Bildung der im Amt befindlichen Kader stärken, die junge Intelligenz mit der alten Intelligenz durch politische Bildung in der Revolution verbinden, um den umfassenden Bedarf an revolutionärer Arbeit und der Arbeit für den nationalen Aufbau zu decken.

...

Quelle: *Wichtige Dokumente zur Hochschulbildung*, S.1 f.

2. Vorläufige Bestimmungen zum Kurzstudiengang an der Universität für Lehrerbildung Beijing. (19.5.1950)

1. Kapitel: Allgemeines Programm

1. Diese Schule heißt Universität für Lehrerbildung Beijing und steht unter der direkten Leitung des Erziehungsministeriums der Zentralen Volksregierung.

2. Die Hauptaufgabe dieser Schule ist die Ausbildung von Lehrkräften für Mittelschulen (d.h. für allgemeine Mittelschulen, Arbeiter- und Bauern-Kurzzeit--Mittelschulen, Lehrer für Pädagogische Mittelschulen, Lehrer (des Faches) Politik an technischen Fachmittelschulen sowie kulturelles Ausbildungspersonal); hinzu kommt die Ausbildung und das Training von Kadern für die Unterrichtsverwaltung sowie Kadern für die "Erziehung der Massen". Diese Lehrer und Kader, die als "Diener der Volksbildung" bezeichnet werden, müssen Berufsethos aufweisen, im Marxismus-Leninismus sehr beschlagen sein, die grundlegenden Inhalte des Mao Zedong-Denkens kennen, in der Erziehungswissenschaft, der Unterrichtstechnik und in umfassenden Fachkenntnissen fortschreiten.

2. Kapitel: Unterrichtsprinzipien

3. In dieser Schule wird die Verbindung von moderner Theorie und Praxis zum Unterrichtsprinzip.

4. Die Durchführung des Unterrichts in dieser Schule muß pro Fach im Unterrichtsplan und im Lehrprogramm festgelegt werden; Eingaben des Rektors werden nach Prüfung durch das Erziehungsministerium der Zentralen Volksregierung genehmigt und in Kraft gesetzt.

5. (I) Trotz ideologischer Überreste des Faschismus der Kompradoren und des Feudalismus der alten Qing-Dynastie entwickelte sich der Gedanke des "dem Volk dienen"; dieser Anschauung des Materialismus soll in der Wissenschaft Geltung verschafft werden; deshalb wird "Politik" in diesem wissenschaftlichen System zum obligatorischen Fach, im gesamten Stundenplan soll es etwa 15 Prozent innehaben, ...

(II) Abgesehen von außerschulischen politischen Angelegenheiten benennt das Gesetz neben Bestimmungen zur Körperertüchtigung, zur Ausbildung, zur Psychologie, zur Pädagogik, zur Logik und zum Lehrstoff für Mittelschulen auch gemeinsame Pflichtfächer in diesem Kurssystem. Jedoch dürfen diese Lehrfächer im Verhältnis zur Gesamtstundenzahl 15 Prozent nicht überschreiten.

(III) In diesem Kurssystem ist ein Praktikum Unterrichtsbestandteil, das im Verhältnis zur Gesamtstundenzahl 15 Prozent ausmacht.

(IV) Die Stundentafel des Kurssystems muß neben den elementaren Pflichtfächern auch einige fakultative Fächer enthalten.
...

(VI) In der Ausarbeitung des Unterrichtsplans und des Lehrplans ist die Kluft zur Praxis zu schließen; die Verbindung wird im Unterrichtsverlauf durch die Kombination von Theorie und Praxis erreicht; so wird jeder Phase des Praktikums der entsprechende Teil der Theorie zugeordnet.

(VII) Der Lehrplan muß kurz und bündig ausgearbeitet sein, damit die Studenten der Lehrerbildung ihre Energie ausgewogen auf die Hauptabschnitte der Lehrfächer konzentrieren können.
...

3. Kapitel: Studenten

6. Im Kurssystem dieser Schule müssen die Schüler, die sich zum Examen melden, gesund sein, das entsprechende Niveau des Abschlusses der Oberstufe der Mittelschule besitzen und unter 27 Jahre alt sein. ...

7. Die Studenten dieser Schule sollen während ihres Schulbesuches fleißig lernen und sich an angemessenen sowie notwendigen außerschulischen Aktivitäten beteiligen, damit sie sich für ihre Existenz im konkreten Leben stählen.

8. Die Studenten dieser Schule sollen vollständig und bewußt die Unterrichtsdisziplin einhalten, die durch die Schulaufsichtsordnung gegeben ist.

9. Derjenige Student dieser Schule, der eifrig studiert und gute Studienleistungen erbringt, dessen wirtschaftliche Situation aber so schwierig ist, daß er sich nicht selbst versorgen kann oder nicht mehr imstande ist, sich vollständig selbst zu finanzieren, kann einen Antrag auf ein Volksstipendium stellen.

10. Die Absolventen dieser Schule leisten bei der Arbeitszuteilung dem Erziehungsministerium der Zentralen Volksregierung Folge. ...

4. Kapitel: Unterrichtsorganisation

11. Diese Schule richtet Kurse in einem ordentlichen (vier Jahre und mehr dauernden; Anm.d.Ü.) Studienfach und Fachkurse ein. ... Die Studiendauer der Fachkurse aller Fakultäten ist niedriger angesetzt und als Lehrgang vereinfacht; laut Bestimmungen wird differenziert zwischen drei und vier Jahren. ...

13. Laut Bestimmungen des Erziehungsministeriums der Zentralen Volksregierung zum Entwurf der Hochschullehrerlaufbahn für die unteren Fakultäten dieser Schule gibt es ernannte Professoren, außerordentliche Professoren sowie etliche Hochschulassistenten, die alle hauptberuflich tätig sind, (und zwar) auf Grund der Ernennung und der Mitteilung des Rektors, welche dem Erziehungsministerium der Zentralen Volksregierung zu Protokoll zu geben ist. Bei Bedarf werden nebenberuflich tätige Lehrer angestellt.

14. Zur Erhöhung der Nützlichkeit des Unterrichts und Förderung des Lerneifers der Studenten dieser Schule sollen die (beiden) folgenden Unterrichtsmöglichkeiten Anwendung finden, damit die erworbenen Kenntnisse später praktisch verwertet werden können:

(1.) Vortrag durch den Dozenten;

(2.) Anleitung durch den Dozenten beim Selbststudium der Studenten, im Experiment, bei Besichtigungen, bei Praktika sowie bei Diskussionen.

15. ... Jede Fakultät wird von einer Person geleitet, die vom Rektor, der aus der Mitte der Professoren (stammt), nach Genehmigung durch das Erziehungsministerium der Zentralen Volksregierung, (dem der Rektor den Vorschlag) unterbreitet hat, zu ernennen oder abzuberufen ist, und die folgenden Verpflichtungen hat:

(1.) Die Führungskader diskutieren die Konstituierung und die Durchführung des Unterrichtsplans und des Lehrprogramms für die wissenschaftlichen Fächer in dieser Schule.

(2.) Prüfung des Lehrstoffs und der Lehrmethode der wissenschaftlichen Fächer dieser Schule.

(3.) Überprüfung der Mitglieder in ihrer Unterrichtsarbeit und Studienarbeit.

(4.) Anhörung und Diskussion der Mitglieder der (jeweiligen) Fakultät in bezug auf die Durchführung des Unterrichtsplans und des Lehrprogramms sowie Zusammenfassung eines Berichtes.

(5.) Führung der Mitglieder der Fakultäten beim Studium des Marxismus-Leninismus und des Mao Zedong-Denkens.

16. Das Kollektivleben soll gefestigt und gefördert, politische und berufliche Aktivitäten sollen während des Studiums durchgeführt werden, jeder Student eines Wissenschaftszweiges muß sich beim Studium während des Schulbesuchs in eine feste Unterrichtsgruppe fügen.

17. Die Bestimmungen zur Dauer des Studiums teilen das Jahr in 40 Abschnitte, jeden Abschnitt in sechs Unterrichtstage, jeder Tag darf nicht weniger als acht Stunden haben (einschließlich Praktika und Konsultationen sowie die festgesetzte Zeit für frei gewählte Fächer), aber er darf nicht mehr als zehn Stunden umfassen.

18. Die Lehrkräfte müssen die Art des Lehrplans und der Lehrmethoden begründen; darüber hinaus müssen sie die Studienerfolge jedes Studenten gründlich überwachen. Abschlußprüfungen werden am Ende des Semesters durchgeführt und Tests (können) ständig durchgeführt werden.

5. Kapitel: Verwaltungsorganisation

19. In dieser Schule trägt der Rektor die Gesamtverantwortung; der Rektor ist zu ernennen auf Grund eines Antrags, der durch das Erziehungsministerium der Zentralen Volksregierung einer Kommission des Staatsverwaltungsrates (in den Jahren 1949 bis 1954 höchstes Exekutivorgan der Regierung der Volksrepublik China, später durch den Staatsrat ersetzt; Anm.d.Ü.) vorgelegt worden war; er hat folgende Pflichten (zu erfüllen):

(1.) Leitung eines der ganzen Schule entsprechenden Unterrichts, aller Verwaltungsangelegenheiten sowie Repräsentierung der Schule.
(2.) Sinnvolle Verwaltung des Unterrichtsplans und des Lehrprogramms der ganzen Schule.
(3.) Durchführung eines Politikunterrichts für die Lehrer, Schüler, Angestellten und Arbeiter der ganzen Schule.
(4.) Einstellung und Entlassung aller Lehrer, Angestellten und Arbeiter und Überprüfung ihres Gehaltes.
(5.) Bestätigung der Beschlüsse des Hochschulsenats.

20. Diese Schule hat einen stellvertretenden Rektor; ...

...

22. Der Leiter für Unterrichtsangelegenheiten ist, unter der Führung des Rektors, verantwortlich für die Planung, Organisation, Förderung, Überprüfung sowie Leitung der Unterrichtsarbeit der ganzen Schule. Es gibt einen stellvertretenden Leiter für Unterrichtsangelegenheiten, der dem Leiter für Unterrichtsangelegenheiten bei der Ausübung seines Amtes hilft. Der Leiter der Unterrichtsangelegenheiten und sein Stellvertreter sind vom Rektor aus der Mitte der Professoren zu wählen und nach Vorschlag beim Erziehungsministerium der Zentralen Volksregierung durch deren Genehmigung zu ernennen. ...

26. Grundorganisation der Unterrichtsverwaltung ist jede wissenschaftliche Fakultät dieser Schule, der jeweils ein Dekan vorsteht, welcher vom Rektor aus

der Mitte der Professoren gewählt nach Genehmigung auf Grund des Vorschlags beim Erziehungsministerium der Zentralen Volksregierung zu ernennen ist. Die Pflichten des Leiters einer wissenschaftlichen Fakultät, der direkt unter der Führung des Leiters der Unterrichtsangelegenheiten, dem stellvertretenden leitenden Führungskader für Unterrichtsangelegenheiten steht, sind:

(1.) Planung und Führung der Abteilung für Unterrichtsforschung der wissenschaftlichen Fakultäten und Arbeit über die Struktur der Institutionen (dieser Schule).
(2.) Durchführung des Unterrichtsplans und des Unterrichtsprogramms in diesen wissenschaftlichen Fakultäten.
(3.) Führung und Überprüfung der Experimente und Praktika der Studenten dieser wissenschaftlichen Fakultäten.
(4.) Überprüfung der studentischen Leistungen in diesen wissenschaftlichen Fakultäten.
(5.) Zusammenfassung der Unterrichtserfahrungen in diesen wissenschaftlichen Fakultäten.
(6.) Unterbreitung von Vorschlägen in bezug auf die Einstellung und Entlassung der Mitglieder dieser wissenschaftlichen Fakultäten. ...

29. Der Unterricht dieser Schule verbindet die Theorie mit der Praxis: die Einrichtung ist an eine Mittelschule, an eine Pädagogische Mittelschule und an eine Grundschule angeschlossen. Jede untergeordnete Schule hat einen Rektor und einen oder zwei stellvertretende Rektoren, die durch den Rektor dieser übergeordneten Schule nach Genehmigung auf Grund des Vorschlags beim Erziehungsministerium der Zentralen Volksregierung zu ernennen sind. ...

6. Kapitel: Ergänzungsbestimmung
31. Diese hier vorliegenden Bestimmungen sind vom Erziehungsministerium der Zentralen Volksregierung veröffentlicht und erlassen worden.

Quelle: *Materialauswahl zur gegenwärtigen Lehrerbildung an Hochschulen in China*, S.1-7.

3. Bericht über die erste nationale Konferenz zur Lehrerbildung.
(22.11.1951)

Das Kultur- und Bildungskomitee des Staatsverwaltungsrates:
Die erste nationale Konferenz zur Lehrerbildung fand am 27.08. statt ... Im Bericht über die vorangegangene Konferenz werden die grundlegende Situation und wichtige Fragen zur gegenwärtigen Lehrerbildung als Entwicklung dargestellt ... Das Wesentliche dabei ist die nationale Lehrerbildung und die Realität

des Aufbaus der Bildung im Neuen China; sie decken den Bedarf bei weitem noch nicht. Bezüglich der Ausbildung von Lehrern an Hochschulen ist zu sagen, daß es 29 Pädagogische Hochschulen gibt, wovon in Wirklichkeit nur 17 unabhängig sind, die restlichen wurden bezüglich ihrer Berechtigungen den Allgemeinen Universitäten zugerechnet, doch sind sie ihrem Inhalt nach Pädagogische Hochschulen, Pädagogische Institute oder ähnliches von niedrigem Niveau und schlechter Organisation. Darüber hinaus gibt es insgesamt 32 Institute, die Lehrer ausbilden und die in die Hochschulinstitute für Literatur eingegliedert sind, deren Inhalte noch vager und allgemeiner sind. Zum einen können einige dieser Schulen den Bedarf in allen Teilen (des Landes) nicht decken, weil sie sehr verstreut sind, und zum anderen ist ihr Lehrfachsystem nicht rationell erstellt. Der logische Aufbau der eingerichteten Fächer ist in den unabhängigen Pädagogischen Hochschulen relativ gut, die Ausstattung ist allerdings nur bei drei bis fünf Schulen in etwa in Ordnung. Für die Pädagogischen Hochschulen und die Pädagogischen Institute aller Universitäten sind ihre Lehrkräfte und ihre ganze Ausstattung die Stütze des Instituts. Der Standard des Bildungssystems ist in den Literatur-Instituten der Universitäten noch mangelhafter. Hinsichtlich ihrer bildungspolitischen Leitlinien, ihres Systems und ihres Bildungsgehaltes haben sie alle keine festgelegten Kriterien, wodurch eine große Verwirrung entsteht. 1951 absolvierten nur 1.349 Studenten diese Schulen, was von allen Hochschulabsolventen des Landes 7,7 Prozent ausmacht. Die Quantität ist bereits gering, die Qualität ist mangelhaft. Als nächstes ist zur Lehrerbildung in Mittelschulen zu sagen, daß es insgesamt 603 Pädagogische Mittelschulen gibt; die Pädagogischen Mittelschulen auf dem Niveau der oberen Mittelschule machen 30 Prozent aus, diejenigen auf dem Niveau der unteren 70 Prozent; in den alten befreiten Gebieten gibt es viele, in den neuen wenige, wobei die Entwicklung ihrer Verteilung überhaupt nicht im Gleichgewicht gehalten werden konnte. Von diesen Schulen auf mittlerer Ebene haben etwa die Hälfte große Erfolge erzielt, dennoch besteht ein Qualitätsmangel. Bezüglich der (politischen) Linie, der Aufgabe, des Schulsystems, des Unterrichtsplans u.a. gibt es an den verschiedenen Orten nicht viel Übereinstimmung, (deshalb) wird eine zusammenfassende Regelung dringend benötigt. 1951 war die Zahl der Schulabsolventen dieser Schulen auf 30.000 Personen beschränkt; dies machte von allen Schulabsolventen der Mittelschulen des ganzen Landes nicht einmal ein Zehntel aus; folglich ist die Quantität sehr gering. Nur vom Aspekt des Bedarfs aus betrachtet, fehlen im allgemeinen gegenwärtig Lehrkräfte für alle Schulstufen; in den alten befreiten Gebieten wird dies besonders kritisch. Im Nordosten konnten deshalb die Mittelschulen nicht entwickelt werden. Auch in Nordchina trifft man auf dieselben Verhältnisse. Für die kommenden fünf Jahre wird eine Zunahme des Mindestbedarfs auf 1.000.000 Grundschullehrer, 150.000 bis 200.000 Arbeiter- und Bauernbildungslehrer, 130.000 Mittelschullehrer, mindestens 10.000 Vorschulerzieher sowie mehr als 10.000 Hochschullehrer geschätzt. Die vorhandenen Pädagogischen Schulen für alle Stufen können bei weitem noch nicht die Versorgungsaufgabe leisten. Neben ihrer dienstlichen Tätigkeit sind die Lehrer verpflichtet, sich in Ideologie, Politik und beruflicher Tätigkeit zu bilden, um ihre Qualität zu steigern; diejenigen, die einen Zivilberuf ergriffen haben (von Angehörigen der Streitkräfte, Anm.d.Ü.), und die alten Pensionäre sind zu zusätzlichen Tätigkeiten verpflichtet, was gelegentlich die Aufgabe der Pädagogischen Schulen für alle Typen erschwert.

Auf dieser Konferenz wurde in erster Linie diskutiert, wie sich das Lehrkräfteproblem, nämlich die große Anzahl des dringenden Bedarfs, lösen läßt. A und O des Beschlusses ist die gute Ausführung und Entwicklung der gesamten Volksbildung. Kann dieses Problem nicht in ausgezeichneter Weise gelöst werden, läßt sich der Kaderausbildungsplan als wesentlicher Bestandteil am Aufbau des chinesischen Staates nicht in die Praxis umsetzen. Darum wurden auf der Konferenz die Ausbildung von 1.000.000 Volkslehrern als Ziel des (revolutionären, Anm.d.Ü.) Kampfes beschlossen sowie die folgenden in Übereinstimmung formulierten Teilgrundsätze veröffentlicht:

Erstens wurde angesichts der Arbeitsleitlinien zur Lehrerbildung bestimmt, daß die Standard-Pädagogische Mittelschule und die Kurzzeit-Pädagogische Mittelschule kombiniert werden müssen. Einerseits muß die Standard-Pädagogische Mittelschule gute Arbeit leisten, um dem erforderlichen Niveau der Lehrerbildung Geltung zu verschaffen; andererseits müssen alle Formen der Kurzzeitlehrerbildungsklassen sowie die Verwendung aller methodischen Möglichkeiten der Lehrkräfteausbildung eingerichtet werden in der Hoffnung, die Nachfrage nach einer großen Zahl von Lehrkräften effektiv zu decken. Innerhalb der nächsten drei bis fünf Jahre soll die Bewilligung einer großen Anzahl von Kurzzeitlehrgängen zum Schwerpunkt werden. Durch die Betonung der Errichtung nur einer Standardlehrerbildung, unter Ignorierung der Kurzzeitlehrgänge, kann der Aufbau des Landes nicht mit der Realität in Übereinstimmung gebracht und muß korrigiert werden; aber nur die Errichtung von Kurzzeitlehrgängen, unter Mißachtung der Standardlehrerbildung, wird ebenfalls die Qualität der Lehrkräfte senken; infolgedessen beeinflußt die vollständige Entwicklung der ganzen Lehrerbildung den Aufbau, dem auch anders nicht abgeholfen werden kann.

Zweitens: Wesentlich für eine gute Arbeitsleistung der Standardlehrerbildung ist die Vereinheitlichung, Verbesserung und Entwicklung aller Typen der Pädagogischen Schulen. Vor allem bezüglich des Grundsatzes der Vereinheitlichung sowie der Errichtung der Pädagogischen Hochschulen beschloß die Konferenz: (1.) Jeder große Verwaltungsbezirk (einige Jahre nach der Befreiung Chinas bestehende Verwaltungseinheit oberhalb der Provinzebene, Anm.d.Ü.) soll über mindestens eine vollständige Pädagogische Hochschule verfügen, die unter der unmittelbaren Leitung des Erziehungsministeriums dieses großen Verwaltungsbezirkes steht, wobei die Ausbildung von Lehrkräften für die oberen Mittelschulen zur Hauptaufgabe wird. Jede Provinz und jede große Stadt soll auf diesem Prinzip beruhend eine vollständige Pädagogische Fachmittelschule (mit maximal dreijähriger berufsorientierter Ausbildung, Anm.d.Ü.) unterhalten sowie ein Erziehungsamt, unter dessen Leitung (die Schulen) stehen; ihre Aufgabe ist es, Lehrkräfte für die unteren Mittelschulen auszubilden; lassen es die Voraussetzungen zu, soll es auch erlaubt sein, Pädagogische Hochschulen zu errichten. (2.) Die vorhandenen Pädagogischen Hochschulen sollen überdies reorganisiert und konsolidiert werden; sie sollen zusammenhängend und logisch hinsichtlich des Lehrfachsystems aufgebaut und allmählich auch in ihren Ausstattungen ergänzt werden. (3.) Die Pädagogischen Hochschulen oder Pädagogischen Institute der heutigen chinesischen Universitäten sind nach dem Prinzip errichtet worden, allmählich unabhängig zu werden und den zusammenhängenden und logischen Aufbau des Lehrfachsystems zu steigern. (4.) Gemäß dem Bedarf und der Voraussetzung einer jeden Universität, auf der Basis des zusammenhängenden und logischen Aufbaus ihrer Institute, wurden sie in unabhängige Pädagogische Hochschulen umgewandelt. (5.) Die Entwicklung der Pädagogik und der Psychologie an Pädagogischen Mittelschulen wird als Hauptfach innerhalb des Bildungssystems an Pädagogischen Hochschulen und als wissenschaftliche Zielsetzung der Lehrer geregelt. Die erziehungswissenschaftlichen Fakultäten der Literaturinstitute der Hochschulen sollen allmählich in die Pädagogischen Hochschulen eingegliedert werden. ... (6.) Bei vorhandenen Voraussetzungen der veränderten Schulen können ein oder zwei Pädagogische Fachmittelschulen für Vorschullehrer gegründet werden. Folgendes wird bezüglich des Grundsatzes der Vereinheitlichung und Einrichtung der Pädagogischen Mittelschulen bestimmt: (1) Jedes Bezirkskommissariat der Provinzen und der unmittelbar der Provinzregierung unterstehenden Städte soll nach der Errichtung einer Pädagogischen Mittelschule streben; wenn die Voraussetzungen für eine volle Pädagogische Mittelschule nicht gegeben sind, dürfen untere Pädagogische Mittelschulen eingerichtet werden. Vergleichsweise große Kreise sollen danach streben, eine untere Pädagogische Mittelschule einzurichten, vergleichsweise kleine Kreise sollen sich mit zwei oder drei Kreisen zusammenschließen und eine untere Pädagogische Mittelschule oder eine Pädagogische Mittelschule gründen. (2) Für jede Provinz wird gegenwärtig die "verstärkte Gründung" der unteren Pädagogischen Mittelschulen zur Hauptsache; wenn die Voraussetzungen es erlauben, sollen die Pläne für die untere Pädagogische Mittelschule alsbald umgeändert werden in die einer Pädagogischen Mittelschule. (3) Zu dem Bestreben nach einer Pädagogischen Mittelschule oder einer Unterstufe derselben soll die Einrichtung einer Vorschullehrerklasse kommen. (4) Die Schwierigkeiten bei der Aufnahme neuer Studenten werden überwunden, indem sie festgelegte Vorbereitungsklassen zur Pädagogischen Mittelschule wählen können, die ihrer Beschaffenheit nach Unterstufenklassen der Mittelschulen sind.

(3.) Die Art und Weise der Kurzzeitausbildung der Lehrkräfte soll viele Arten und Modelle umfassen. Am wichtigsten ist die Durchführung von Kurzzeitlehrerbildungsklassen im Verwaltungssektor aller Stufen der Bildung oder aller Stufen der Pädagogischen Mittelschulen, wodurch arbeitslose Akademiker und intelligente Hausfrauen erfaßt werden; in der Folge werden hervorragende, im Dienst befindliche Lehrer zur zusätzlichen Ausbildung ausgewählt; sie werden stufenweise befördert (z.B. durchlaufen hervorragende Unterstufenlehrer der Mittelschule die Ausbildung und werden zu Oberstufenlehrern der Mittelschulen, hervorragende Oberstufenlehrer der Grundschule durchlaufen die Ausbildung und werden zu Unterstufenlehrern der Mittelschule usw.; und die gebildeten und vergleichsweise alten Absolventen der Oberstufe der Grundschule finden (als Lehrer) Verwendung in der Grundschulbildung). Diese Art der Ausbildung soll im Prinzip den Zeitraum eines Jahres nicht überschreiten. Abgesehen davon werden von allen Arten und Typen der Mittelschulen, der vorhandenen Hochschulen sowie der "vollständigen Grundschulen" aus allen Absolventen eines Jahrganges die hervorragendsten Schüler ausgewählt, die an der Schule verbleiben und durch eine probeweise Anstellung als Lehrer gefördert werden. Außerdem müssen einige Voraussetzungen zur Einrichtung von Fernstudienklassen an Pädagogischen Mittelschulen geschaffen werden, damit die Fernstudienmethode jede Art und jeden Typ von Lehrkraft fördert und ausbildet.

(4.) Zur Steigerung der Qualität muß neben eine korrekte Dienstausübung der Lehrer auch ein angestrengtes Lernen der im Amt befindlichen treten. Zum Studieninhalt wird die Weiterbildung in umfassender ideologischer Ausbildung, politischer Theorie, Zeitgeschehen, politischer Programmatik sowie beruflicher Tätigkeit und Kultur, wovon die ideologische Ausbildung und das Politikstudium (einschließlich Theorie und Programmatik) Schwerpunkte sind. Ab der zweiten Hälfte dieses Jahres müssen die Lehrer allerorts, aber besonders diejenigen in Gebieten, in denen die Bodenreform schon durchgeführt worden ist, das Studium der Geschichte der Kommunistischen Partei Chinas zum Schwerpunkt machen. ...

(5.) Die Konferenz unterstrich den Nutzen des Marxismus-Leninismus und des Mao Zedong-Denkens für die zukünftigen Lehrkräfte, so daß alle Lehrer des ganzen Landes allmählich zu Marxisten werden. Das ist die Hauptaufgabe aller Arten und Typen Pädagogischer Schulen. Folglich wurden in den Bestimmungen, gleichgültig ob zur regulären Lehrerbildung oder zur Kurzzeitausbildung, zur Fernstudienbildung oder zur Weiterbildung im Dienst befindlicher (Lehrer), alle entsprechenden Studien des Marxismus und des Mao Zedong-Denkens zum wichtigsten Kursus. Überdies haben die Arbeiter- und Bauernkader den Plan, neue Lehrkräfte auszubilden, um allmählich den Klassenstatus der Lehrer zu ändern. ...

Quelle: *Materialauswahl zur gegenwärtigen Lehrerbildung an Hochschulen in China*, S. 16-19.

4. Veröffentlichung der Bestimmungen zur probeweisen Führung der Pädagogischen Hochschulen, der provisorischen Bestimmungen der Pädagogischen Mittelschulen und Veröffentlichung der Beschlüsse in bezug auf die vielen Kurzzeitausbildungsgänge für Lehrkräfte in der Grund- und Mittelschulbildung. (16.7.1952)

Jeder große Verwaltungsbezirk, das Erziehungsministerium (Kultur und Erziehung) des Autonomen Gebietes der Inneren Mongolei, das Provinzamt für Bildung (Kultur und Erziehung) von fünf Provinzen und zwei Städten im Norden Chinas sowie die Behörde der Universität für Lehrerbildung Beijing

Die Bestimmungen (Entwurf) zur Pädagogischen Hochschule, die provisorischen Bestimmungen (Entwurf) zur Pädagogischen Mittelschule sowie die Beschlüsse bzgl. der vermehrten Kurzzeitausbildung für Grund- und Mittelschullehrer von der im August 1951 stattgefundenen ersten nationalen Konferenz zur Lehrerbildung werden planmäßig mit Genehmigung veröffentlicht. Nachdem die jetzige Änderung vollständig durchgeführt ist, wird der Entwurf zur probeweisen Durchführung bereits von den Ämtern genehmigt in der Hoffnung, daß den Ämtern in der Folgezeit über auftretende Probleme und die Verhältnisse in der Experimentierphase berichtet wird.

Anhang: Ein Teil der Bestimmungen (Entwurf) bzgl. der Pädagogischen Hochschule ...

Quelle: *Materialauswahl zur gegenwärtigen Lehrerbildung an Hochschulen in China*, S.20.

5. Bestimmungen (Entwurf) bezüglich der Pädagogischen Hochschulen (am 16.7.1952 zur probeweisen Durchführung erlassen).

...

2. Die Pädagogischen Hochschulen teilen sich in die zwei Typen der Pädagogischen Institute und der Pädagogischen Fachmittelschulen.

3. Die Aufgabe der Pädagogischen Hochschulen ist die Verbindung von Theorie und Praxis als übereinstimmende Methode, gemäß der Erziehungs-Leitlinie der Neuen Demokratie; Grundlage der Ausbildung von Lehrkräften für Mittelschulen ist der Marxismus-Leninismus und die chinesische revolutionäre Wirklichkeit des Marxismus-Leninismus im Zusammenhang mit dem Mao Zedong-Denken,

ein gewisses kulturelles und fachliches Niveau, spezielles Wissen über Erziehung und technische Fähigkeiten sowie der rückhaltlose Einsatz im Dienst am Volk in der Sache der Erziehung. Die Pädagogischen Institute bilden Lehrkräfte für Hochschulen und Mittelschulen sowie vergleichbare Standards aus, die Pädagogischen Fachmittelschulen bilden Mittelschullehrer für die Grund- und Mittelschule sowie vergleichbare Standards aus.

4. Pädagogische Hochschulen nehmen Absolventen von oberen Mittelschulen oder Personen mit gleichwertiger Bildung sowie Personen von Pädagogischen Mittelschulen auf (die sie ganz durchlaufen haben müssen). Die Studiendauer an Pädagogischen Instituten wurde auf vier Jahre, diejenige an Pädagogischen Fachmittelschulen auf zwei Jahre begrenzt.

5. An den Pädagogischen Instituten wurde die Forschungsarbeit gesteigert, Lehrkräfte für Pädagogische Hochschulen wurden ausgebildet und gestärkt durch die Einrichtung von Forschungsabteilungen.

6. Falls die Voraussetzungen gegeben sind, sind den Pädagogischen Hochschulen Abendschulen und Ausbildungsklassen sowie Fernstudienabteilungen angeschlossen. An den Pädagogischen Instituten werden Fachkurse eingerichtet, deren Studiendauer zwischen ein und zwei Jahren liegt.

7. An den Pädagogischen Hochschulen werden für Arbeiter und Bauern Schnellverfahren zur Aneignung des Wissensstoffes der Mittelschule eingerichtet; die Schüler, die ein solches Studium absolviert haben, erreichten ein hohes Kursniveau innerhalb des ordentlichen Studienfaches.

...

10. Zur Unterstützung der Pädagogischen Institute und der Pädagogischen Fachmittelschulen müssen sie in jedem Bezirk in Kontakt stehen mit den bestehenden Mittelschulen; ...

11. Die bestehenden Pädagogischen Hochschulen richten nach dem Ausbildungsplan der Mittelschulen ein wissenschaftliches System ein, welches Chinesische Sprache, Fremdsprache (zu gleichen Teilen Russisch und Englisch), Geschichte, Geographie, Mathematik, Physik, Chemie, Biologie, Erziehung (zu gleichen Teilen schulische Erziehung und Vorschulerziehung), Sport, Musik und Kunst umfaßt. Bei der Gründung der Pädagogischen Institute wurden einige Fakultäten zusammengelegt (z.B. die beiden Fakultäten Mathematik und Physik wurden zur mathematischen Fakultät zusammengefaßt); aus den beiden Fakultäten Chemie und Biologie wurde die Bio-Chemie gebildet). Auch an den Pädagogischen Fachmittelschulen wurde die Zusammenlegung zum Prinzip.

12. Die Unterrichtspläne aller Fakultäten und die Lehrprogramme aller Lehrfächer der Pädagogischen Institute und Pädagogischen Fachmittelschulen müssen festgelegt werden.

13. Ein wichtiger organisatorischer Bestandteil der Unterrichtspläne aller Fakultäten für die Pädagogischen Institute und die Pädagogischen Fachmittelschulen wurde ... die regelmäßige und intensive Beaufsichtigung und Absolvierung eines Praktikums.

14. Absolventen oberer Mittelschulen und Pädagogischer Mittelschulen können auf Grund eines Vorschlages des Erziehungsverwaltungsbüros von Pädagogischen Instituten und Pädagogischen Fachmittelschulen ohne Prüfung aufgenommen werden.

...

16. Studenten von Pädagogischen Hochschulen dürfen gewöhnlich nicht selbst um den Abbruch des Studiums oder um einen Schulwechsel nachsuchen, aber wenn ein wichtiger Grund vorliegt, muß der Schulleiter dem Schulabbrecher oder Wechselnden, nachdem er ihm die Genehmigung erteilt hat, ein Zeugnis ausstellen.

17. Den Absolventen von Pädagogischen Hochschulen wird die Arbeit vom Erziehungsbüro der Volksregierung zugewiesen.

18. Um den Studenten beim Praktikum die gegenseitige Überprüfung der fachlichen Leistungen und das Lernen voneinander zu erleichtern, sind die Pädagogischen Institute entsprechend mit den Mittelschulen verbunden, und die Pädagogischen Mittelschulen sind verbunden mit Grundschulen und Kindergärten; Pädagogische Fachmittelschulen sind entsprechend verbunden mit unteren Mittelschulen, mit Grundschulen und Kindergärten.

19. Die Schulen, die den Pädagogischen Hochschulen angeschlossen sind, haben für die Ausbildungspraktika der Studenten große Bedeutung, ihre Ausstattung ist außergewöhnlich reich; verglichen mit dem üblichen Stellenplan der Schulen wird in Erwägung gezogen, Erleichterungen zu gewähren. ...

Quelle: *Materialauswahl zur gegenwärtigen Lehrerbildung an Hochschulen in China*, S.21-23.

6. Ministerium für Hochschulbildung der Zentralen Volksregierung: Plan zur Neuordnung der Fakultäten der nationalen Einrichtungen der Hochschulbildung im Jahre 1953.

(180. Konferenz zur Ratifizierung von Staatsangelegenheiten des Staatsverwaltungsrates vom 29.5.1953)

...

Der konkrete Plan zur Neuordnung der Fakultäten der Hochschulbildungsinstitute lautet wie folgt:

1, Verwaltungsgebiet Nordchina

... (4) Der Name Hochschule Shanxi wird abgeschafft, ihr Technisches Institut und das Pädagogische Institut werden als selbständiges Technisches Institut Taiyuan und Pädagogisches Institut Shanxi abgetrennt, ...

(6) Die Pädagogische Fachmittelschule Zhangjiakou geht über in die Pädagogische Fachmittelschule Suiyuan, der Name der Schule entfällt.

...

2, Verwaltungsgebiet Nordostchina

... (2) Die Pädagogische Fachmittelschule Shenyang und das Pädagogische Institut Dongbei werden vereinigt, der Name wird in Pädagogisches Institut Shenyang geändert. Die Namen der vier Pädagogischen Fachmittelschulen Jilin, Liaodong, Liaoxi und Heilongjiang entfallen, die Lehrerbildungsstudenten werden verteilt und kommen nach Shenyang und den beiden Pädagogischen Fachmittelschulen in Dalian und zum Pädagogischen Institut Shenyang. ...

3, Verwaltungsgebiet Ostchina

... (2) Der Name Universität Fuzhou entfällt und wird in Pädagogisches Institut Fujian geändert; die Lehrerbildungsstudenten, die eigentlich mit den beiden Instituten Literatur und Geisteswissenschaft verbunden waren, sollen vom Ministerium zum Übergang auf die Universität Xiamen oder zur Pädagogischen Mittelschule Fujian verteilt werden.

(3) Der Name Universität Anhui entfällt, das Pädagogische Institut und das Landwirtschaftliche Institut werden getrennt zum selbständigen Pädagogischen Institut Anhui und zum Landwirtschaftlichen Institut Anhui. ...

4, Verwaltungsgebiet Zentraler Süden

... (2) Von drei Universitäten werden die Lehrerbildungsabschnitte abgetrennt und zu den selbständigen Hochschulen Pädagogisches Institut Hunan, Pädagogisches Institut Guangxi und Pädagogisches Institut Jiangxi; ...

(4) Der Name Universität Henan entfällt und wird in Pädagogisches Institut Henan geändert.

(5) Der Name Pädagogisches Institut Pingyuan wird geändert in das Zweite Pädagogische Institut Henan, der Name der Schule wird gestrichen.

(6) Die Pädagogische Fachmittelschule Hainan wird vom Ministerium mit dem Pädagogischen Institut Huanan und dem Pädagogischen Institut Huazhong zusammengelegt, der Schulname wird gestrichen.

(7) Jede Universität des Verwaltungsgebietes Zentraler Süden und die Fremdsprachenfakultät für Englisch des Pädagogischen Institutes werden vollständig der Universität Zhongshan angegliedert, an der eine Fakultät zum Studium der englischen Sprache gegründet wird. ...

5, Verwaltungsgebiet Südwestchina
... (2) Der Name Universität Guizhou wird gestrichen. ...; die Fakultäten für Chinesische Sprache, Geschichte und Physik werden in dem Pädagogischen Institut Guiyang vereinigt; ...

... (7) Das Pädagogische Institut Zhongqing wird mit dem Pädagogischen Institut Sichuan zusammengelegt, der Name entfällt. ...

6, Verwaltungsgebiet Nordwestchina
(1) Das Pädagogische Institut der Universität Xibei wird zum selbständigen Pädagogischen Institut Xian. ...

<Sammlung von Erlassen und Dokumenten zur Hochschulbildung>, 1. Band.

Quelle: *Wichtige Dokumente zur Hochschulbildung*, S.47-55.

7. Bestimmungen bezüglich der geplanten Einrichtung der Fakultäten Erziehung, Englische Sprache, Sport sowie Politik an Pädagogischen Hochschulen. (20.7.1953)

Die vorhandenen Einrichtungen und die Schülerzahlen in den Fakultäten Chinesische Sprache, Russische Sprache, Mathematik, Physik, Chemie, Biologie, Geschichte, Geographie, Sport und Politik an den gegenwärtigen Pädagogischen Hochschulen decken den erforderlichen Bedarf an Lehrkräften für Mittelschulen bei weitem nicht. 1953 betrug die Anzahl an Lehrkräften, die für die oben erwähnten zehn Arten von Studienfächern an Mittelschulen benötigt wurden, ca.

24.000, aber die Zahl der Absolventen Pädagogischer Hochschulen in den oben erwähnten zehn Fakultäten betrug nur ca. 3.800, ... Im Hinblick auf den quantitativen Bedarf an Lehrkräften für Mittelschulen gibt es vergleichsweise wenige für die Fakultäten Erziehung und Englische Sprache, die zahlenmäßige Einrichtung und die Schülerzahlen wurden deshalb an den Pädagogischen Hochschulen (nur) wenig erhöht. 1953 betrug der Bedarf an Lehrern für den Unterricht im Fach Erziehung an den Pädagogischen Mittelschulen des ganzen Landes noch nicht einmal 100, die Zahl der Studienabsolventen erziehungswissenschaftlicher Fakultäten der Pädagogischen Hochschulen betrug dagegen 660. Für die Fakultät Englische Sprache ergaben sich ebensolche Verhältnisse. Folglich konnte, seit der Befreiung, der größte Teil der Studienabsolventen aus diesen beiden Fakultäten nicht gleichmäßig nach dem Prinzip "Übereinstimmung von Lernen und Verwendung" in Arbeitsgebiete eingesetzt werden. Deshalb wird der gegenwärtige Beschluß bezüglich der beiden Fakultäten Erziehung und Englische Sprache geplant durchgeführt. Weil einige Schulen, auf Veranlassung des Zentralen Parteikomitees für Sport, die benötigten Fakultäten für Sport eingerichtet haben, müssen in diesem Jahr auch Regeln für die Fakultät Sport erarbeitet werden; die Fakultät Politik muß, da die Zahl der Einrichtungen und die Zahl der Schüler sehr gering ist, angemessen erweitert und entwickelt werden.

Nach dem Prinzip "zum Schwerpunkt bestimmt werden" werden jeweils für die Fakultäten Erziehung, Englische Sprache, Sport und Politik ausgerichtete Maßnahmen vorgestellt; von den Leitungen der Erziehungsbehörden aller großen Verwaltungsbezirke wird ihre Durchführung erwartet.

1. **Fakultät Erziehung**: Es gibt gegenwärtig im ganzen Land 23 Pädagogische Hochschulen mit dieser Fakultät, die Studienzahl wird mit 3.660 angegeben, was ungefähr zehn Prozent der Gesamtzahl der Studenten an den gegenwärtigen Hochschulen entspricht. Laut Fünfjahresplan zur Erziehung hat sich der zahlenmäßige Bedarf an Lehrkräften für Mittelschulen erhöht, die unterrichtenden Lehrkräfte machen ungefähr ein Prozent aus; folglich mußten die Studentenzahlen der Fakultät Erziehung den entsprechenden Maßstab bei weitem übertreffen. Ebenso gibt es gegenwärtig im ganzen Land nur sehr wenige Pädagogische Mittelschulen für Vorschullehrer, und auch die Absolventen der Fakultät für Vorschulerziehung können nicht in entsprechendem Anteil ihre Tätigkeit als Lehrer in Pädagogischen Mittelschulen für Vorschullehrer aufnehmen.

Deshalb limitiert der diesjährige Beschluß nur die Fakultäten für Erziehung an der Universität für Lehrerbildung Beijing, an der Pädagogischen Hochschule Dongbei, an der Pädagogischen Hochschule Huadong, am Pädagogischen Institut Huazhong, am Pädagogischen Institut Xinan und am Pädagogischen Institut Xian oder Xibei bei der Fortsetzung der Aufnahme von ordentlichen Studenten (in ein vier Jahre und mehr dauerndes Studienfach; Anm. d.Ü.). Die Fakultät Erziehung an der Universität für Lehrerbildung Beijing gründete die beiden Fachrichtungen Schulerziehung und Vorschulerziehung, die Fakultäten für Erziehung an den ... Instituten gründeten nur die Fachrichtung Schulerziehung. Überdies nimmt die Fakultät für Vorschulerziehung an dem Pädagogischen Institut Nanjing ununterbrochen neue Schüler auf. ...

2. **Fakultät für Englische Sprache**: Im ganzen Land gibt es gegenwärtig acht Pädagogische Hochschulen mit dieser Fakultät, für die insgesamt 96 Studenten und 77 Lehrer gemeldet werden; infolge der jährlichen Reduzierung der Erteilung von Englischunterricht an den Mittelschulen des ganzen Landes sieht der künftige Plan nur geringfügig Englischunterricht an Mittelschulen vor, so daß die Hochschullehrer an der Fakultät für Englische Sprache in großem Umfang reduziert werden sollen. Deshalb wird beschlossen, nur an der Pädagogischen Hochschule Huadong eine Fakultät für Englische Sprache zu behalten, die verantwortlich ist für die Ausbildung von Englischlehrern für das ganze Land. Der Fakultät für Englische Sprache an dieser Pädagogischen Hochschule sind bei der Aufnahme Beschränkungen auferlegt; ihre Arbeit ist wie folgt geregelt:

1. Abgesehen von der Pädagogischen Hochschule Huadong sind in den anderen Pädagogischen Instituten die Studenten für ein oder zwei Jahrgänge in den Fakultäten für Englische Sprache (beim Schulbeginn im Herbst für zwei bis drei Schuljahre); gemäß dem freiwilligen Prinzip, ihr Können vollständig zu mobilisieren, wechseln Hochschullehrer an Fakultäten für Russische Sprache zum Russischstudium über. (Wollen sie nicht zum Studium der Russischen Sprache wechseln, können sie ihr Studium der Englischen Sprache an der Pädagogischen Hochschule Huadong fortsetzen.) Laut Bestimmung übernimmt die Erziehungsbehörde der großen Bezirke die Verantwortung für den Wechsel.

2. Fujian, Zhejiang, Anhui und Huazhong haben an vier Pädagogischen Instituten Fakultäten für Englische Sprache mit 36 Studenten im dritten Jahrgang (beim Schuljahresbeginn im Herbst im vierten Jahrgang), die verbunden werden mit der Fakultät für Englische Sprache an der Pädagogischen Hochschule Huadong; die Fakultät für Englische Sprache am Pädagogischen Institut Kunming läuft im dritten Jahrgang (im nächsten Semester im vierten) und wird bis zur Abschlußprüfung im Jahr 1954 aufrechterhalten.

3. Die Englischlehrer dieser Pädagogischen Institute bleiben vorläufig an den jeweiligen Schulen, bis sie von unserem Büro einheitlich versetzt werden.

...

4. **Fakultät Politik**: An den gegenwärtigen Pädagogischen Hochschulen sind nur sehr wenige Fakultäten für Politik eingerichtet worden, die bei weitem den Be-

darf an Politiklehrern für Mittelschulen nicht decken. Heute gibt es in China nur an acht Pädagogischen Hochschulen Fakultäten für Politik sowie (eine große Anzahl von) Kurzkursen; die jährliche Absolventenzahl beträgt 98 und weicht damit von den benötigten 1.000 Lehrkräften für Mittelschulen stark ab.

Außerdem sollen die Fakultäten für Politik aller Pädagogischen Hochschulen - abgesehen von Fakultäten oder Kurzkursen anderer Schulen, die unter diesen Umständen eingestellt werden - als grundlegend betrachtet und noch weiter ausgebaut und entwickelt werden; gleichzeitig sollen die Hochschullehrer dort, wo noch keine Fakultät für Politik gegründet worden ist und deren Gegebenheiten denen des Lehrpersonals für den allgemeinen Politikunterricht gleicht, ihre Kräfte mobilisieren und die Voraussetzungen schaffen, um in ein bis zwei Jahren eine rasche Gründung zu ermöglichen. ...

Außerdem ist die Quote der Studentenzahlen in den Klassen der zahlreichen Fakultäten an den gegenwärtigen Pädagogischen Hochschulen unzureichend, für die Klassen werden noch nicht einmal zehn Studenten genannt, so daß eine Vergeudung von menschlicher Arbeitskraft und materiellen Ressourcen ernstlich Gestalt annimmt. Darum sollen Klassen mit wenigen Studenten, von den Einheiten in den großen Verwaltungsbezirken in angemessener Weise geregelt, zusammengelegt werden.

Die oben erwähnte Regelung der Arbeit, einheitlich geleitet von den Erziehungsbehörden aller großen Verwaltungsbezirke, wird in diesem Jahr bis zu den Sommerferien beendet sein; ...

Quelle: *Materialauswahl zur gegenwärtigen Lehrerbildung an Hochschulen in China*, S.24-27.

8. Referat über die grundlegende Situation und den künftigen Kurs sowie die künftigen Aufgaben der nationalen Lehrerbildung an Hochschulen. (Referat, gehalten von Minister Zhang Xiruo auf der Nationalen Konferenz zur Lehrerbildung an Hochschulen am 28.9.1953)

Genossen: Gerade tritt unser Land in eine neue Phase des ersten Fünfjahresplanes ein; seit der Einberufung der Nationalen Konferenz zur Lehrerbildung an Hochschulen diskutieren wir die allgemeine Lage der Ausbildung von Lehrkräften für Mittelschulen als Antwort auf die große Bedeutung dieser für den Aufbau des Landes. Damit unsere gesamten Erziehungsinstitutionen dem Bedarf der nationalen Industrialisierung entsprechen und mit dem nationalen Aufbauplan gut kooperieren, müssen sie eine Neuorientierung erfahren. Deshalb hat das

Zentrale Erziehungsministerium im Juni dieses Jahres noch eine zweite nationale Erziehungsarbeitskonferenz einberufen; die gegenwärtige Konferenz behandelt die Lehrerbildung an Hochschulen, später noch werden Konferenzen für die Mittelschulbildung und für die Lehrerbildung durchgeführt. Die jetzt stattfindende Konferenz überprüft die Ausbildung der Lehrkräfte für Mittelschulen, was einige als eines der wichtigsten und dringendsten Probleme ansehen; ...

Über die Stellung und die Wichtigkeit der Lehrerbildung an Hochschulen innerhalb aller nationalen Erziehungsinstitute sind zwar die hier anwesenden Genossen gut informiert, dennoch möchte ich es noch einmal kurz ins Gedächtnis bringen. Der erste Fünfjahresplan sieht vor, in großer Zahl Ingenieure und Techniker auszubilden, um den Bedarf für den Aufbau der Industrie zu decken; abgesehen davon besteht noch Ausbildungsbedarf für Kader in den Branchen Landwirtschaft und Forstwirtschaft, Medizin, Finanzen und Ökonomie, Politik und Recht sowie Kultur und Erziehungswesen. Diese Kader sind hauptsächlich verantwortlich für die Entwicklung von Hochschulen (einschließlich Pädagogischer Hochschulen) und Berufsschulen mittlerer Stufe (einschließlich Technischer Mittelschulen und Pädagogischer Mittelschulen). Die Aufgabe der Pädagogischen Hochschule ist die Ausbildung von Lehrkräften für Mittelschulen, ... Die Qualität und die Quantität der Mittelschulen hängt unmittelbar von der guten oder der schlechten Verwaltung der Pädagogischen Hochschule sowie deren Anzahl ab; indirekt beeinflußt dies das Voranschreiten des Planes der nationalen Kaderausbildung. Folglich ist die Lehrerbildung an Hochschulen ein wichtiger Punkt innerhalb unserer ganzen Erziehungsangelegenheit. Die Hauptproblematik liegt darin, daß wir einen politischen Fehler begehen, falls wir diesen Punkt nicht in Angriff nehmen. Die Grundeigenschaft unserer Arbeit (im Bereich der) Lehrerbildung an Hochschulen ist die Ausbildung von vorbildlichen Menschen: ausgebildet, dem Volk mit gutem Beispiel voranzugehen, um unseren Nachfahren Vorbilder zu sein, da sie, wie uns hier allen bekannt ist, die Ingenieure der Seele des Menschen sind. Konkret lautet der Ausbildungsauftrag: "Auf der Grundlage des Marxismus-Leninismus, des Marxismus-Leninismus in Kombination mit der Phase der Praxis der chinesischen Revolution sowie des Mao Zedong-Denkens sollen die Lehrkräfte für Mittelschulen auf einer höheren Stufe des kulturwissenschaftlichen Niveaus und mit speziellen erziehungswissenschaftlichen Fachkenntnissen und Techniken mit Leib und Seele der Erziehung des Volkes dienen." So kann man sagen: Ist die Qualität der Lehrerbildung an Hochschulen schlecht, beeinflußt dies direkt die Bildung der kommenden jüngeren Generation. ... Vier Jahre sind vergangen, in denen sich die Lehrerbildung an Hochschulen, infolge einer raschen Wiederherstellung, außerordentlich stark entwickelt hat. Heute sehen die grundlegenden Verhältnisse so aus: 1., die Schülerzahlen an den Pädagogischen Hochschulen haben sich im Vergleich zum Jahre 1946, dem Jahr der alten chinesischen Geschichte mit dem höchsten

Stand, mehr als verdoppelt. Heute existieren bereits 31 Pädagogische Hochschulen, davon sind 26 Pädagogische Institute (einschließlich drei Pädagogischer Universitäten) und fünf Pädagogische Fachmittelschulen. Außerdem ist noch das Ministerium für die Pädagogischen Institute der Nationalitäten des Autonomen Gebietes Xinjiang zu beachten; die Ausdehnung der Pädagogischen Hochschuleinrichtungen zur Grenze hin ist eine wichtige Angelegenheit zur Ausbildung von Lehrkräften der brüderlich verbundenen Nationalitäten. An allen Pädagogischen Hochschulen zusammen studieren 39.765 Studenten, davon sind 21.175 Studenten Teilnehmer des vierjährigen Studiensystems, und 18.590 Studenten sind Teilnehmer des zweijährigen Fachkurssystems oder (Studenten) an Pädagogischen Fachmittelschulen; ... Seit vier Jahren haben bereits mehr als 20.000 Lehrkräfte für Mittelschulen eine Ausbildung durchlaufen und in diesen Jahren einen Teil des Bedarfs zur Entwicklung der chinesischen Mittelschulen geliefert. 2., die Lehrer der Universitäten, im allgemeinen alle infolge ideologischer Umerziehung umgewandelt, sind in der Mehrheit Menschen, die der Ideologie Geltung verschaffen, im Dienst des Erziehungswesens stehen und die fleißig dem Volk im Bereich der Erziehung mit ihrer Arbeitsmethode dienen. 3., nach der Ausrichtung des Institutssystems sind bereits sehr viele Pädagogische Hochschulen unabhängig eingerichtet worden; dies bewirkte eine geordnete Festlegung der Lehrerbildung an Hochschulen; ... 4., an allen Pädagogischen Hochschulen, die sich insgesamt mit ganzer Kraft dem Studium der sowjetischen fortschrittlichen Erfahrungen in der Erziehung widmen, wurden Erziehungsreformen unterschiedlichen Niveaus durchgeführt, und (es wurde damit) begonnen, einige Erfahrungen zu sammeln. ... Es wurden einige Erfolge erzielt, die die vorbereitende Grundlage schafften für die Lehrerbildung an Hochschulen sowie die künftige Reform und Entwicklung; diese Erfolge lieferten die vorteilhaften Voraussetzungen, denn die Hauptsache ist, daß die Hochschullehrer und alle in der Erziehung Tätigen sich gemeinsam um positive Resultate bemühen.

Aber andererseits ist das Problem der Lehrerbildung an Hochschulen sehr ernst. In erster Linie ist die Anzahl der Hochschullehrer noch weit davon entfernt, den Bedürfnissen an Lehrkräften für Mittelschulen zu entsprechen. Gemäß dem im ersten Fünfjahresplan geschätzten Bedarf von ca. 100.000 Lehrkräften für Mittelschulen war in diesem Fall bereits die Grundlage unserer vorhandenen Pädagogischen Hochschulen äußerst gering. Die Art und Weise der Lösung dieses Problems tritt uns gegenwärtig gegenüber.

Zudem sind die Voraussetzungen der Lehrkräfte an Pädagogischen Hochschulen, die dem gegenwärtigen und dem künftigen Bedarf nicht entsprechen können, (zu beachten). Insgesamt gibt es gegenwärtig 5.413 Lehrer, davon sind 2.229 Personen Hochschul-Assistenten, 260 nebenberufliche Lehrer und etliche davon können, wegen ihres Alters oder einer Krankheit, bei Schul- oder Vorlesungsbeginn den Lehrberuf nicht mehr ausüben; ... abgesehen von den Lehrern, die zum Schulbeginn nicht arbeiten können, sowie den Assistenten, die noch nicht mit Schulanfang beginnen können, (haben wir) 3.000 Personen als ordentliches Institutspersonal, was nicht genügt. Diese Personen besitzen zwar zum Teil ein umfassendes Wissen und sind ausgezeichnete Lehrer auf Grund reicher Erfahrung, aber gemäß dem neuen Erziehungsplan gibt es immer noch einige wichtige Kurse, für die es noch keine Lehrer und keine ausreichende Einführung für Lehrer beim Schuleintritt gibt; dazu gehören die Einführung in die Sprachwissenschaft an der Fakultät für Chinesisch; die Geschichte der einzelnen asiatischen Länder an der Fakultät für Geschichte; Geologie und Bodenkunde an der Fakultät für Geographie; Psychologie an der Fakultät für Erziehung; Astronomie, Meteorologie, Elektro- und Funktechnik an der Fakultät für Physik; Elementarmathematik, wiederholt durchgeführte Forschung u.a. an der Fakultät für Mathematik; sogar Lehrer für den sehr wichtigen Kurs der Politischen Theorie über die Grundlagen des Marxismus-Leninismus sind bei weitem nicht genug vorhanden. ... Einige Lehrer haben mit der Zeit neues Unterrichtsmaterial und neue Unterrichtsmethoden angewendet und befinden sich im Stadium des Lernens und Studierens. Weil seit der Befreiung noch nicht viel Zeit vergangen ist, wurden die Lehrer zwar schon durch einige Studienkurse in Politik ideologisch umerzogen, aber auch zukünftig müssen sie ein systematisches theoretisches Studium absolvieren; folglich ist im allgemeinen das Bewußtsein der Lehrer für die marxistisch-leninistische Theorie noch nicht befriedigend. Das ist die gegenwärtige Situation. Auf welche Weise neue Lehrkräfte ausgebildet und vorhandenes Potential voll entfaltet werden sollen, ist ein großes Problem. Zudem ist an zweiter Stelle zu beachten, daß die Durchführung der Reformierung der Erziehung sich in der Anfangsphase befindet; in dieser Hinsicht existieren sehr viele Probleme. Zuerst verlangt der vom Zentralen Erziehungsministerium im letzten Winter veröffentlichte Bildungsplan Überdurchschnittliches, aber der Umsetzung des Bildungsplanes fehlt der Bezug zur Realität, denn es fehlt konkret die Anleitung; einige Schulen müssen sich auch vor Übereilung hüten, weil sie in der Durchführung die Verbindung mit den realen Verhältnissen an sich und die Anpassung an schulische Gegebenheiten nicht geschafft haben; das Ergebnis war, daß die oberen Schulformen in hektische Aktivität verfielen und den Lehrerbildungsstudenten die Übernahme sehr wichtiger Aufgaben gewährten, was ihre Gesundheit beeinträchtigte. Ferner ist bezüglich der Lehrpläne, der Lehrbücher, der Nachschlagewerke usw. zu sagen, daß das Zentrale Erziehungsministerium noch keine (zur Verfügung) hat und auch die Zeit nicht reicht, eine Lösung zu finden; darum kommt keine Schule umhin, selbständig etwas zu tun; dies führte zu vermehrten Belastungen der Lehrer an höheren Schulen. Mit richtigen Unterrichtsplänen, Lehrplänen und Lehrbüchern kann das grundlegende Problem der Bildungsreform gelöst werden; ohne geeignete Lösung würde diese Verbesserung der Bildungsqualität sogar behindert. ... Auch nach der ideologischen Umerziehung und der Ausrichtung des Institutssystems fehlt es jedermann an Erfahrung, wie man eine gute Schule schafft, speziell, wie man die Erziehungsreform leitet. Dies ist für uns eine neue Aufgabe. Dadurch, ... daß das Erziehungsministerium es an ideologischen und politischen sowie an fachlichen Weisungen für die Lehrerbildung an Hochschulen mangeln läßt, wurden hastige und unermüdliche Unternehmungen begonnen, so daß das gegenwärtige Schulniveau ein chaotisches Erscheinungsbild aufweist. Folglich ist die Verbesserung der Führungsmethode und des Führungsstils sowie die Stärkung der richtigen Leitung der Pädagogischen Hochschulen ein äußerst wichtiges Problem.

... All diese Probleme sind in der Mehrzahl von der Geschichte hinterlassene (Probleme), die Grundlage der alten Lehrerbildung war sehr mangelhaft; der Zeitabschnitt von vier Jahren seit der Befreiung ist sehr kurz, augenblicklich gibt es noch keine durchgreifende Lösung. Manches ist in der Entwicklung begriffen, aber auch die ideologische Führungsmethode weist Fehler auf. ...

Für die kommenden Jahre müssen wir uns als politischen Kurs wählen: "Auf der Grundlage der Verbesserung und Konsolidierung der vorhandenen Lehrerbildung an Hochschulen muß, auf Grund des Bedarfs und der Möglichkeiten, ein Plan zur Vorbereitung einer energischen Entwicklung erarbeitet werden." Das heißt, wir müssen von der vorhandenen Grundlage ausgehen, die vorhandenen Größenordnungen sowie die Qualität berücksichtigen; schon ist der gegenwärtige dringende Bedarf zufriedenstellend gedeckt und vorausschauend geplant; schon haben wir Methoden für die Normalisierung und auch für die Übergangsperiode (gefunden). Zur Verwirklichung der oben erwähnten Richtlinien müssen wir im folgenden die konkrete Methode speziell erläutern und die Möglichkeiten, die nachfolgend auf der Konferenz als Empfehlung in der Theorie ausgearbeitet und vorgelegt werden, der Zentrale zur Genehmigung einreichen.

1. Problem der Entwicklung

Die Entwicklung der Pädagogischen Hochschulen soll in fünf Jahren in folgenden Schritten verlaufen:

(1) Bei der Entwicklung der Pädagogischen Hochschulen wird der maßstabsgerechten Expandierung der ursprünglich vorhandenen Schulen Priorität eingeräumt. Einleitend wird im folgenden der Rahmen vorgestellt, über den wir alle diskutieren, um zu sehen, ob er sich durchführen läßt. Als Bedingung der relativen Bereicherung der Pädagogischen Institute ist eine schrittweise Expandierungsmaßnahme geplant; bis zum Jahr (19)57 soll die Studentenzahl 4.000 bis 6.000 Personen erreichen, bei den allgemeinen Pädagogischen Instituten 2.500 bis 3.000, mindestens 2.000 Personen bei den Pädagogischen Instituten. Die Bedingung zur relativen Bereicherung der Pädagogischen Fachmittelschule ist,

daß bis zum Jahr (19)57 die Zahl von 2.000 erreicht ist, an den allgemeinen Pädagogischen Fachmittelschulen 1.000 bis 1.500, mindestens (jedoch) 500 bis 800 Personen. Die diskutierte Anordnung einer Entwicklungsmaßnahme für jede Schule muß in Bezug stehen zu ihrer jeweiligen Situation.

(2) Neben der Vergrößerung der ursprünglichen Pädagogischen Institute wird beabsichtigt, auf Grund des Bedarfs und der Möglichkeiten der einzelnen Provinzen, Pädagogische Fachmittelschulen an mehreren Orten neu zu errichten. Bezüglich des Problems jeder Schule, innerhalb von fünf Jahren den Rahmen und den Neuaufbau der Schule zu erreichen, legten wir einen einleitenden Plan vor mit der Bitte an alle, darüber zu diskutieren und eine Meinung zu äußern.

2. Problem der Beziehungen der Kader

Folgendes Prinzip wird nun vorgelegt, damit die Führung verstärkt, die Entwicklung der künftigen Pädagogischen Hochschulen betrieben, Änderungen der Intensität der örtlichen Aktivitäten und potentiellen Energien in Angriff genommen werden und die Führung der Pädagogischen Hochschulen in Beziehung steht zu den wichtigsten, noch neuen Regelungen: (1) Die Ausbildung von Lehrkräften für obere Mittelschulen, die Entwicklung und Einrichtung von Pädagogischen Instituten soll im Prinzip auf die großen Provinzen begrenzt sein und nach einheitlicher Vorbereitung und Planung, vorgelegt in einem konkreten Programm, erfolgen, nachdem an die Zentrale ein Bericht zur Prüfung und Genehmigung gegangen ist; die Ausbildung von Lehrkräften für untere Mittelschulen, die Entwicklung und Einrichtung von Pädagogischen Fachmittelschulen soll im Prinzip auf die Provinzen (Städte) begrenzt sein; die Planung und Vorbereitung, vorgelegt in einem konkreten Programm, sollen den großen Provinzen mitgeteilt und von der Zentrale bestätigt werden; falls die Voraussetzungen der Provinzen und Städte nicht ausreichend sind, sollen auch hier die großen Provinzen einheitlich planen und vorbereiten. (2) Appelle sind an die Lehrer zu richten, Erziehungswissenschaft zu studieren sowie das erziehungstheoretische Niveau zu steigern und am Vorbereitungsunterricht teilzunehmen, den Lehrplan und den Lehrstoff zusammenzustellen, gewissenhaft von den fortschrittlichen wissenschaftlichen Errungenschaften der Sowjetunion zu lernen, um mit einer allmählichen Steigerung der beruflichen Qualifikation die alte Wissenschaftsideologie und die alten Bildungsinhalte zu verändern. Die allgemeine Forschungspraxis soll gefördert, die Mittelschulbildung beachtet, die Unterrichtsarbeit integrierend (gestaltet) und wissenschaftliche Forschung durchgeführt werden. (3) Einzuladen sind sowjetische Experten und hervorragende chinesische Lehrer, bei einer geplanten Veranstaltung eine zwanglose Aussprache zum Zwecke des Gedankenaustausches in Form wissenschaftlicher Vorträge zu halten; vielleicht kann man die Winter- und die Sommerferien ausnützen, um eine Konferenz über wissenschaftliches Lehren und Lernen zu organisieren, damit die berufliche

Qualifikation der Lehrer gesteigert wird und eine Hilfestellung bei der Lösung des schwierigen Problems gegeben ist. (4) (Es sollen) regelmäßige schulinterne Veranstaltungen (stattfinden), entweder auf Bezirksebene oder mit nationalem Charakter, von fachbezogenen Lehrgängen als Konferenzen zum Austausch von Unterrichtserfahrungen sowie Modellunterricht.

... Diejenigen (Lehrer), deren tatsächliches Lebensalter zu hoch und/oder deren Gesundheit schlecht ist, die keinen Unterricht mehr abhalten und keine Arbeit mehr leisten können, sollen gemäß der Ordnungsnorm in den Ruhestand treten. ..., außer diesen wenigen Lehrern sollten (die anderen) in aktiver Verantwortung sorgfältig und überdies mit geeigneten Regelungen alle so eingesetzt werden, daß sie ihre Kraft zur Geltung bringen können, um dem Aufbau des Landes zu dienen. ...

5. Probleme bezüglich der Bildungsreform

In den letzten Jahren durchliefen die Pädagogischen Hochschulen in unterschiedlichem Maße eine Bildungsreform, erzielten gewisse Erfolge und sammelten Erfahrungen. Aber andererseits tendiert die Führung noch immer zur Überstürzung. Die korrekte Führung einer Pädagogischen Hochschule muß sich an den realen Verhältnissen orientieren; die langwierige und komplexe Durchführung der korrekten Bildungsreform wird als ungenügend bewertet und verursacht so das ungeduldige und eilige Verlangen und den Wunsch nach voller Befriedigung; für die Schulen bedeutet dies einen dringenden Engpaß und Chaos bei der Unterrichtsarbeit. Darum müssen wir künftig nach der vertrauten Richtlinie "mit festen Schritten vorwärtsschreiten" handeln, und die Bildungsreform planmäßig, schrittweise sowie (nach dem Slogan) "die Wahrheit in den Tatsachen suchen" durchführen.

Es wird bestimmt: Aktives Lernen von der Sowjetunion bei der Richtungsbestimmung für die Durchführung der Bildungsreform. Dennoch müssen wir "die Wahrheit in den Tatsachen suchen", einen Schwerpunkt festlegen, die chinesische Realität gewissenhaft integrieren und die Durchführung schrittweise vollziehen. ...

Folglich muß zuerst der Unterricht in Politischer Theorie und in Politik verstärkt werden, damit unser politisches und ideologisches Niveau gesteigert wird; gleichzeitig soll auch eine intensive Einarbeitung in die beruflichen Aufgaben der Lehrerbildung erfolgen, mit Hilfe des wahren Lernens von den fortschrittlichen Erfahrungen der Sowjetunion und dem intensiven Zusammenfassen unserer eigenen Erfahrungen, ... Zweitens sollen die Arbeit gewissenhaft und gründlich überprüft und die Umstände untersucht werden, konkrete und zeitgemäße Anleitung soll gewährleistet sein. Drittens wollen wir uns der Bildung zuwenden und die Bildungsreform als zentrales Kettenglied verstärkt in Angriff nehmen. (Für) die (gesamte) Arbeit der Schulen muß die Konzentration auf die Methode der Qualitätssteigerung der Bildung die zentrale Aufgabe sein. Das Meistern des Ausbildungsmusters und des Systems des Erfahrungsaustausches soll durch eine konkrete Führung ermöglicht werden. Viertens soll ein Aspekt die Festigung der einheitlichen Führung sein, ein anderer, daß den regionalen Verwaltungseinheiten und Schulen Raum gegeben wird zur Entfaltung von Initiativen und Aktivitäten. Es ist erforderlich, daß sich die Zentrale um die baldige zentralistische, verantwortungsbewußte und gute Erziehung kümmert; es ist erforderlich, daß sich die regionalen Verwaltungseinheiten um die baldige regionale, praktische und gute Erziehung kümmern; es ist erforderlich, daß sich die Schulen um eine baldige schulische, intensive und gute Erziehung kümmern, damit die Erziehungsverwaltung nicht allzuoft eingreifen muß. Wir müssen lernen, nach dem Prinzip "einheitliche Führung, stufenweise Verwaltung" zu handeln. Das soeben Vorgetragene enthält nur einige einleitende Gedanken von mir und ich hoffe, daß Ihr, Genossen, darüber diskutieren werdet. ...

Quelle: *Materialauswahl zur gegenwärtigen Lehrerbildung an Hochschulen in China*, S.28-39.

9. Referatsthesen bezüglich der Unterrichtsreform an Pädagogischen Hochschulen. (Referat des Stellvertretenden Ministers Liu Shi vom 6.10.1953 auf der Nationalen Konferenz zur Lehrerbildung an Hochschulen)

5.
Damit wir auf der Grundlage der Beschäftigung mit der Bildungsreform mit sicheren Schritten vorwärtsschreiten, werden im folgenden einige Probleme benannt, die gelöst werden müssen.

1. Fragen zum Unterrichtsplan. Ein gewissenhafter Unterrichtsplan muß für alle leitendes Prinzip bei der Unterrichtsarbeit sein, ... Die gewissenhafte Ausarbeitung der Unterrichtspläne muß auf der Grundlage der realen Verhältnisse unseres Landes geschehen; die Erfahrungen der Sowjetunion müssen absorbiert werden, damit der Entwicklungsprozeß schrittweise voranschreitet. ... Alle Schulen sollen, ohne Ausnahme, der Ideologie, Wissenschaft und Politik im künftig gut überarbeiteten und verbesserten Unterrichtsplan große Aufmerksamkeit schenken, ... Jede Schule soll den schulischen Verhältnissen entsprechende Maßnahmen treffen, die den eigenen konkreten Bedingungen Rechnung tragen, wobei der vom Ministerium entworfene Unterrichtsplan zu Rate gezogen werden soll. ...

2. Fragen zum Lehrstoff. Nachdem der Unterrichtsplan gut erstellt worden ist, soll im folgenden ein Lehrplan für jedes Lehrfach ausgearbeitet werden; anhand

des Lehrplans sollen dann wiederum Lehrmaterialien oder Manuskripte zusammengestellt werden. Dieses ist eine äußerst mühselige Arbeit, die nicht innerhalb kurzer Zeit vollendet sein kann. ... Die Lehrpläne der Sowjetunion sollen wiederholt geprüft werden; von ihrer politischen Ideologie, von ihrer Ernsthaftigkeit im wissenschaftlichen Bereich, von ihrem wissenschaftlichen System, von ihren reichen Wissensinhalten und ihrem Aufnahme(system) der Schüler sowie von ihrem Arrangement der zusammengestellten Lehrstoffe der Wissenschaft sollten wir lernen. Zudem müssen, ungeachtet der Verwendung oder der Zurateziehung der Lehrpläne der Sowjetunion, die Inhalte zahlreicher Kurse vereinfacht werden, was sehr gut erwogen (sein) will. In den kommenden zwei Jahren soll jede Schule die Übersetzungs- und Redigierungsarbeit fleißig vorantreiben, um eine fruchtbare Grundlage für die Lösung des Lehrstoffproblems zu schaffen. ... Die Fachlehrer sollen Russisch lernen, ferner die sowjetischen Lehrmaterialien lesen und übersetzen, ... Innerhalb der nächsten zwei Jahre erstreben wir zuerst die Lösung für die Lehrpläne der erziehungswissenschaftlichen Lehrgänge, in denen es die sieben grundlegenden Kurse und gemeinsamen Pflichtfächer Sprache, Geschichte, Erdkunde, Mathematik, Physik, Chemie und Biologie gibt. ...; damit die Lehrer der Übersetzungsarbeit gewachsen sind, soll für diese Aufgabe die Anzahl der Unterrichtsstunden angemessen reduziert werden, (und zwar) nach einem einheitlichen Plan, der die Übersetzungsarbeit in einem festgelegten Rahmen verteilt.

Die Schulen sollen sich gegenseitig beim Übersetzen helfen, um möglichst Fehler zu verringern oder ganz zu vermeiden.

Jede Schule soll den Austausch der Lehrstoffe tatkräftig betreiben, damit man zu einer gegenseitigen Überprüfung der fachlichen Leistung und zu einem Voneinanderlernen gelangt, um diesem Ziel schrittweise näherzukommen!
...

3. Fragen zur Unterrichtsforschungsgruppe und zu Unterrichtsteams. Wir müssen der Arbeit der Unterrichtsforschungsgruppen und der Unterrichtsteams große Aufmerksamkeit schenken. ... Die Unterrichtsforschungsgruppe verkörpert innerhalb der Unterrichtsorganisation konkret den kollektivistischen Geist, gleichzeitig wird die Ausbildung in der Erziehung in der kollektivistischen Ideologie als wichtiges Instrument zur Steigerung des Unterrichtsniveaus der gegenwärtigen Lehrkräfte zur Geltung gebracht. ... Die Unterrichtsforschungsarbeit muß eng verbunden sein mit jeder schulischen Phase der Bildungsreformarbeit, ... Alle Institutsleiter, Schulleiter und Leiter der Unterrichtsverwaltung der bestehenden Unterrichtseinrichtungen kontrollieren persönlich die Unterrichtsforschungsgruppe, die konkrete Führung, das Sammeln der Erfahrungen und die einheitliche Förderung. Die Unterrichtsforschungsteams müssen mit allem

Nachdruck veranlaßt werden, sich zu einem Kettenglied der ideologischen und organisatorischen Führung innerhalb der Unterrichtsreform zu entwickeln. Bei konkreten mangelhaften Bedingungen der Unterrichtsforschungsgruppen soll die Schulleitung ernsthafte Hilfestellung geben, um ihnen eine schrittweise Vervollständigung zu ermöglichen. Einige Lehrgänge, die noch nicht über eine Unterrichtsorganisation verfügen, sollen aktiv die Bedingungen vorbereiten und die Einrichtung unverzüglich anstreben.

4. Wissenschaftliche Forschungsarbeit. Die Pädagogischen Hochschulen sollen die wissenschaftliche Forschungsarbeit betonen, ... Aber der Kurs der wissenschaftlichen Forschungsarbeit an Pädagogischen Hochschulen muß in bezug auf praktische Fragen der Erforschung unserer Lehrerbildung und der allgemeinen Bildung festgelegt werden, ...; als nächstes stehen alle naturwissenschaftlichen und sozialwissenschaftlichen Fragen an, die den nationalen Aufbau betreffen. ...

5. Festigung der Schulideologie, der politischen Führung und Korrektur ideologischer Verirrung. ... Zuerst muß unter den Lehrerbildungsstudenten auf ein ausgewogenes Theoriestudium des Marxismus-Leninismus geachtet werden, ... Abgesehen davon soll der Durchführung der ideologisch-politischen Erziehung im Unterricht Aufmerksamkeit geschenkt werden durch die Ausbildung der Schüler in kommunistischer Welt- und Lebensanschauung sowie der Ausbildung einer Volkslehrerschaft. In den Pädagogischen Mittelschulen sollen besonders der politische und moralische Charakter der Schüler betont werden. Gleichzeitig soll im Schulalltag eine dichte politische Atmosphäre garantiert sein, ...; die ungeheure ideologische Verwirrung, welche unter den Lehrerbildungsstudenten herrscht, weil sie nicht zwischen richtig und falsch unterscheiden können, muß überwunden werden.

Als nächstes wird eine Lehrerorganisation gebildet, die energisch für den Kollektivismus eintritt ..., indem sich alle gemeinsam mit Unterricht befassen oder die Lehrstoff-Frage lösen, den Unterricht im Hinblick auf Kollektivismus und Gegenseitigkeit entfalten und sich massiv gegen einen unkoordinierten, sogenannten freien Unterricht wenden; ... Aber das Kollektiv und der Kollektivismus dürfen nicht dahingehend mißverstanden werden, daß alle alles diskutieren und alle an jedem Unterricht teilnehmen müssen; dieses würde einer enormen Zeit- und Energievergeudung gleichkommen und zu einem vollkommenen Formalismus führen. ... Das sogenannte gemeinsame Vorbereiten des Unterrichts ist nur auf der Grundlage der Vorbereitung jedes einzelnen sinnvoll. Für das gegenseitige Hospitieren gibt es kein deutliches Ziel, keinen Plan und keine Führung, oder sie sind ungeeignet; noch schlimmer sind die unflexiblen Bestimmungen, daß jeder Lehrer pro Woche etliche Male hospitieren muß, was als unnötig erlebt wird. ... Zweifellos ist die Unterrichtsarbeit in der Übergangsperiode sehr schwierig, da

Erfahrungen fehlen, aber wir müssen einen neuen Typ der Pädagogischen Hochschulbildung schaffen. ...

Quelle: *Materialauswahl zur gegenwärtigen Lehrerbildung an Hochschulen in China*, S.40-56.

10. Zusammenfassendes Referat über die Nationale Konferenz zur Lehrerbildung an Hochschulen. (Referat, gehalten am 13.10.1953 auf der Nationalen Konferenz zur Lehrerbildung an Hochschulen vom Stellvertretenden Minister Dong Chuncai)

1. ... Warum stellen die Partei- und die Volksregierung die Lehrerbildung an Hochschulen als so wichtig dar? Dies geschieht, weil wir dem Bedarf für den nationalen Aufbau, aber auch dem Bedarf für die nationale sozialistische Industrialisierung entsprechen wollen. Schwerpunkt beim Aufbau des Erziehungswesens ist die Entfaltung von Hochschulen zur Ausbildung von hochqualifiziertem Fachpersonal. Wir wollen die Hochschulen entwickeln, ebenso die Mittelschulen und die Grundschulen (im Text steht "Mittelschulen", wahrscheinlich Druckfehler; Anm.d.Ü.), aber auch die Pädagogischen Hochschulen zur Ausbildung von Lehrkräften für Mittelschulen.

Weil Pädagogische Hochschulen Lehrkräfte für Mittelschulen ausbilden sollen, die die jüngere Generation wie Ingenieure formen, sollen sie den Marxismus-Leninismus und die Grundlage des Mao Zedong-Denkens über die Verbindung des Marxismus-Leninismus mit der chinesischen revolutionären Praxis sowie kulturelle und naturwissenschaftliche Bildung hohen Niveaus und spezielles Wissen und Fertigkeiten in der Pädagogik besitzen und als neuer Typ des allseitig gebildeten Volkslehrers mit Leib und Seele der Volkserziehungssache dienen. ... Als nächstes steht die Ausbildung von Lehrkräften für Pädagogische Mittelschulen an den Pädagogischen Hochschulen an, aber auch die Ausbildung von Lehrkräften für Grundschulen sowie die Steigerung des kulturellen Niveaus des Volkes, was mit einer entsprechenden Befriedigung der Forderung nach kultureller Bildung im Volk zusammenhängt. Infolgedessen übernehmen die Pädagogischen Hochschulen eine sehr wichtige Aufgabe; darum hegen die Partei und die Volksregierung sowie die Volksmassen tiefe Erwartungen in bezug auf alle Pädagogischen Hochschulen und messen ihnen besondere Wertschätzung bei. Es ist nicht korrekt, die Lehrerbildung an Hochschulen geringzuschätzen.

2. ... Die Lehrerbildung an Hochschulen ist bei der Entwicklung des gesamten Erziehungswesens nicht nur der Hauptschwerpunkt, sondern die Berücksichtigung ihrer Anzahl und ihrer Qualität ist auch Kern der von uns vorgestellten Leitlinie.

...

3. ... In den kommenden fünf Jahren haben wir einen Bedarf von ca. 100.000 Lehrkräften für Mittelschulen, der durch die Ausbildung an den Pädagogischen Hochschulen größtenteils abgedeckt werden soll. ... Um diese schwere Aufgabe zu erfüllen, müssen die Pädagogischen Hochschulen zweifelsohne nach Bedarf entwickelt werden. ... Vor allem hat die Grundlage der Entwicklung an den 31 gegenwärtig vorhandenen Pädagogischen Hochschulen eindeutig zu sein, so daß sie die festgelegte Erschließung verborgener Kräfte ebenfalls noch berücksichtigen kann. ... Gleichzeitig können regionale Aktivitäten entfaltet werden, damit es durch die Erschließung noch im verborgenen liegender Kräfte zur Stärkung etlicher Schulen kommt. Unter den gegebenen Umständen und mit zusätzlichen persönlichen Anstrengungen ist es uns möglich, die Verhältnisse zu entwickeln.
...

Ist die Forderung nach Entwicklung nicht ein blindes Vorauseilen?

Wenn unser Plan ganz auf den Bedarf und nicht auf die Fähigkeiten konzentriert und nicht auf verläßlicher Grundlage erstellt worden ist, dann handelt es sich gewiß um blindes Vorauseilen. Andererseits sind es konservative Gedanken, nur auf die Schwierigkeiten zu blicken und nicht darauf, wie man mit den Bedingungen Fertigkeiten schaffen kann; nicht auf die Entfaltung des Potentials zu achten und nicht aktiv Mittel und Wege zur Überwindung der Schwierigkeiten zu finden. Darum sollen alle, von den einzelnen (Stufen der) Erziehungsverwaltungsorgane der Schulen bis hin zum Zentralen Erziehungsministerium, einen Plan aufstellen gemäß dem Slogan "die Wahrheit in den Tatsachen suchen" und gemäß dem bereits zu berücksichtigenden kommenden Bedarf; ... Wie entwickelt sich die Lehrerbildung an Hochschulen künftig?

Vorrangig und am wichtigsten ist die Vermehrung der gegenwärtigen Pädagogischen Hochschulen, an zweiter Stelle steht die Vorbereitung der Einrichtung neuer Pädagogischer Hochschulen gemäß den konkreten Verhältnissen und Bedingungen. Bezüglich der Frage einer Vermehrung der gegenwärtigen Pädagogischen Hochschulen soll jede Schule die Empfehlungen des Zentralen Erziehungsministeriums, die das Ausmaß der Entwicklung für jede Schule festlegen, heranziehen; sie sollen realistisch gegenüber den eigenen vorhandenen Bedingungen und ihrem Vermögen, Bedingungen zu schaffen, sein; sie sollen einen Plan entwerfen, der das Ausmaß der Entwicklung der eigenen Schule beschreibt sowie die jährliche Entwicklung innerhalb des Fünfjahres(plans); diesen sollen die großen Gebiete zur Überprüfung und Bestätigung einschicken. Bezüglich der Frage der Gründung neuer Schulen soll gemäß dem Bedarf und den Möglichkeiten der Provinzen (Städte) ein Fünfjahresplan erstellt werden, der in die großen Bezirke gesendet wird (einschließlich Ortsbestimmung, Gründungszeitpunkt, Einrichtung des Fakultätssystems, Anzahl der jährlich neu aufzunehmenden

Studenten). Anschließend sollen die großen Bezirke einen Fünfjahresentwicklungsplan aufstellen gemäß den beiden ineinandergreifenden Plänen sowie dem Bedarf aller Bezirke und den Voraussetzungen der Bezirke und Städte (einschließlich eines Planes zur Vermehrung der gegenwärtigen Schulen und Neugründungen von Schulen). Schließlich soll das Zentrale Erziehungsministerium über die aufgelisteten Regionen diskutieren und einen Plan für alle Provinzen erstellen, der alles umfassend berücksichtigt; es soll ein nationaler Fünfjahresentwicklungsplan erstellt werden, der in die Zentrale zur Prüfung und Genehmigung gesandt wird; danach soll Weiteres zur Durchführung erlassen werden. Diesem Modell entsprechend soll die Methode "von oben nach unten, von unten nach oben" mit dem entworfenen Plan kombiniert werden, so daß die Möglichkeiten den Tatsachen entsprechen. ...

Zum Schulsystem der Pädagogischen Hochschulen wollen wir unmißverständlich die derzeit gültige vierjährige Schulbildung im ordentlichen Fach an den Pädagogischen Hochschulen anerkennen und das Schulsystem der zweijährigen Fachkurse unverändert beibehalten.

Dennoch müssen wir auch im Blick behalten, daß in den kommenden Jahren sehr viele Lehrkräfte für Mittelschulen fehlen werden; ... Folglich müssen neben dem regulären Schulsystem noch viele andere Arten und Typen zur Ausbildung von Lehrkräften für Mittelschulen aktiv angewendet werden, (und zwar) in vorläufiger und kurzfristiger Form. Die Anwendung dieser Methoden darf keine Fragen des Schulsystems betreffen, das Prinzip des vierjährigen ordentlichen Fachsystems bleibt unverändert; aber weil dringender Bedarf an Lehrkräften besteht und gleichzeitig, weil die Pädagogischen Hochschulen selbst die Voraussetzungen für Lehrkräfte einengen, weil sie teilweise oder größtenteils außerstande sind, Unterricht im Vierjahresstudium anzubieten, kann die Erlaubnis erteilt werden, das Studium ein Jahr vorher abzuschließen; es wird aber gebeten, dies von der Zentrale genehmigen zu lassen. Bezüglich der Aufgabe der Fachkurse wird die Ausbildung von unteren Mittelschullehrkräften anerkannt. Weil gegenwärtig so viele Lehrkräfte für Mittelschulen fehlen, werden teilweise Absolventen von Fachkursen ausgewählt und als obere Mittelschullehrer eingesetzt; diese Methode soll nicht gestattet werden. Künftig ist es nur noch für einen bestimmten Zeitraum erlaubt, so zu verfahren. Der Bildungsplan für die Fachkurse kann nicht geändert werden. Allerdings kann der Bildungsplan für bestimmte Fachkurse an Pädagogischen Instituten, die von jenen Schulabsolventen (aus Fachkursen) als Hochschullehrer ganz oder zum größten Teil abgehalten werden, auch entsprechend geändert werden. Falls diese Absolventen künftig ihre Freizeit dazu verwenden, sich durch Lehrgänge an Pädagogischen Instituten stetig weiterzubilden, indem sie sich der Methode eines Fernstudiums oder der Abendschule bedienen, können sie das Abschlußniveau eines Pädagogischen Institutes erreichen. Was die Veranstaltung von Schulungskursen betrifft, so sollen untere Mittelschullehrer zu oberen Mittelschullehrern weitergebildet werden; jede Region kann (dies) gemäß dem Bedarf und den Fähigkeiten organisieren. Der Bedarf an unteren Mittelschullehrkräften ist immer noch groß; die Regionen können Pädagogische Mittelschulen mit vergleichsweise guten Bedingungen als Grundlage für eine Umwandlung in Pädagogische Fachmittelschulen auswählen. Außerdem wird der Mangel an unteren Mittelschullehrern durch diejenigen ergänzt, denen der Standard des Grundschullehrers vermittelt wurde bzw. durch Absolventen von Lehrerweiterbildungs(maßnahmen); alle können gemäß den Verhältnissen nützlich eingesetzt werden.

Abgesehen von diesen Methoden versuchen wir noch unter einem anderen Gesichtspunkt, einige Mittelschullehrer zu finden; vor allem ist von den Universitäten die Ausbildung eines Teiles der Lehrkräfte für Mittelschulen zu fordern, ...

Außerdem gibt es in einigen Regionen noch arbeitslose Akademiker, (an die) durch Prüfungswettbewerbe Weiterbildungs(plätze) vergeben werden, und die dann zum Unterricht an Mittelschulen geschickt werden können.

4. Wir haben vom alten China eine äußerst mangelhafte Grundlage der Hochschule geerbt. Trotz der ideologischen Umerziehung, der Ausrichtung des Fakultätssystems sowie der enormen Verbesserung der Pädagogischen Hochschulen existieren daher noch viele Probleme. Darum sind die verbesserte Konsolidierung und die Qualitätssteigerung künftig die vorrangigsten Aufgaben. Angesichts der verbesserten Konsolidierung und der Qualitätssteigerung soll die Unterrichtsreform zum Hauptkettenglied werden. Bevor wir die Unterrichtsreform besprechen, diskutieren wir zuerst die nachfolgenden Aspekte:

(1.) Einzelheiten zur Verbesserung des Systems der Lehrfächer. Die Errichtung eines Systems der Lehrfächer an Pädagogischen Hochschulen und die zahlenmäßige Erweiterung des Systems der Lehrfächer soll, gemäß dem nach der Erwartung festgelegten Bedarf, zu Fachlehrkräften für Mittelschulen führen. ... Zweitrangig ist, daß sich die Lehrfachgründungen an den Schulen nicht völlig mit den Qualifikationen des Lehrkörpers decken. ...Aber trotz der Verbesserung der Pädagogischen Hochschulen im letzten und in diesem Jahr soll die Verbesserung weiter aufrechterhalten werden, da das große Ausmaß der Arbeit noch unzureichend (geleistet) ist und nur für einzelne Fakultäten eine Verbesserung gemäß dem noch vorhandenen Bedarf durchgeführt werden kann.

(2.) Jede Hektik und jedes Durcheinander aus dem Weg schaffen. An den gegenwärtigen Pädagogischen Hochschulen herrschen noch Hektik und Durcheinander, die Lehrerbildungsstudenten leben alle zu unruhig. Die Gründe dafür sind einerseits die übergroße Belastung der Studenten, andererseits die außerschulische Massenorganisationsbewegung, bei der viele ihre Zeit verbringen. ...; darüber hinaus gibt es im Hinblick auf die Massenorganisationsbewegung sehr viele Gruppen mit Zusatzaufgaben, mit vielen Zusammenkünften und vielen Aktivitäten; dies ist für sinnvoll einzusetzende Lehrerbildungsstudenten zu viel nebenher, zu unruhig. Wenn das Resultat ungünstig für Unterricht und Studium ist, wird die Gesundheit der Studenten beeinträchtigt. Diese Form des hektischen Treibens muß überwunden werden. Im Hinblick auf den Unterricht wird gefordert, die Unbesonnenheit dringend zu überwinden; die Kurse und der Lehrstoff sollen gemäß dem studentischen Niveau in angemessener Weise verkürzt sowie die Belastungen der Lehrer und Studenten gemildert werden. Andererseits sollen die Organisation gestrafft, die Diskussionen verringert und unnötige Betätigungen reduziert werden; ...

(3.) Vervollkommnung der inneren Struktur der Schulorganisation. ... Bei der Straffung der inneren Struktur der Organisation soll man auf die Reduzierung des Verwaltungs- und Dienstpersonals und entsprechend auf die Steigerung des Unterrichtspersonals achten mit dem Ziel, viele Unterrichtskader auszubilden; die vielen Organisationstätigkeiten der Personen sollen auf wenige reduziert, nicht unbedingt notwendige Strukturen sollen aufgehoben, wichtige Systeme sollen vereinigend zusammengelegt werden, so viele Straffungen innerhalb der Schulverwaltung wie möglich müssen durchgeführt, die Struktur muß einheitlich reduziert, das Arbeitsniveau verbessert, die Arbeitsnorm festgelegt, die Arbeitsteilung geklärt, die Verantwortungsbereiche müssen klar unterschieden und die Arbeitsleistung muß gesteigert werden.

Probleme bezüglich der Unterrichtsreform. (1) ... Die kulturelle Ideologie des proletarischen Sozialismus soll als Führungsideologie gelten, ...

(2) Die Leitlinie für die Unterrichtsreform besagt: "Fleißiges Studium der fortschrittlichen Erfahrungen der Sowjetunion, enge Verbindung mit der chinesischen Realität, Unterrichtsreform mit sicherem Schritt." Gemäß dieser Leitlinie wollen (wir) zu einer Änderung der Unterrichtsinhalte, -formen, -methoden usw. kommen. Wir wollen gewissenhaft das sowjetische System der Unterrichtstheorie und -erfahrung prüfen; ... Beim Studium der Sowjetunion soll ... der Fehler des Formalismus vermieden werden, (der darin besteht,) die sowjetische Bildungstheorie und die Erfahrungen unreflektiert zu übernehmen. Andererseits muß das Studium der Sowjetunion und die Unterrichtsreform mit sicheren Schritten vorankommen; sowohl die Übereilung als auch die Verzögerung, (die darin besteht,) konservative Gedanken nicht zu ändern, müssen bekämpft werden.

(3) Maßnahmen der Unterrichtsreform. ...; unverzüglich soll begonnen werden, den Unterrichtsplan, den Lehrplan, die Lehrbücher, das Lehrmaterial, Manu-

skripte usw. zu reformieren. ... Wir erwarten, daß innerhalb des ersten Fünfjahresplans Unterrichtspläne und Lehrpläne für die nationalen Pädagogischen Hochschulen ausgearbeitet und Lehrbücher für den (Bereich) Elementarunterricht zusammengestellt werden. In bezug auf die Unterrichtspläne (ist zu sagen), daß eine Vereinheitlichung nur schrittweise erreicht werden kann, weil jede Schule ungleiche Voraussetzungen hat; so ist eine beharrliche Forderung nach Vereinheitlichung momentan nicht angebracht, sondern eine Anpassung an die (lokalen) schulischen Gegebenheiten; aber die Bedingungen sollen mit Enthusiasmus und Kreativität (geschaffen werden).

(4) Verhältnis zwischen Unterrichtsreform und Lehrern. Die Unterrichtsreform muß sich bei der Durchführung auf die Lehrer stützen, weil (nur) mit der ideologischen Umerziehung der Lehrer die ideologische Basis geschaffen werden kann. Nach der ideologischen Umerziehung nehmen sehr viele Lehrer aktiv an der Unterrichtsreform teil; dies hat nicht nur den Vorteil einer Verbesserung des Studiums, sondern kann auch, ausgehend von der beruflichen Tätigkeit, zu einer fortschrittlichen Gesinnung der umerzogenen und durch eigene Kraft gefestigten Lehrer führen. Folglich sollen die Schulen mit der Organisation der Teilnahme der Lehrer an der Arbeit der Unterrichtsreform beginnen und ihren Enthusiasmus in ausreichendem Maße entfalten. ...

Der Unterrichtsplan, der vorsieht, daß die Kurse in einem ordentlichen Studienfach ein Jahr vorher beendet werden können, ist lediglich eine Vereinfachung des Unterrichtsplans für Kurse in einem ordentlichen Studienfach; er hat nur informativen Wert für jede Schule und dient nicht als Unterrichtsplan für das reguläre Schulsystem. ...

Lehrstoff-Fragen sind einerseits der Hauptinhalt der gegenwärtigen Unterrichtsreform, gleichzeitig ist (jedoch) auch die Steigerung der Unterrichtsqualität ein wichtiger Angelpunkt. Auf dieser Konferenz wurde die arbeitsteilige redaktionelle Herausgabe der Lehrstoff-Frage diskutiert, ... Wir fordern jede Schule auf, dieser Arbeit genügend Aufmerksamkeit zu schenken; die Erfüllung der Arbeit muß sie als (ihre) Hauptaufgabe betrachten ... Bei der Änderung des Lehrstoffes haben wir die Vorzüge anderer zu übernehmen, um die eigenen Mängel auszugleichen, ebenso haben wir die Grundlage zu schaffen für Kritik und Selbstkritik, (denn so) können wir schrittweise das wissenschaftliche und das ideologische Niveau steigern und allmählich zu einer einheitlichen Lösung gelangen.

Fragen der Unterrichtsorganisation. ... Die Hauptaufgaben des gegenwärtigen Seminarsystems bestehen in der Teilnahme an der Erstellung des Unterrichtsplans sowie des Lehrplans, der Teilnahme an der Zusammenstellung von Lehrmaterial und Manuskripten und der eifrigen Unterrichtsvorbereitungen der

Lehrer; neben der oben erwähnten Durchführung der Organisationsaufgaben der Lehrer sollen auch die berufsbezogene Fach- bzw. Weiterbildung sowie die Forschungsarbeit durchgeführt werden. Die von jedem einzelnen zusammengestellten Lehrpläne, Manuskripte und Lehrmaterialien sollen nach einer eingehenden kollektiven Diskussion vom Direktor der Seminarorganisation überprüft werden und dann erst in die Klassenräume gelangen. Wenn die Schulen oder die Fachsysteme keine Voraussetzungen zum Aufbau eines Seminarsystems haben, gilt die Regel, Unterrichtsteams zu gründen, in denen die Arbeit unter der Aufsicht des Leiters der Unterrichtsverwaltung oder des Dekans steht, die für die Realisierung des Unterrichtsplanes bürgen. Kurzum, wir fordern jeden Lehrer auf, bei der Arbeit im Kollektiv sein ganzes Können für die Kontrolle und Hilfe bei der Durchführung einzubringen und, obwohl er den Entscheidungen des Kollektivs unterstellt ist, eine Haltung einzunehmen, (die geprägt ist) von aktivem, verantwortlichem Enthusiasmus.

... Gegenwärtig bilden wir Lehrkräfte für Mittelschulen an Pädagogischen Hochschulen aus; es soll sich um eine allumfassende Entwicklung eines neuen Typs des Volkslehrers handeln. Hier soll sich künftig ein Lehrer entwickeln, der für die jüngere Generation ein Vorbild und "ein Ingenieur ihrer Seele" ist. Folglich muß zuerst das Fach Politische Theorie an den Pädagogischen Hochschulen sowie die Durchführung des systematischen Studiums der marxistisch-leninistischen Theorie verstärkt werden. Hinzu kommt die Durchführung fachlicher Ausbildungs(maßnahmen) und von Freizeitaktivitäten, die Durchführung einer ideologischen Bildungspolitik sowie einer moralischen Unterweisung und die Ausbildung der Studenten in der Weltanschauung des dialektischen Materialismus, damit sie einen edlen moralischen Charakter bekommen. ... Gegenwärtig messen viele junge Schüler und Studenten der Entwicklungsarbeit keine Bedeutung bei, (sie) vertreten die Ansicht, daß der Eintritt in den Lehrberuf keine vielversprechenden Aussichten biete, weshalb (sie) nicht bereit sind, an eine Pädagogische Hochschule zu gehen; nach Eintritt in eine Pädagogische Hochschule lernen viele nicht ohne Sorgen. Deswegen soll künftig an den Pädagogischen Hochschulen die Hauptlinie des Lernens (in) der Übergangsperiode (dahingehend) vereinheitlicht werden, der Durchführung fachideologischer Ausbildung Aufmerksamkeit zu schenken, das politische Bewußtsein der Studenten zu steigern, fleißige Studenten zur Hauptsache der Volksbildung zu machen und ihnen beim Aufbau des Staates einen hohen Stellenwert und große Vorteile einzuräumen. ... Im allgemeinen ist die Lehrer-Schüler-Beziehung an den gegenwärtigen Pädagogischen Hochschulen in Ordnung, doch dieses Phänomen kam in der alten Gesellschaft nicht so oft vor. Da es allerdings an einigen Hochschulen noch keine normale Beziehung zwischen Lehrern und Studenten gibt, und die Studenten die Lehrer nicht respektieren, stagniert die Unterrichtsreform und die Disziplin beim Studium ist nicht gut. Hier muß die Abweichung korrigiert werden. Eine der Ursachen dieser Abweichung wird hervorgerufen durch einen Unterricht(sstil) der Lehrer, der die Wünsche der Studenten nicht erfüllt; zudem führt die Hochschulleitung die Ausbildung der Studenten (nur) unzulänglich. Künftig sollen die Hochschulleitungen die Studenten gewissenhaft zum Respekt vor den Lehrern und zur Disziplin bei der Ausbildung anleiten und die Parteipolitik gegenüber den Intellektuellen erklären, ... Die Studenten sollen bescheiden sein gegenüber den Lehrern und dem Studium und dem Lehrer gegenüber nur bedingt Kritik üben. Andererseits sollen auch die Lehrer fleißig lernen, fortwährend die eigene politische Ideologie und das fachliche Niveau steigern, den Unterricht verbessern, die Studenten schrittweise mit Geschick und Geduld anleiten sowie mit unermüdlichem Lehreifer lebhaft unterweisen.

5. Das Hauptproblem bei der Entwicklung und Steigerung der Lehrerbildung an Hochschulen sind die Lehrkräfte. Die Verbindungen unter den gegenwärtigen Lehrern sind, speziell nach der ideologischen Umerziehung, im allgemeinen gut. Nur zwischen den neuen und alten Lehrern an den Hochschulen gibt es (noch) keine normalen Beziehungen. Dieses wichtige Problem soll von den verantwortlichen Hochschulleitern gelöst werden. Seit vier Jahren zeigt sich ein positives Phänomen, denn viele Pädagogische Hochschulen werden mit einer großen Zahl neuer Lehrer eingerichtet. Wegen des Lehrkräftemangels müssen wir Nutzen aus den alten Lehrern ziehen und auch energisch neue (Lehrer) ausbilden. Für den Fall, daß die neuen und die alten Lehrer nicht mit vereinten Kräften arbeiten, wird dem Lehrerbildungswesen an Hochschulen sehr viel Schaden zugefügt. Folglich muß für die Beziehungsprobleme der neuen Lehrer eine einwandfreie Lösung gefunden werden. Die neuen Lehrer sollen die alten respektieren und bescheiden von ihnen lernen; die alten Lehrer sollen sich schützend der neuen Lehrer annehmen, ihnen aktiv beistehen und sie anleiten. (Jedem) soll klar sein: die Vorzüge der alten Lehrer sind ein hohes Bildungsniveau und reiche Unterrichtserfahrung, allerdings muß für gewöhnlich das ideologisch-politische Niveau noch gesteigert werden; andere Lehrer haben altmodische Ansichten und schreiten langsam voran; es gibt zweifellos auch einige alte Lehrer, die sowohl politisch als auch fachlich gut sind. Die Vorzüge der neuen Lehrer sind das richtige Gespür für Neuerungen, hochgradiger politischer Enthusiasmus und Aktivität sowie rascher Fortschritt; es mangelt ihnen an reichhaltigem fachlichen Wissen, an Unterrichtserfahrung und auch ihr politisch-theoretisches Niveau ist nicht hoch. Unter den neuen Lehrern gibt es welche, die so eingebildet sind, daß sie die falschen Einstellungen der alten Lehrer verachten. Von den Schulleitern soll dieses Problem besonders aufmerksam betrachtet und die Beziehung zwischen den alten und den neuen Lehrern energisch verbessert werden; (man soll) sie dazu bewegen, einander zu respektieren und die Vorzüge der anderen zu übernehmen, um die eigenen Mängel auszugleichen, sich zusammenzuschließen, um sich gegenseitig zu helfen und die schulische Arbeit gut auszuführen.

...

Jetzt kommen wir auf die vermehrten Probleme der Lehrer zu sprechen. Zur Stärkung des ideologisch-politischen und fachlichen Niveaus der gegenwärtigen Lehrer führen (wir) die Unterrichtsreform durch und stärken die notwendigen Bedingungen; für eine ideologisch-politische Ausbildung z.B. steigern wir unter anderem die Hochschulqualität. Folglich dürfen die organisierten Lehrer nicht im berufsbegleitenden Lernen nachlassen.

Zuerst sollen laut Anweisung der Propagandaabteilung des Zentralkomitees bezüglich des politisch-theoretischen Studiums an den Pädagogischen Hochschulen politisch-theoretische Studiengruppen eingeführt werden, wodurch ihr Verstand mit der marxistisch-leninistischen Theorie gewappnet wird. Die Lehrer sollen durch die grundlegende Methode des aktiven ideologisch-politischen Studiums das eigene ideologisch-politische Niveau steigern und im Studium nicht nachlassen. Die Abweichung, (die darin besteht,) das politisch-theoretische Studium zu ignorieren, muß überwunden werden. ... Im Hinblick auf die beruflichen Studien der Lehrer soll die fachliche Ausbildung mit der Durchführung der Unterrichtsreform kombiniert werden. Ein einheitlicher Unterrichtsplan, ein redigierter Lehrplan, zusammengestellte Lehrmaterialien und Manuskripte sowie Unterrichtsvorbereitungen der Lehrer ermöglichen die Durchführung des fachlichen Lernens. Unsere Genossen Lehrer sollen auf der Grundlage der ideologischen Umerziehung allmählich zur einheitlichen Unterrichtsreform durch Umwandlung der alten Wissenschaftsauffassung, des alten Unterrichtsstils und der alten Lehrmethoden geführt werden. Was die Ausbildung anbetrifft, sollen z.B. die pragmatische Ideologie Amerikas kritisiert, die fortschrittlichen Bildungstheorien der Sowjetunion (hingegen) studiert werden; ... Abgesehen davon soll (man) sich noch mit der gegenwärtigen Bildungspolitik unseres Landes beschäftigen. Die junge Lehrergeneration soll ferner sehr intensiv in den Lehrbüchern studieren, um in ihrem speziellen Fach bewandert zu sein.

Im folgenden soll es um die Ausbildung neuer Lehrkräfte gehen, nämlich um die Fragen zur Ausbildung von Hochschul-Assistenten sowie von Postgraduierten. Um den aus der künftigen Entwicklung entstehenden Bedarf an Pädagogischen Hochschulen zu decken, müssen wir mit großen Anstrengungen neue Lehrkräfte ausbilden, nämlich (durch) Hochschul-Assistenten und Postgraduierte. Wir sollten weitsichtig planen und den Bedarf laut erstem Fünfjahresplan zwar nicht aus dem Auge verlieren, aber auch den Bedarf des zweiten Fünfjahresplanes berücksichtigen; gemäß dieser Bedürfnisse und der Möglichkeiten, die die Verhältnisse gestatten, regelt der Plan die Ausbildung der Hochschul-Assistenten und der Postgraduierten. Dieses ist das Kernproblem bei der Entwicklung der gegenwärtigen Pädagogischen Hochschulen. ... Abgesehen von dem politisch-theoretischen und dem unterrichtswissenschaftlichen Studium müssen sich die Assistenten auf ein wissenschaftliches Fach spezialisieren, das im wissenschaftlichen Kontext hohe Relevanz besitzt. Anleitende Lehrer sollen für die Assistenten einen Studienplan aufstellen, der ihnen Lernhilfe und die Teilnahme an Vorlesungen sowie an unterrichtsbezogener Forschungsarbeit im (Rahmen des) Seminars gewährt. Die Assistenten sollen weitestgehend von verwaltungsbezogenen Arbeiten entlastet werden. Um neue Lehrkräfte innerhalb des Stellenplans für Unterrichtspersonal auszubilden, sollen einige Erleichterungen gewährt werden ...

Unter den gegebenen Verhältnissen unseres Landes, (und) mit dem Ziel, Postgraduierte an Pädagogischen Hochschulen auszubilden, soll die Ausbildung neuer Lehrkräfte unmißverständlich festgelegt werden. Folglich muß der Lehrplan für Postgraduierte an Pädagogischen Hochschulen von diesem Ziel ausgehen. Der Unterrichtsplan soll, abgesehen von den speziellen wissenschaftlichen Fächern und dem Fach Politische Theorie, noch pädagogische Fächer für sie beinhalten, die auf eine bestimmte Zeitspanne, in deren Verlauf einige Versuchsstunden gegeben werden können, begrenzt sind.

Die Absolventen eines Studiums in einem ordentlichen Fach an Pädagogischen Instituten sollen vor allem den Bedarf an zusätzlichen Lehrkräften für Pädagogische Hochschulen decken; falls die Quantität und Qualität der Absolventen diesen Bedarf aber nicht decken kann, ist es möglich, unter anderem zusätzlich Hochschullehrer zu versetzen. Da nicht jede Schule die benötigte Anzahl an Lehrkräften ausbilden kann, beauftragte das Zentrale Erziehungsministerium etliche Hochschulen, Pädagogische Hochschulen und Pädagogische Institute, an denen die Lehrbedingungen gut sind, Postgraduiertenlehrgänge durchzuführen, sowie individuelle Schulen, besondere Kurse abzuhalten; ... Die Probleme mancher gegenwärtigen Schulen, die wegen des Lehrkräftemangels einige wichtige Lehrgänge nicht abhalten können, werden durch regulierenden Austausch der Lehrer innerhalb aller Institute gelöst.

Der momentane Auftrag des Zentralen Erziehungsministeriums an die chinesischen volkseigenen Hochschulen lautet, daß die Pädagogischen Hochschulen in Beijing, in Ostchina und in Nordostchina sowie das Pädagogische Institut Zhejiang zusammen 501 Postgraduierte ausbilden sollen. Die Ausbildungslehrgänge umfassen die Geschichte der chinesischen Revolution, Grundlagen des Marxismus-Leninismus, Politökonomie, dialektischen und historischen Materialismus, Pädagogik, Psychologie, Chinesische Literatur, Chinesische Wirtschaftsgeographie, Weltgeschichte, allgemeine Physik, analytische Mathematik, höhere Algebra usw.; jeder Lehrgang soll zwischen 20 und 40 Postgraduierte umfassen; unterschieden wird zwischen Studenten, die nächstes Jahr im Sommer, übernächstes Jahr und in drei Jahren das Studium beenden; diese Lehrkräfte sind für die Pädagogischen Hochschulen ein wichtiges Zusatzpotential.

6. Probleme einer strikt festgelegten Leitung. ... Die Institutsrektoren sollen sich darauf verstehen, politische Führung und fachliche Führung miteinander in Verbindung zu bringen, wobei die Politik das Fachliche leitet. Das heißt: der bildungsideologische Sozialismus der Arbeiterklasse soll leitend für die schulischen Fächer sein, vor allem bei der Führung der Unterrichtsreform, was zur Verbesserung der ideologisch-politischen Arbeit führt. ... Die Institutsrektoren sollen die Unterrichtsarbeit gut führen, sich gut auf die Führung der Lehrer verstehen und die Entfaltung des Arbeitsenthusiasmus, der Initiativen und der Kreativität des Lehrkörpers anleiten. ..., alle Schulen sollen das Lehr- und Verwaltungspersonal anhalten, sich unter der parteipolitischen Linie zu vereinigen, einmütig und mit vereinten Kräften danach zu streben, gemeinsam den Unterrichtsplan an den Schulen zu realisieren. ... Unter dem Lehr- und Verwaltungspersonal sollen sich laufend Kritik und Selbstkritik entfalten, Fehler berichtigt und an der Wahrheit festgehalten werden. ... Die Institutsrektoren sollen ... aus wenigen Aktivisten ... ein Gerüst mit führenden Mitgliedern der Leitung bilden und die kollektive Führungsqualität dieser führenden Mitglieder der Leitung fördern. Alle sollen über den politischen Kurs, die Arbeitsplätze aller Schulen und über andere wichtige Punkte auf einer Verwaltungskonferenz diskutieren, Kollektivwissen und Kollektiverfahrungen entfalten und es zur Problemlösung anwenden. ...

Lehrkräfte an Pädagogischen Hochschulen unterstehen der einheitlichen Planung der Zentrale. ...

7. Kurz gesagt, worauf soll die künftige Lehrerbildung an Hochschulen achten? ... Die künftige Lehrerbildung an Hochschulen soll, gemäß dem nationalen Aufbau und den Bedürfnissen des Volkes sowie den Voraussetzungen in bezug auf Fähigkeiten unter einer verbesserten Leitung die Entwicklung vorbereiten und planen. ...

Quelle: *Materialauswahl zur gegenwärtigen Lehrerbildung an Hochschulen in China*, S.57-76.

11. Probeweise durchzuführende Maßnahmen (zum) Unterrichtsarbeitspensum und (zum) Arbeitstag von Lehrern an Hochschulen. (11.7.1955 (55) Note 301 der Anweisungen zur Erziehung)

Um von der Lehrkapazität rationell Gebrauch zu machen, die Unterrichtsaufgaben garantiert zu erfüllen, die Unterrichtsrevolution zu fördern, die Unterrichtsqualität zu steigern, Lehrkräfte auszubilden und zu stärken, wissenschaftliche Studien zu entfalten, die Verwaltungsführung zu festigen, damit (sie) dazu beiträgt, die Unterrichtsgruppen zur Geltung zu bringen sowie das Zusammenfassen der Lehrentwürfe und das allmähliche Zusammenfassen der Arbeitskraftvorschriften zur Entlohnung nach Arbeitsleistung, wird die spezielle Regelung "Probeweise durchzuführende Maßnahmen (zum) Unterrichtsarbeitspensum und (zum) Arbeitstag von Lehrern an Hochschulen" (beschlossen).

1, die Unterrichtsarbeit ist die zentrale Aufgabe der Hochschullehrer. Die Lehrer sollen die Unterrichtsarbeit in ausreichendem Maße erfüllen. Die Unterrichtsarbeit an Hochschulen (umfaßt) Vorlesungen, Seminare, Übungsstunden, Unterricht durch Fernstudium, Experimente, Erteilung von Konsultationen, Produktionspraktika, Unterrichtspraktika, Bildungspraktika, Durchsicht- und Korrekturmaßnahmen ..., Examina, Überprüfungen, Leitung der Lehrgangsplanungen und -arbeiten, der Semesterarbeiten und der Abschlußplanungen und -arbeiten, Teilnahme an der Arbeit des nationalen Prüfungskomitees, Anleitung der Forschungsstudenten, der Arbeit mit sich weiterbildenden Lehrern und der Arbeit mit Examenskandidaten. ... Jeder Fakultätslehrer der Hochschule soll jährlich ein bestimmtes Arbeitspensum erfüllen:

	mindestens:	höchstens:
Professoren, außerordentliche Professoren	480-530 Unterrichtsstunden	530-580 Unterrichtsstunden
Dozenten	520-570 Unterrichtsstunden	570-620 Unterrichtsstunden
Assistenten	540-590 Unterrichtsstunden	590-640 Unterrichtsstunden

(1) Etliche im Beruf befindliche Lehrer für fachbezogene oder vergleichsweise anstrengende allgemeine Lehrgänge, für Lehrgänge mit zwei der oben erwähnten verschiedenen Arbeitsformen oder für die neu eingerichteten Lehrgänge sowie Lehrer, die sich im Beruf befinden und die Abschlußplanung und die Abschlußarbeit betreuen und die Forschungsstudenten anleiten, unterrichten die Mindeststundenzahl; (diejenigen) Lehrer, die nicht in die oben erwähnten Bereiche gehören, unterrichten die Höchststundenzahl.

(2) Lehrer, die tätig sind in den Fächern Chinesische Revolutionsgeschichte, Politische Ökonomie, Grundlagen des Marxismus-Leninismus sowie Lehrgängen im historischen Materialismus, erfüllen die Unterrichtsstundenzahl jährlich so: Professoren und außerordentliche Professoren zwischen 430 und 480 Stunden, Dozenten zwischen 470 und 520 Stunden und Assistenten zwischen 490 und 540 Stunden.

(3) Der Leiter der Unterrichtsforschungsleitungsgruppe (im folgenden kurz Unterrichtsforschungsgruppe) hat mit 80 Stunden Tätigkeit im Vergleich mit Lehrern gleicher Stufe wenig Unterrichtsarbeitsstunden.

(4) Der Dekan, der stellvertretende Dekan und der Sekretär der Fakultät unterrichten mit einem Drittel der Unterrichtsarbeitsstunden im Vergleich zu Lehrern gleicher Stufe wenig.

(5) Der Leiter der Unterrichtsangelegenheiten und sein Stellvertreter unterrichten mit der Hälfte der Unterrichtsarbeitsstunden im Vergleich zu Lehrern gleicher Stufe wenig. Die gegenwärtig mit Verwaltungsarbeit besonders beschäftigten Leiter der Unterrichtsangelegenheiten und ihre Stellvertreter können zeitweilig ihre Unterrichtsarbeitszeit verringern oder ganz davon freigestellt werden.

2, Die Methoden zur Errechnung der Unterrichtsarbeitszeit, gemäß denen die nicht identischen Unterrichtsweisen (auch Unterrichtsformen genannt) nach folgenden Regelungen verteilt werden:

(1) Vorlesungen: Etliche Lehrpläne und Lehrgänge mit gleicher Stundenzahl für die Professoren sollen in einem Lehrgang Studenten eines Jahrganges zum Studium zusammenführen, die als Klasse mit dem Unterricht beginnen; die Klassenstärke soll 200 nicht überschreiten; wenn es notwendig ist, kann die Zahl der in einer Klasse vereinigten Personen auch auf 120 verringert oder auf bis zu 300 erhöht werden. Wenn die Zahl der an bestimmten Kursen teilnehmenden Studenten zu gering ist, können diese zu einem Kurs zusammengelegt werden. Die Unterrichtsarbeitszeit für Lehrer errechnet sich nach dem festgelegten Unterrichtsplan.

(2) Seminare und Übungsstunden werden als Einheit in einer Klasse (30 Personen) durchgeführt, die Unterrichtsarbeitszeit der anleitenden Seminare und Übungsstunden errechnet sich zeitlich nach dem festgelegten Unterrichtsplan.

(3) Experimente und die Fachrichtungen Kartographie und Fremdsprache werden einheitlich in einer Gruppe von 15 Personen durchgeführt; falls Lehrermangel besteht, werden sie einheitlich in der Klasse durchgeführt. Einige spezielle Experimente, z.B. Experimente mit vergleichsweise großem Gefährlichkeitscharakter, werden in Gruppen von fünf bis zehn Personen durchgeführt. Wird der Fremdsprachenunterricht in der Fachrichtung Fremdsprache wegen Lehrermangel nicht einheitlich durchgeführt, werden 60 Personen als Klasseneinheit zusammengefaßt, (die den Lehrgang) durchführen. Die Unterrichtsarbeitszeit für Experimente, Kartographie und Fremdsprachenlehrgänge errechnet sich nach dem festgelegten Unterrichtsplan.

(4) Erteilung von Konsultationen: Die Konsultationszeit für jeden Studenten errechnet sich aus der Unterrichtsarbeitszeit für Professoren laut festgelegtem Unterrichtsplan (und beträgt davon) 0,5 bis 0,8 Prozent; für die Arbeiter- und Bauernstudenten, Studenten und die anderen, von nationalen Minderheiten zum Studium an die Hochschule entsandten Studenten errechnet sich die Konsultationszeit auf ein Prozent der Vorlesungsstundenzahl der Unterrichtsarbeitszeit. Die Konsultationszeit für die künftigen chinesischen Auslandsstudenten errechnet sich aus dem Standard der Unterrichtsarbeitszeit, die von der Schule und dem Rektor gemäß dem praktischen Bedarf festgelegt worden ist. Die Konsultationszeit für jeden Studenten von Fremdsprachenlehrgängen errechnet sich aus 0,3 Prozent der Unterrichtsarbeitszeit seit Unterrichtsbeginn laut festgelegtem Unterrichtsplan.

(5) Unterrichtspraktika (einschließlich Industriepraktikum und Praktikum außerhalb der Pädagogischen Hochschule) werden in der Klasseneinheit durchgeführt. Unterrichtspraktika der Fachgebiete Biologie, Geographie, Geologie, Landwirtschaft, Viehzucht usw. werden, wenn es bei der Durchführung als Praktikum in der Klasseneinheit Schwierigkeiten gibt, vom Schulleiter oder vom Institutsleiter mit Gruppierungsmaßnahmen gemäß den realen Verhältnissen verändert. Das anleitende Unterrichtspraktikum errechnet sich nach den Unterrichtsarbeitsstunden (und beträgt) täglich zwischen drei und sechs Stunden.

(6) Produktionspraktika werden in der Klasseneinheit durchgeführt. Bestehen Schwierigkeiten für die Durchführung in derselben, können der Schulleiter und der Institutsleiter die Gruppierungsmaßnahme gemäß den realen Verhältnissen ändern. Das anleitende Produktionspraktikum soll nach Festlegung des Schul- und Institutsleiters der durchführenden Schule täglich vier Stunden betragen, errechnet aus der Unterrichtsarbeitszeit.

(7) Ausbildungspraktikum: das Ausbildungspraktikum der vierten Jahrgangsklasse der anleitenden Pädagogischen Universität und des Pädagogischen Instituts beträgt für jeden Studenten 25 Stunden, errechnet aus der Unterrichtsarbeitszeit, das Ausbildungspraktikum der dritten Jahrgangsklasse der anleitenden Pädagogischen Universität und des Pädagogischen Instituts beträgt für jeden Studenten 22 Stunden, errechnet aus der Unterrichtsarbeitszeit, das Ausbildungspraktikum der zweiten Jahrgangsklasse der anleitenden Pädagogischen Fachmittelschule beträgt für jeden Studenten 22 Stunden, errechnet aus der Unterrichtsarbeitszeit.

Die Stundenzahl für das Ausbildungspraktikum an anleitenden Pädagogischen Hochschulen errechnet sich nach den Unterrichtsarbeitszeiten, die im Unterrichtsplan festgelegt worden sind.

Das Ausbildungspraktikum an allgemeinbildenden Universitäten beträgt für jeden Studenten acht Stunden, errechnet aus der Unterrichtsarbeitszeit.

(8) Die Arbeit der Durchsicht und Korrektur von Diagrammen als Hausaufgabe der Lehrgänge in den technischen Fachgebieten Grundlagen der Mechanik, Materialmechanik, Baumechanik, Konstruktionsmechanik usw. (geschieht) in acht Abschnitten, errechnet aus der Unterrichtsarbeitszeit. Für die Arbeit der Durchsicht und Korrektur von Aufsätzen in chinesischer Sprache werden pro Student und pro Jahr drei bis vier Stunden (veranschlagt), errechnet aus der Unterrichtsarbeitszeit. Für die Durchsicht und Korrektur von Aufsätzen und Übersetzungen in fremden Sprachen über ausländische Fachgebiete (stehen) zwei Stunden pro Student und Jahr (zur Verfügung), errechnet aus der Unterrichtsarbeitszeit.

...

(10) Examen: Für jeden Studenten errechnet sich jede Prüfung aus einem Drittel oder der Hälfte der Unterrichtsarbeitszeit. Alle Examina richten sich nach dem Examen der Lehrgänge, die für jeden Studenten pro Examen dreiviertel der errechneten Unterrichtsarbeitszeit ausmachen.

(11) Überprüfung: Für jeden Studenten (steht) pro Überprüfung ein Viertel der errechneten Unterrichtsarbeitszeit (zur Verfügung). Für die Überprüfung von Sportlehrgängen werden je Schüler ein Sechstel der errechneten Unterrichtsarbeitszeit (veranschlagt).

(12) Für die Lehrgangsplanung in anleitenden wissenschaftlichen Gebieten (ergeben sich) zwei bis fünf Stunden für jeden aus der errechneten Unterrichtsarbeitszeit.

Für Lehrgangsarbeiten in anleitenden wissenschaftlichen Gebieten (werden) pro Art ein bis zwei Stunden der errechneten Unterrichtsarbeitszeit (angenommen). Lehrgangs- und Semesterarbeiten in den anleitenden (Lehrgängen) Physik, Medizin und Landwirtschaft (können) jeweils fünf Stunden der errechneten Unterrichtsarbeitszeit (beanspruchen). Lehrgangs- und Semesterarbeiten in den anleitenden (Lehrgängen) Literatur und Sprachwissenschaft, Geschichte, Philosophie, Finanzen und Ökonomie sowie Politik (werden) mit jeweils zehn Stunden (veranschlagt), errechnet aus der Unterrichtsarbeitszeit. Für andere fachbezogene Semesterarbeiten, deren Bedarf an Anleitungszeit besonders hoch ist, können 15 Stunden (eingeplant) werden, errechnet aus der Unterrichtsarbeitszeit.

(13) Abschlußplanungen und Abschlußarbeiten: je 15 Stunden, errechnet aus der Unterrichtsarbeitszeit, sind für die Anleitung von Abschlußplanungen und

-arbeiten (erforderlich), worin die Zeit für Überprüfung und Billigung der Planung und der Abhandlung, Verteidigung und für Konsultationen inbegriffen ist. Nach Durchführung der staatlichen Examensregelungen errechnet sich auch die Unterrichtsarbeitszeit für jeden staatlichen Examensplan und jede staatliche Examensarbeit aus diesen Bestimmungen.

(14) Anleitung der Doktoranden: Für die Anleitung der Doktoranden werden pro Person und Jahr 50 Stunden, errechnet aus der Unterrichtsarbeitszeit, (veranschlagt); die Zeit, in der die Doktoranden den Klassenunterricht in den Lehrgängen Politische Theorie und Fremdsprache übernehmen, ist darin nicht enthalten. In der Ausbildung der Doktoranden ist der Art und Weise der Durchführung der oben erwähnten Lehrgänge Priorität einzuräumen, und wenn für die Arbeit an der Semesterarbeit, der Lehrgangsabhandlung und der Abschlußplanung nicht 50 Stunden pro Person und Jahr bereitgestellt werden können, die sich aus dem Unterrichtsarbeitsplan errechnen, werden sie aus der errechneten Arbeitszeit für die anzuwendende Unterrichtsform (abgeleitet).

(15) Anleitung der Lehrer in ihrer Weiterbildung: die Anleitung der Lehrer, die von ihrer eigentlichen Arbeit freigestellt sind, um sich weiterzubilden, umfaßt 25 Stunden der errechneten Unterrichtsarbeitszeit pro Person und Jahr. Für die Weiterbildung von Assistenten der anleitenden Schule stehen laut Plan 15 Stunden zur Verfügung, errechnet aus der Unterrichtsarbeitszeit.

(16) Überprüfung der Unterrichtsarbeit: Die Überprüfung der Unterrichtsarbeit der Lehrer jeden Ranges übernimmt die Unterrichtsforschungsgruppe, die Zeit errechnet sich gemäß der Unterrichtsarbeitszeit, (soll jedoch) im Jahr 10 Stunden nicht überschreiten; die von der Unterrichtsforschungsgruppe insgesamt benötigte Zeit soll 70 Stunden nicht überschreiten. Diese Art der Überprüfungsarbeit soll vom Leiter der Unterrichtsforschungsgruppe oder von einem Lehrer, der von diesem damit betraut worden ist, durchgeführt werden.

(17) Jede Art von Unterrichtsarbeit der Abendschulabteilung errechnet sich aus der Unterrichtsarbeitszeit nach den oben erwähnten Bestimmungen. Die Maßnahmen zur Unterrichtsarbeitszeit der Fernstudienabteilung errechnen sich aus gesondert durchgeführten Regelungen.

3, Die tägliche Arbeitszeit der Hochschullehrer wird auf durchschnittlich sechs Stunden pro Tag festgelegt. Die Arbeit, die ein Hochschullehrer täglich durchführt, ausgenommen die unter 1. angeführte außerschulische Unterrichtsarbeit, umfaßt die folgenden Arbeiten:

(1) Unterrichtsmethodische Arbeit: die unterrichtsmethodische Arbeit umfaßt ... die Festlegung des Unterrichtsplans, des Lehrplans und die Arbeit an unter-

richtsmethodischen Büchern als Leitfaden für die Lehrer; die Festlegung der Unterrichtsform und Durchführungsweise; das Stellen von Schulaufgaben und Themen zum Fachgebiet außerhalb der Stunden; das Stellen von Arbeitsthemen, die später vielleicht als Bücher erscheinen, und für Tests und Examina; die Vorbereitung der Themen und vorhandenen Mittel für die Lehrgangsplanung oder die Lehrgangsarbeit, ... und für die Abschlußplanung und die Abschlußarbeit; die Arbeit an Anleitungsbüchern mit den vorhandenen Mitteln; die Arbeit an Anleitungsbüchern mit den zusammengefaßten Experimenten; die planende Arbeit an der Herstellung visueller Lehrmittel sowie Apparate und Teilnahme an Konferenzen der Unterrichtsforschungsgruppe und (das Verfassen von) Notizen für Unterricht und Diskussion, die unter den Lehrern gemeinsam erarbeitet wurden.

(2) Wissenschaftliche Forschungsarbeit. ...

(3) Politisch-theoretisches Studium: Die freiwillige Teilnahme der Lehrer an politisch-theoretischen Studien soll im allgemeinen mit drei Stunden in die Routinearbeit eingerechnet werden.

(4) Unterrichtsverwaltungsarbeit: Die Verwaltungsarbeit der Fakultäten und Unterrichtsforschungsgruppen (umfaßt) die planenden Vorbereitungen für den Aufbau neuer Fachgebiete; die Arbeit an der Leitung und dem Aufbau von Laboratorien und Bibliotheken für Nachschlagewerke; die Leitung der Arbeit des Laboratoriums- und des Bibliothekspersonals; die teilnehmende Arbeit an schulintern und -extern stattfindenden Unterrichtsarbeitskonferenzen und an der Zusammenfassung von Unterrichtserfahrungen; die Führung der Praktika auf dem Gut bzw. der Farm; die Verbindung und Zusammenarbeit mit den außerschulisch vorhandenen Büros des Gesundheits- und des Wissenschaftsministeriums; die Verbindungsarbeit mit den Lehrern der Pädagogischen Hochschulen, die die Lehrer der Schulform und der allgemeinen Mittelschulen anleiten sollen, und die Verbindungsarbeit mit Landwirtschaftlichen Hochschulen und Landwirtschaftlichen Mittelschulen.

(5) Korrekturarbeiten von studentischen Berichten über Fachbezogenes und Experimente.

(6) Übersetzungs- und Revisionsarbeiten von Lehrstoffen ... sowie die ... Arbeit an der Zusammenstellung von Lehrmaterialien.

(7) Führungsarbeit der studentischen Wissenschaftsgruppen, Leitungsarbeit der studentischen Ausbildung, der Morgengymnastik, der Arbeitswettbewerbe usw. ...

4, Entlohnung über dem Soll.

(1) Leider gibt es für die Vielzahl unterrichtsbezogener Aufgaben zu wenige Unterrichtsforschungsgruppen. Die wichtigste Aufgabe dieser Gruppen ist die Beratung von Fachkollegen, wodurch deren Wissensstand erweitert wird. ... Jede Stunde, die über dem Unterrichtsarbeitssoll der in Tätigkeit befindlichen Lehrer liegt, soll außer dem eigentlichen Monatslohn mit einem Sechzigstel mehr entlohnt werden; Lehrer, die ganzjährig eine Entlohnung über Soll für ihre Tätigkeit erhalten, übertreffen im Prinzip die konkrete Entlohnung eines Lehrers im Jahr um fünfzig Prozent. ...

(2) Schul- und Institutsleitern, Stellvertretenden Schul- und Institutsleitern sowie Verwaltungspersonal, das gleichzeitig verschiedene Ämter in der Unterrichtsarbeit bekleidet, soll kurzfristig nach der Methode der Zeitentlohnung für nebenberuflichen Unterricht (oder auch gleichzeitigen Unterricht in zwei oder mehr Lehranstalten) die Entlohnung für nebenberufliches Unterrichten gewährt werden; aber ihre Entlohnung für nebenberufliches Unterrichten soll jährlich im Prinzip insgesamt fünfzig Prozent der konkreten jährlichen Entlohnung nicht überschreiten. ...

(3) Ein Lehrer kann nur an einer Schule als hauptamtlicher Lehrer tätig sein. Die Zeit für nebenberufliches Unterrichten der Lehrer außerhalb der Schule soll vom Schul- bzw. Institutsleiter der eigentlichen Schule genehmigt werden. Falls Lehrer an zwei Schulen nebeneinander die Unterrichtsarbeit aufgenommen haben, soll diese Unterrichtsarbeit insgesamt ihre amtliche Unterrichtsarbeitszeit nicht überschreiten, für ihre doppelte Tätigkeit gibt es keine gesonderte Entlohnung; bei Überschreiten der amtlichen Unterrichtsarbeitszeit durch ihre Tätigkeit soll ihnen für die Zeit, die über dem Soll der Unterrichtsarbeitszeit liegt, ein Zeitlohn gegeben werden. Prinzipiell soll die jährliche Entlohnung für nebenberuflich tätige Lehrer fünfzig Prozent des jährlichen Grundlohnes für Lehrer nicht überschreiten.

5, Zusatzartikel

(1) Die wichtigsten Gründe, neben anderen, für den vergleichsweise hohen Zeitbedarf der Lehrer sind die Unterrichtsvorbereitung und die Weiterbildung; so können sie die wissenschaftliche Forschungsarbeit vermindern oder erlassen (bekommen) und sich mit Unterrichtsvorbereitungen beschäftigen, sich weiterbilden und das vorhandene berufliche Niveau steigern und diese verschiedenen (Arbeiten) in die durchzuführende Routinearbeit einordnen. ...

(2) ... Derjenige Lehrer, der die Einführung neuer Lehrgänge vorbereitet, kann für die (dafür) erforderliche Zeit ganz von seiner Unterrichtsarbeit freigestellt werden, (doch) soll die Zeit für die völlige Freistellung von der Unterrichtsarbeit auf ein Jahr begrenzt sein.

(3) Die Unterrichtsarbeitszeit trägt tatsächlich zu den besonderen Schwierigkeiten der Lehrer und zu ihrem vergleichsweise hohen Zeitbedarf für Weiterbildungen bei; wenn die wissenschaftliche Forschungsarbeit, die nach der Unterrichtsarbeit durchgeführt wird, noch große Schwierigkeiten bereitet, kann ... erwogen werden, die Unterrichtsarbeitszeit zu verringern; die maximale Verringerung soll jedoch die Hälfte der Unterrichtsarbeitszeit nicht überschreiten. ...

(4) Die Lehrer, die vom Ministerium für Hochschulbildung (oder vom Erziehungsministerium bzw. Gesundheitsministerium) mit der Zusammenstellung von Lehrmaterialien und Nachschlagewerken betraut worden sind, können während dieser Zeit ganz von ihrer wissenschaftlichen Forschungsarbeit freigestellt werden; falls die Zusammenstellung sehr zeitaufwendig ist, kann ... die Verringerung der wissenschaftlichen Arbeit oder die vollständige Befreiung erwogen werden, ... Die Zeit der Reduzierung bzw. Freistellung von der Unterrichtsarbeit ist auf ein Jahr begrenzt.

Diejenigen Lehrer, die vom Ministerium für Hochschulbildung (oder vom Erziehungsministerium bzw. Gesundheitsministerium) mit der Übersetzung von Lehrmaterialien und Nachschlagewerken betraut worden sind, können während der Zeit der Übersetzung von ihrer wissenschaftlichen Forschungsarbeit freigestellt werden. Falls die Übersetzungsarbeit sehr viel Zeit erfordert, kann eine Reduzierung ihrer Unterrichtsarbeitszeit, nach Genehmigung durch den Schul- bzw. Institutsleiter, erfolgen; die Reduzierung soll aber maximal die Hälfte der Unterrichtsarbeitszeit nicht überschreiten. Die Zeit für die Reduzierung der Unterrichtsarbeitszeit ist auf ein Jahr begrenzt. ...

(6) Weil die Vorbereitungen für den Bau von Laboratorien sehr viel Zeit benötigen, wodurch es den Lehrern schwer fällt, ihr Unterrichtsarbeitssoll zu erfüllen, kann erwogen werden ..., ihre Unterrichtsarbeitszeit zu reduzieren, aber die Reduzierung soll maximal die eigentliche Unterrichtsarbeitszeit nicht um mehr als die Hälfte überschreiten. ...

(8) Den alten, körperlich schwachen und chronisch kranken Lehrern kann der Schul- bzw. Institutsleiter die Unterrichtsarbeitszeit und die Arbeitsinhalte der Routinearbeit reduzieren, (und zwar) den realen Verhältnissen entsprechend.

(9) Alles, was mit der Verminderung oder der Erlassung von Unterrichtsarbeitszeit zu tun hat, soll gleichermaßen vom Schul- bzw. Institutsleiter begründet werden und als zusammengefaßter Bericht an das Ministerium für Hochschulbildung oder an das zuständige Erziehungsbüro mit der Bitte um Eintragung in die Akten gehen.
<Sammlung von Erlassen und Dokumenten zur Hochschulbildung>, 3. Band.

Quelle: *Wichtige Dokumente zur Hochschulbildung*, S.177-185.

12. Konkrete Verhältnisse und künftige Aufgaben der Lehrerbildung an Hochschulen.* (23.3.1956)

*Dokument dazu von der Zweiten Nationalen Konferenz zur Lehrerbildung an Hochschulen

...

Diese Konferenz stellt einen Teil der schrittweisen Überprüfung der Arbeit des Erziehungsministeriums vor und führt gleichzeitig eine Diskussion über den vom Erziehungsministerium vorgeschlagenen Zwölfjahresentwurf zur Lehrerbildung an Hochschulen (Manuskript) durch, um zu überprüfen, ob es auf dem Gebiet der Lehrerbildung an Hochschulen "rechten Konservatismus" gibt.

...

Partei und Regierung haben die Kader und die Lehrkräfte an den Pädagogischen Hochschulen gefestigt und gestärkt. In drei Jahren wurden 19 Kader zu Rektoren ersten Ranges an Pädagogischen Hochschulen ernannt. Im gleichen Zeitraum wurden schätzungsweise mehr als 1.200 Lehrer an Hochschulen von den Regionen ausgewählt und als hervorragende Lehrer an Mittelschulen eingesetzt. Darüber hinaus wurde die Parteiführung der Schulen gestärkt und gefestigt.

Expansion bei der Aufnahme neuer Studenten. Im vergangenen Jahr lag die Aufnahme neuer Studenten an Pädagogischen Hochschulen gegenüber derjenigen an anderen Hochschulen an zweiter Stelle. Gegenwärtig erreichen die Schülerzahlen an den nationalen Pädagogischen Hochschulen (den Stand von) 60.657 Personen, verglichen mit den ersten Tagen nach der Befreiung (1949) eine Steigerung um das vierfache; verglichen mit dem Jahr 1953 (der Zeit der ersten nationalen Konferenz zur Lehrerbildung an Hochschulen) eine Steigerung um annähernd das Doppelte. Der Prozentsatz an Arbeitern und Bauern unter den Studenten hat sich auf 33 Prozent gesteigert. In den Jahren (19)54 und (19)55 hat sich die Zahl der Absolventen von Fachkursen für die Ausbildung von Lehrern auf Hochschulniveau auf 22.168 erhöht, davon waren 19.629 Personen Lehrkräfte für Mittelschulen. Gegenwärtig gibt es 40 Einrichtungen zur Lehrerbildung an Hochschulen, (nicht gerechnet die Pädagogikabteilung am Institut Xinjiang und Pädagogische Institute, die den Hochschulen angegliedert sind), seit der Zeit der ersten nationalen Konferenz zur Lehrerbildung an Hochschulen wurden 11 Einrichtungen gegründet.

Infolge der starken Führung der Partei und der Regierung haben wir hinsichtlich der Unterrichtsreform in drei Jahren eine Menge Arbeit geleistet. ... Die Wirkung der Unterrichtsforschungsgruppen drückt sich in sichtbaren Erfolgen aus; außer der Zusammenstellung von Lehrplänen, Lehrmaterialien, wissenschaftlicher Forschung, Ausbildung von Lehrkräften, Unterrichtsarbeitsmethoden usw. haben sie alle noch gewisse Erfolge errungen. ... Viele Lehrer beherrschen die

Ausbildungsreformen der sowjetischen Hochschulen gut und wenden sie intensiv an, andere Lehrer haben schon sehr gute Leistungen errungen, und einige Schulen haben die Erfahrungen mit diesen Unterrichtsreformen bereits vorläufig zusammengefaßt angewendet. ...; die bei der Ausbildung von Studenten angewandten Erziehungs- und Unterrichtstheorien leiten an zu praxisbezogener Unterrichtsarbeit und fördern sowohl das Interesse an Mittelschulen als auch das Verständnis für die Gegebenheiten einer Mittelschule; den Lehrerbildungsstudenten Geltung zu verschaffen heißt insbesondere, auf ihre fachlichen Gedanken etc. einzugehen, so daß sie sich aktiv und gut einsetzen. Gleichzeitig fördert die Durchführung des praxisorientierten Unterrichts auch die Verbesserung der Unterrichtsarbeit an den Mittelschulen.

Seit etwa drei Jahren hat sich auch die wissenschaftliche Forschungsarbeit an Pädagogischen Hochschulen eine feste Grundlage geschaffen; ... Diese wissenschaftliche Forschungsarbeit steigert zweifellos die Qualität des Unterrichts, wandelt die wissenschaftlichen Auffassungen der Lehrer und steigert ihr fachliches Niveau, ...

In den letzten drei Jahren wurden durch die Erweiterung und Steigerung des Lehrerkontingentes sehr große Erfolge erzielt. Zur Zeit der ersten nationalen Konferenz zur Lehrerbildung an Hochschulen hatten wir ein Lehrpersonal (einschließlich der Kurzkurse) von insgesamt 5.617 Personen (davon waren 2.440 Personen Hochschul-Assistenten), gegenwärtig haben wir 8.392 Personen (darunter 4.447 Assistenten) (gemäß der Statistik des Schuljahres (19)55), was eine Steigerung von 49 Prozent ausmacht. ...

Durch die oben erwähnten Wandlungen steigerten sich die Lernerfolge der Studenten mit jedem Jahr. ... Die Universität für Lehrerbildung Beijing (verzeichnet) für das erste Studienhalbjahr 1954/55 einen Anteil vorbildlicher Studenten an der Gesamtleistung von 33,1 Prozent, für das zweite Studienhalbjahr bereits 37,4 Prozent, im ersten Studienhalbjahr 1955/56 wächst der Anteil auf 40,9 Prozent. Auch der moralische Charakter der Studenten hat einen deutlichen Fortschritt gemacht; das Nichteinhalten der Studiendisziplin (hat sich unter) den Studenten enorm verringert, die Berufsideologie allmählich gefestigt. ...

Wir haben noch einen anderen Bereich, wo ernster Mangel besteht. In den gegenwärtigen Unternehmungen sind wir, egal ob in Quantität oder Qualität, noch sehr weit hinter der Sache des nationalen Aufbaus zurück. Ein äußerst wichtiger Umstand, der diese Situation hervorgebracht hat, ist, daß unsere ideologische Führung noch lange Zeit hinter der Praxis, dem nationalen Aufbau und dem ausreichenden Verständnis der Lebensverhältnisse des Volkes zurückbleibt, und auch die Arbeitssituation an unseren Schulen wird nicht ausreichend verstanden, jedenfalls wird nach veralteten Konventionen und alten Gesetzen gehandelt, ... Vor allem ist die Durchführung der Leitlinie nach der ersten nationalen Konferenz zur Lehrerbildung an Hochschulen nicht energisch genug betrieben worden. Die momentanen Absolventen der Pädagogischen Hochschulen können den Bedarf der Mittelschulen nicht decken, das ist bereits ganz deutlich, ... Dennoch stagnierte die Aufnahme neuer Studenten: 1953 vergrößerte sich die Zahl der neuen Studenten gegenüber früher auf mehr als 9.000 Personen; 1954 auf 14.000; 1955 steigerte (sich die Zahl) nur um 9.500 Personen, was einen Rückschritt bedeutet. Bei diesem Aspekt soll das Erziehungsministerium die Hauptverantwortung übernehmen.

... Wir müssen ... in der nächsten Zeit das Problem lösen, daß die Pädagogischen Hochschulen latent dem Bedarf an Lehrkräften für Mittelschulen nicht genügen können; dafür müssen wir verschiedene Übergangsmethoden ergreifen, nach Art der Kurzkurse für Lehrkräfte; für einen Teil der Mittelschullehrer muß es zu einer einjährigen Verlängerung kommen, was eine Änderung des vierjährigen Lehrerbildungssystems bedeutet, und Grundschullehrer müssen befördert werden, wodurch der reale Bedarf gedeckt wird. ... Da die objektiven Verhältnisse außer unseren regulären Methoden noch die Ergreifung einiger nicht regulärer Methoden erfordert, müssen wir folglich beiden (Möglichkeiten) gleichen Wert beimessen. Die nicht-reguläre Methode gilt für eine begrenzte Zeit und enthält Übergangscharakter; danach wird sie nicht mehr angewendet, jedoch kann sie folglich nicht gänzlich ignoriert werden. Gleichzeitig sollten durch die nicht-regulären Methoden die Ausbildung oder die Beförderung der Lehrer gelingen, wir sollten Abendschulkurse abhalten, die sich allmählich einbürgern. ...

In 12 Jahren sollen laut Plan 1.000.000 Menschen die Ausbildung zu Hochschullehrern in Freizeitschulen abschließen; davon zählt ein großer Teil (etwa 64 Prozent) zu denjenigen, die sich im Amt befinden und sich weiter gebildet haben, ein kleiner Teil sind Lehrkräfte, die neu ausgebildet wurden. ... Wir wollen die Anzahl der Pädagogischen Hochschulen auf 150 steigern. Verglichen mit der jetzigen Anzahl der Schulen bedeutet dies mehr als eine Verdreifachung, die Studentenzahl wird sich, verglichen mit der gegenwärtigen, mehr als verneunfachen, und es wird bei den Lehrer(zahlen) eine Steigerung um mehr als das Siebenfache geben (das oben erwähnte Zahlenverhältnis wird nicht völlig mit den errechneten Zahlen der Studenten von Pädagogischen Hochschulen in Einklang zu bringen sein). ...

Bis zum Sommersemester 1959 fordern wir alle vorhandenen Pädagogischen Hochschulen gleichermaßen auf, einen Unterrichtsplan, Lehrpläne und Probelehrbücher oder einheitliche Lehrmaterialien gemäß der nationalen Richtlinie zu erstellen; eine Gruppe soll gebildet werden, die nach Plan den Unterricht durchführt.

Die Unterrichtsgruppe wird die Unterrichtsmethoden deutlich verbessern, wenn sie erst voll etabliert ist.

...

1. Das Lehrkräftekontingent an Pädagogischen Hochschulen muß energisch vermehrt und erhöht werden. ...

1., die vorhandenen Lehrkräfte an den Schulen müssen noch damit fortfahren, Vorbilder zu sein, ...

2., (es müssen) viele Kurse für Lehrkräfte der Hochschulen veranstaltet werden (das bedeutet, wir errichten hier Forschungskurse); die Studienzeit der Pädagogischen Kurse muß je nach Grundbedingungen und Bedarf verlängert und wieder verkürzt werden; im allgemeinen soll sie zwei Jahre betragen, es können aber auch ein Jahr oder drei Jahre (in Frage kommen). ...

3., ... drei Pädagogische Hochschulen (sollen) bestimmt (werden), die, neben der gut geführten Arbeit im ordentlichen Studiengang, verstärkt Lehrgänge für Lehrkräfte an Hochschulen veranstalten, und die die Aufgabe übernehmen, eine festgelegte Anzahl von Postgraduierten auszubilden; sie (sollen) einen Plan vorbereiten, nach dem sie einen Teil der neuen Lehrkräfte für die Pädagogischen Hochschulen stellen. ...

5., wegen der Planungen der Provinzen und Städte für die nächsten zwei bis drei Jahre ist vorgesehen, viele hervorragende obere Mittelschullehrer in das Amt eines Hochschullehrers zu berufen; dies ergänzt nicht nur die notwendige (Anzahl) an Hochschullehrern, es stellt nicht nur eine enge Verbindung der Lehrerbildung an Hochschulen mit der Realität der Mittelschulen dar, sondern verbessert auch die Unterrichtsmethoden und gewinnt in der Praxis an Bedeutung. ...

5. Energische Entwicklung der Freizeitausbildung innerhalb der Lehrerbildung an Hochschulen.

Gemäß den fortschrittlichen Erfahrungen der Sowjetunion im Bereich der Lehrerbildung an Hochschulen durch Freizeitschulen, in denen energisch Fernstudien und Abendschul(kurse) abgehalten werden, lautet die diesen entsprechende Leitlinie: "sehr viel, sehr schnell, sehr gut, sehr kritisch". Diese Fernstudien und Abendschulen wurden bereits an Pädagogischen Instituten und in der Lehrpraxis eingerichtet und durchgeführt. ...

In den kommenden Jahren werden wir aber auf sehr großen ideologischen Widerstand treffen, obwohl wir mit dem Versuch begonnen haben. ... Bis zur zweiten Hälfte des kommenden Jahres will das Erziehungsministerium gerade diesbezüglich eine Direktive herausgeben, ...

Das Ministerium für Hochschulbildung hat bereits einen Ratschlag für die Freizeit-Hochschulen entworfen, dem die Ministerien für Fernstudien und Abendschulen im Bereich der Pädagogischen Hochschulen bei der Durchführung entsprechen sollen. Mein Ministerium hat in der letzten Zeit einen vorläufig festgelegten Unterrichtsplan für die Fernstudien und Abendschulen ausgearbeitet. ...

Bei der augenblicklichen Entwicklung der Fernstudienausbildung soll bei der Einstellung von unteren Mittelschullehrern zunächst denen der Vorzug gegeben werden, deren Niveau als Fachlehrer bisher noch niedrig ist, ... ihr Niveau als Fachlehrer soll gesteigert werden; ferner soll das Niveau der Absolventen von Pädagogischen Instituten gehoben werden ... Außerdem sollen noch viele Lehrer für Grundschulen eingestellt werden, ebenso Mittelschul- und Grundschulmitarbeiter und jene Personen, die an Freizeitschulbildungen teilgenommen, sich durch Ausbildung zu Lehrkräften für Mittelschulen entwickelt haben und die Armee der Lehrkräfte für Mittelschulen vermehren können. ...

Das Erziehungsministerium wird künftig nur von drei Pädagogischen Universitäten die direkte Leitung innehaben, die komplette Planung aller anderen Pädagogischen Hochschulen untersteht der direkten Leitung der Provinzen, Städte und autonomen Gebiete. ... Der Leitung des Erziehungsministeriums unterstehen die nationalen Pädagogischen Universitäten; ...

Die Erziehungsbehörden oder -ämter jeder Provinz, jeder Stadt oder jedes autonomen Gebietes übernehmen die direkte Leitung der örtlichen Pädagogischen Hochschulen unter Führung eines Mitgliedes des Volkskomitees, ...

Zwei Probleme in bezug auf die Verbesserung und die Stärkung der Führung sind die Ernennung der (geeigneten) Rektoren der Institute für Lehrerbildung an Hochschulen und (die Frage), wie das Niveau der gesamten Führung der Hochschulen gesteigert werden kann. ... die ganze Führungs- und Verwaltungsarbeit der Lehrerbildung an Hochschulen soll vom Erziehungsministerium verantwortet werden, das Erziehungsministerium trägt die alleinige Verantwortung; die Verantwortlichen der Provinzen und Städte müssen für die Provinzen und Städte die Verantwortung übernehmen, die Verantwortung für diese Hochschulen tragen diese.

Quelle: *Materialauswahl zur gegenwärtigen Lehrerbildung an Hochschulen in China*, S.134-163.

13. Drei Dokumente zur Lehrerbildung an Hochschulen, zur probeweisen Durchführung vom Erziehungsministerium erlassen. (26.5.1956)

An alle nationalen Pädagogischen Hochschulen der Provinzen (Bezirke), Städte, Erziehungsämter und -behörden:

...

Probeweise durchzuführende Methoden für Postgraduiertenklassen (Lehrkraftseminare für Hochschullehrer) an Pädagogischen Hochschulen

Der Forderung nach zahlenmäßig starker Entwicklung der Pädagogischen Hochschulen ist entsprochen worden, unser Ausbildungsplan für Lehrkräfte an Pädagogischen Hochschulen hat der festgesetzten Norm entsprochen, ...

2., Ausbildungsziel der Postgraduiertenklassen ist es, Grundlagen der marxistisch-leninistischen Theorie und der Weltanschauung des dialektischen Materialismus sowie komplexe Fachkenntnisse zu vermitteln, (die Absolventen sollen) selbständig in ein oder zwei Unterrichtslehrgängen und allmählich als Hochschullehrkräfte in der wissenschaftlichen Forschung tätig sein können.

3., insgesamt können die folgenden Personen, deren Qualifikation im Bereich der geschichtlichen Klarheit, des politischen Fortschritts und des guten Gesundheitszustandes konstant überprüft wurde, an den Prüfungen zur Aufnahme neuer Studenten in die Postgraduiertenklassen teilnehmen:

(1.) Absolventen mit sehr guten Leistungen von ordentlichen Studiengängen an Pädagogischen Hochschulen oder anderen Hochschulen;

(2.) Absolventen von ordentlichen Studiengängen an Hochschulen oder ausgezeichnete Mittelschullehrer, die entsprechende Bildung besitzen;

(3.) Kader, die einen ordentlichen Studiengang an einer Hochschule absolviert haben oder die entsprechende Bildung durch eine andere Einrichtung, Einheit oder Schule besitzen;

(4.) Hochschul-Assistenten von Pädagogischen Hochschulen.

...

6., die Studiendauer für Postgraduiertenklassen wurde allgemein auf zwei Jahre festgelegt. Je nach Beschaffenheit des Fachgebietes und nach dem realen Bedarf (kann sie) verlängert oder verkürzt (werden).

7., der Unterrichtsplan der Postgraduiertenklassen soll folgende Punkte umfassen:

(1) Politik- und Theoriekurse gründen sich auf den dialektischen Materialismus und den historischen Materialismus, die Unterrichtsstundenzahl beträgt insgesamt 102 Stunden ...

(2) Es wird empfohlen, Fremdsprachenkurse nach den studentischen Voraussetzungen einzurichten, oder andere Fremdsprachenkurse (anzubieten), in denen die Studenten bei den Fremdsprachenlehrgängen in eine Unterstufen- und in eine Oberstufenklasse eingeteilt werden. Insgesamt (sollen sie) selbständig ausländische Fachliteratur lesen können, das Schreiben kann vernachlässigt werden.

(3) Spezialkurse: je nach Besonderheit der Fachgebiete sollen spezialisierte Fachkurse, das Fachgebiet ergänzende Kurse und eine große Anzahl von Grundlagenkursen für das Fachgebiet eingerichtet werden, von denen jeder Schüler in der ganzen Zeit (jedoch) nicht mehr als drei Arten durchlaufen soll. Außerdem können nach Bedarf Fachvorträge abgehalten werden.

(4) Unterrichtspraktika: Ein Teil der Arbeit der Hochschul-Assistenten (besteht in der) Absolvierung eines Praktikums und (im Abhalten) von Probeunterricht. Die Praktika (innerhalb der) Hochschul-Assistentenarbeit werden im ersten Jahr durchgeführt, der Probeunterricht im zweiten Jahr.

(5) Abschlußarbeit: Im Prinzip werden pro Zyklus im Unterrichtsplan der Postgraduiertenklassen siebzehn Unterrichtsstunden nicht überschritten. Der Unterrichtsplan der Postgraduiertenklassen wird von der betroffenen Unterrichtsforschungsgruppe festgelegt, dem der Dekan zustimmt und der im Kern vom Rektor ratifiziert dem Erziehungsministerium im Bericht übersandt wird.

8., ... die Unterrichtsarbeit der Postgraduiertenklassen soll dem System entsprechen; üblicherweise liegt der Schwerpunkt bei der prinzipiellen Durchführung der Lehrgänge auf dem Unterricht und der Kombination mit dem Selbststudium, wodurch die Fähigkeit zur selbständigen Arbeit entwickelt wird. Die Studenten der Postgraduiertenklassen sollen den Plan für die Selbststudien in Anlehnung an den Unterrichtsplan aufstellen und ihre Aktivitäten bei der Teilnahme an den Unterrichtsforschungsgruppen damit in Übereinstimmung bringen. ...

10., ... die Unterrichtsforschungsgruppe ist die Basiseinheit bei der Ausbildung der Postgraduiertenklassen; der Leiter der Unterrichtsforschungsgruppe soll, unter Führung des Dekans, direkt verantwortlich sein für die Arbeit der Postgraduiertenklassen.

...

16., ... den Studenten aus Postgraduiertenklassen, die von den Provinzen (Städten) (oder) Pädagogischen Hochschulen ausgewählt und abgeordnet wurden, werden nach Beendigung des Studiums von ihren ehemaligen Einheiten, die sie ausgewählt und entsandt hatten, Arbeitsplätze zugewiesen; die vom Erziehungsministerium ausgesuchten (Studenten) werden einheitlich (von diesem) auf Arbeitsstellen verteilt.

Probeweise durchzuführende Methoden zur Ausbildung von Hochschul-Assistenten an Pädagogischen Hochschulen

Die energische Steigerung der Ausbildung von Hochschul-Assistenten ist, mit Blick auf die Entwicklung des Bedarfs im Bereich der Lehrerbildung an Hochschulen, die Hauptaufgabe einer jeden Pädagogischen Hochschule. ...

1., Ziel der Ausbildung von Assistenten ist es, daß (sie) über Grundlagen der marxistisch-leninistischen Theorie und der Weltanschauung des dialektischen Materialismus verfügen sowie systematische Fachkenntnisse besitzen, selbständige Angelegenheiten der Unterrichtsarbeit als Lehrkraft an Pädagogischen Hochschulen handhaben und allmählich wissenschaftliche Forschungen durchführen können.

2., ... Innerhalb des ersten Jahres sollen die Pflichten und die (anfallenden) Arbeiten eines Assistenten gemeistert werden. ... Es wird angestrebt, (daß der Assistent) in drei bis vier Jahren die Unterrichtsarbeit in einem Fach selbständig übernehmen kann. Gleichzeitig soll die Erlernung einer Fremdsprache (Ziel der) Bestrebungen sein. ... Assistenten sollen, nach Anordnung der einheitlichen Führung der Hochschulen, am Studium der Politischen Theorie der dortigen Schullehrer teilnehmen. ... Durch die Teilnahme an den Aktivitäten der Unterrichtsforschungsgruppe und an wissenschaftlicher Forschungsarbeit (sollen) das fachliche Niveau und die Lehrbefähigung (gesteigert werden). ... Nach (vorheriger) strenger Überprüfung sollen Assistenten Vorlesungen halten, die dem Leiter der Unterrichtsforschungsgruppe vorgelegt, vom Dekan bewilligt und vom Institutsrektor genehmigt wurden. Vor Abhalten der Vorlesungen soll ein Test durchgeführt werden; die Assistenten, die der Aufgabe gewachsen sind, werden ordnungsgemäß zum Dozenten befördert; ...

5., die Institutsrektoren sollen die Führung der Ausbildungsarbeit für die Assistenten an allen Schulen stärken, den Ausbildungsplan für die Assistenten jeder Fakultät in regelmäßigen Abständen überprüfen und die ausgetauschten Erfahrungen zusammenfassen.

Die Dekane sollen die Ausbildungsarbeit der Assistenten aller Fakultäten verantworten, einen Ausbildungsplan für Assistenten der Fakultäten festlegen und die Ausbildungsarbeit für die Assistenten überprüfen.

Die Unterrichtsforschungsgruppen sind die Basiseinheit für die Ausbildung von Hochschul-Assistenten. Der Leiter der Unterrichtsforschungsgruppe soll den Weiterbildungsplan eines jeden Assistenten prüfen, Lehrer bestimmen, die als anleitende Lehrer für die Assistenten fungieren (sowie) regelmäßig die Ausbildungsarbeit der Assistenten überprüfen. ... Pro Studienjahr soll jeder (Assistent) einen schriftlichen Bericht über die Unterrichtsarbeit und die Bedingungen der Weiterbildung in ausführlicher Form verfassen und ihn der Unterrichtsforschungsgruppe vorlegen. ...

9., ... Diejenigen Assistenten, die gute Leistungen als Lehrer erbracht haben, sollen von den Schulen in angemessener Weise befördert werden. ...

Probeweise durchzuführende Methoden zur Lehrerweiterbildung an Pädagogischen Hochschulen

...

2., ... sich weiterbildende Lehrer sollen einen einwandfreien Hintergrund haben, ein bestimmtes fachliches Niveau besitzen, bei guter Gesundheit sein und die Fähigkeit haben, am Lernen festzuhalten.

3., die Lehrer werden vom Erziehungsministerium jedes Jahr nach dem Bedarf, den die Pädagogischen Hochschulen gemeldet haben, verteilt; etliche Schulen, die bestimmt werden, richten Lehrerweiterbildungsklassen ein ...; jede Hochschule soll auch selbst gemäß dem eigenen Bedarf mit anderen Schulen Kontakt aufnehmen und Lehrer zur Weiterbildung entsenden.

4., ... Die Dauer der Weiterbildung(smaßnahme) wird üblicherweise auf ein bis zwei Jahre beschränkt. ...

Die in Weiterbildung befindlichen Lehrer sollen während ihrer Ausbildungszeit, laut Bestimmungen der Unterrichtsforschungsgruppe, an der Unterrichtsarbeit teilnehmen (für jeden soll dies vier Unterrichtsstunden nicht überschreiten). ...

5., ... Die Basiseinheit für die Ausbildung der in Weiterbildung befindlichen Lehrer ist die Unterrichtsforschungsgruppe, (wobei) der Leiter der Unterrichtsforschungsgruppe, unter Führung des Dekans, die Lehrerweiterbildungsarbeit direkt verantworten soll. ...

6., ... Die anleitenden Lehrer für die in Weiterbildung befindlichen Lehrer werden vom Dekan oder vom Leiter der Unterrichtsforschungsgruppe ausgewählt. Die anleitenden Lehrer sollen den sich weiterbildenen Lehrern bei der Ausarbeitung des Weiterbildungsplanes helfen, (sie) verantwortlich führen und die Weiterbildungsarbeit überprüfen. ...

8., die Lehrer, die sich weiterbilden, erhalten während der Ausbildungszeit ihren im Schuldienst erhaltenen Lohn; Arzt- und Reisekosten gehen ebenfalls zu

Lasten der Schule, für die sie tätig waren. Nach der Weiterbildung kehren die Lehrer an ihren (ehemaligen) Arbeitsplatz in der Schule zurück. ...

Quelle: *Materialauswahl zur gegenwärtigen Lehrerbildung an Hochschulen in China*, S.164-171.

14. Bekanntmachung des Erziehungsministeriums über das provisorische Programm zum Unterrichtspraktikum an Pädagogischen Hochschulen. (25.2.1957)

An die Erziehungsämter und -behörden aller Provinzen, autonomen Gebiete und regierungsunmittelbaren Städte sowie an alle Pädagogischen Hochschulen

... (1) Das Unterrichtspraktikum innerhalb der Ausbildungsarbeit von Lehrkräften soll als ein unerläßlicher Punkt anerkannt werden; es ist ein Hauptbestandteil des Unterrichtsplans der Pädagogischen Hochschulen. ... Weil ... die Bedingungen der nationalen Pädagogischen Institute und Schulen auf Grund regionaler Verhältnisse nicht gleich sind, können die Schulen, bei entsprechenden Voraussetzungen, zwei Praktika durchführen; gibt es aber Probleme (damit) oder sie meinen, nachdem (sie) die Ausbildungsresultate auswerten, daß ein einmaliges Praktikum besser war, dann soll auch nur eines durchgeführt werden. Auch innerhalb einer Schule können einige Abteilungen zwei (Praktika) veranstalten, andere nur eines. ...

(2) Das Ausbildungspraktikum ist die Basis bei der Durchführung des alltäglichen Unterrichts. Folglich muß, um die Qualität des Ausbildungspraktikums von Grund auf zu steigern, die Leitlinie innerhalb des alltäglichen Unterrichts die energische Verknüpfung der Theorie mit der Praxis sowie eine Orientierung an der (Situation an den Mittelschulen) sein; im Unterricht muß die Tendenz zum Dogmatismus überwunden, die Fähigkeit der auszubildenden Studenten zu selbständiger Arbeit gefestigt und die Unterrichtsqualität gesteigert werden. ...

(3) In der Ausbildungspraktikumsarbeit muß der Formalismus energisch überwunden und die unwichtigen Aktivitäten und Formalitäten sollen gekürzt werden, damit die Belastung der Hochschullehrer und der Lehrerbildungsstudenten, die ein Praktikum absolvieren, gemindert und die Qualität des Praktikums ernsthaft gesteigert werden. ...

Provisorisches Programm zum Unterrichtspraktikum an Pädagogischen Fachmittelschulen

1. Allgemeines Programm

1, Ziel ist es, das Wissen und die Fähigkeiten, die die Lehrerbildungsstudenten während des Studiums erwerben (darin eingeschlossen sind politische, pädagogische und fachwissenschaftliche Studienfächer) global in der Realität von Unterricht und Bildung anzuwenden, so daß sie allmählich fähig sind, unabhängige Arbeit im Bereich von Unterricht und Bildung an Mittelschulen zu leisten.

2, die Grundlage bei der Durchführung des täglichen Unterrichts ist das Ausbildungspraktikum. Deshalb muß, um die Qualität des Ausbildungspraktikums entsprechend zu steigern, die Qualität des täglichen Unterrichts energisch verbessert werden, nach dem Prinzip der gewissenhaften Verwirklichung von Theorie und Praxis und orientiert an der Mittelschule. Gleichzeitig soll die Psychologie, die Pädagogik und die Unterrichtsmethodik der Praktikumsarbeit gefestigt werden.

3, für die Pädagogischen Fachmittelschulen wird ein Ausbildungspraktikum vorgeschrieben, das vier Wochen lang im Semester durchgeführt wird. Praktikumsort ist die Unterstufe der Mittelschule. ...

2. Ziel der Aufgabe

Das Ziel des Ausbildungspraktikums an Pädagogischen Fachmittelschulen ist es, auf der Grundlage der täglichen Absolvierung des Praktikums den Studenten allmählich ein Verständnis für die praktische Arbeit in Unterricht und Ausbildung an den Mittelschulen zu vermitteln und sie die Praxis durchlaufen zu lassen, so daß diese Studenten vorbereitet werden und die Fähigkeit erlangen, selbständige Arbeit bei der Durchführung von Unterricht und Bildung an Mittelschulen zu leisten. Gleichzeitig soll die Durchführung ihre Berufsideologie schrittweise festigen. ...

3. Inhalt des Praktikums

... Im Praktikum soll in Demonstrationsstunden des Studienfaches ... der Unterricht anderer angeschaut und davon profitiert werden, und (mindestens ein Mal) sollen die Bildungsaktivitäten vom Klassenlehrer unterstützt werden. Nach jeder Stunde und nach jeder (sonstigen) Tätigkeit wird eine Diskussionskonferenz veranstaltet. ... Jeder Student im Praktikum führt gemäß der Fachrichtung drei bis sechs Stunden Unterricht im Klassenzimmer durch; jede Stunde soll als Unterrichtsvorlage zusammengestellt und zwei Tage vor dem Unterricht zwei verschiedenen Lehrern zur Durchsicht und Prüfung vorgelegt werden.

Nach den Stunden werden für jeden zwei Diskussionskonferenzen veranstaltet, an denen eine kleine Gruppe der Praktikanten, die hospitiert haben, teilnehmen müssen.

Jeder Praktikumsabsolvent soll 12 bis 20 Unterrichtsstunden erteilen, darin inbegriffen sind die oben erwähnten Demonstrationsstunden, ebenso der Probeunterricht der Praktikanten in Gruppen und die Stunden der Mittelschullehrer.

Wenn es die Zeit erlaubt, kann man auch anderem als dem eigenen Fachunterricht beiwohnen. ... Die Praktikanten sollen sofort in den dafür vorgesehenen Klassen mit ihrem Probeunterricht dem Klassenlehrer als Assistenten dienen. ...

5, Erstellung eines Praktikumstagebuchs, Erarbeitung eines Praktikumsreferats
In der Zeit des Praktikums (soll) ein Praktikumstagebuch geführt (werden). Am Ende der Praktikumszeit wird ein Bericht über die Ereignisse der Praktikumszeit und die durch die Praxis erlernten Praktikumserfolge geschrieben, der an die anleitenden Lehrer mit der Bitte um Prüfung und Billigung gesandt wird. ...

4. Leistungsauswertung
... Diejenigen, die das vorgschriebene Niveau nicht erreichen, sollen ein ergänzendes Praktikum absolvieren; wird dabei das Niveau ebenfalls nicht erreicht, darf der Studiengang nicht abgeschlossen werden. ...

5. Organisierte Führung
1, die Ausbildungspraktikumsarbeit jeder Schule steht unter der persönlichen Leitung des stellvertretenden Unterrichtsrektors, der Leiter der Unterrichtsverwaltung hilft bei der Durchführung. ...

7, die wichtigste Stütze bei der Absolvierung des Praktikums ist die Anleitung des Klassenlehrers in der Schule, in der das Praktikum durchgeführt wird; ...

Programm über die provisorisch durchzuführenden Ausbildungspraktika an den Fakultäten der Pädagogischen Institute im dritten oder vierten Semester

...
3, jede Fakultät der Pädagogischen Institute soll zwei Ausbildungspraktika festlegen. Die zwei Ausbildungspraktika sind ein organisches Ganzes, dennoch ist jedes ein selbständiger Abschnitt. Das erste Praktikum wird im zweiten Semester des dritten Jahres abgeleistet, normalerweise für vier Wochen an einer unteren Mittelschule. Das zweite Praktikum findet im ersten Semester des vierten Jahres statt, üblicherweise für acht Wochen an einer oberen Mittelschule. ...

2. Ausbildungspraktikum der dritten Klasse
1. Ziel(setzung) der Aufgabe
Ziel des Erziehungspraktikums in der dritten Klasse ist es, probeweise ein systematisches Verständnis für die Arbeitsrealität Lehre und Erziehung an einer Mittelschule zu wecken; außerdem werden die Praktikanten allmählich durch die Praxis für die Lehre und die Erziehungsarbeit an einer Mittelschule vorbereitet; gleichzeitig fördert die Praxis ihre Liebe zu Kindern und Jugendlichen und festigt ihre Einstellung zu ihrem Fach. ...

3. Ausbildungspraktikum der vierten Klasse

1. Aufgabenziel

Das Ziel des Ausbildungspraktikums in der vierten Klasse lautet: Auf der Grundlage des Ausbildungspraktikums im dritten Semester soll allmählich die Praxis durchlaufen werden, die Praktikanten (sollen sich) Grundlagen aneignen, um in der Mittelschule Unterricht im Klassenzimmer durchführen (zu können) und die Fähigkeit zu besitzen, selbständig als Klassenlehrer zu arbeiten; (hinzukommen soll) die allmähliche Festigung ihrer fachlichen Ideologie. ...

Unter der Anleitung des eigentlichen Klassenlehrers soll der Praktikant, von der dritten Woche des Praktikums an, in allen Routinearbeiten eines Klassenlehrers tätig werden.

Entsprechend dem Arbeitsplan des eigentlichen Klassenlehrers (sollen) selbständig ein bis zwei Mal im Klassenkollektiv, in der Gruppe oder der Jugendorganisation Aktivitäten organisiert und Nachhilfe gegeben werden. Vorher soll ein Nachhilfeplan festgelegt werden, der vier Tage vor (dem Termin) zur Korrektur dem eigentlichen Klassenlehrer vorgelegt wird; nachher findet eine öffentliche Diskussionssitzung zur Bewertung statt. ...

Quelle: *Materialauswahl zur gegenwärtigen Lehrerbildung an Hochschulen in China*, S.172-184.

15. Bericht über eine Diskussion bezüglich der Ausbildung von Lehrkräften an Hochschulen und der Arbeitssteigerung, in dem das Erziehungsministerium die Kritik an die Abteilungen des Ministeriums für Hochschulbildung richtet. (16.4.1957)

An alle nationalen Einrichtungen der Lehrerbildung an Hochschulen, an alle vorhandenen Erziehungsämter und -behörden der Provinzen und Städte: ...

Bericht über eine Diskussion bezüglich der Ausbildung von Lehrkräften für Hochschulen und Arbeitssteigerung

Zur vorbereitenden Zusammenfassung der Ausbildung von Lehrkräften für Hochschulen und der Steigerung der Arbeit in den kommenden Jahren (wollen wir) gemäß den neuen Bedingungen den künftigen Arbeitskurs und die konkreten Maßnahmen diskutieren und die Ausbildungsaufgaben für das Jahr 1957 zuteilen; unsere Abteilung hatte vom 4. bis zum 9. dieses Monats eine Diskussion(sveranstaltung) zur Ausbildung von Lehrkräften für Hochschulen und zur Arbeitssteigerung einberufen.

An der Sitzung nahmen verantwortliche Genossen (einschließlich Institutsrektoren, Leiter der Forschungsabteilungen, Leiter der Unterrichtsverwaltungen) sowie insgesamt 37 Doktoranden anleitende Lehrer aus 16 Pädagogischen Instituten ... teil. ... Bei den im Referat genannten gegenwärtigen Bedingungen und bei einigen der während der Konferenz diskutierten wesentlichen Probleme handelt es sich um:

(1) Grundlegende Bedingungen

Nach der Befreiung, besonders seit 1953, entwickelt sich die Hochschullehrerbildung ungewöhnlich schnell. Von 5.617 Lehrern im Jahr 1953 wuchs die Zahl auf 13.230 Personen im Jahr 1956 an, eine Steigerung um 135,5 Prozent. Von diesen 13.230 Personen sind 919 Professoren, das sind 6,9 Prozent; 720 sind außerordentliche Professoren, das sind 5,4 Prozent; 4.149 sind Dozenten, das sind 31,4 Prozent (und) 7.442 sind Hochschul-Assistenten, das sind 56,3 Prozent.

Die wesentliche Zunahme der Lehrer (an Hochschulen) gründet sich auf neue Lehrkräfte, (denn) die Zahl alter Lehrer ist nicht derart gestiegen. Eine ergänzende Quelle für Lehrkräfte stützt sich in der Mehrzahl auf verbleibende Studienabsolventen, die als Hochschul-Assistenten arbeiten (in drei Jahren insgesamt 5.000 Personen); diejenigen, die zu Lehrkräften für Mittelschulen befördert worden sind (etwa 1.000 Personen) sowie Absolventen eines Doktorandenstudiums (bereits 1.070 Absolventen, gegenwärtig befinden sich noch 887 Personen in der Ausbildung). Die Absolventen von Doktorandenstudien und die zu Mittelschullehrern Beförderten halten größtenteils bereits Vorlesungen ab, und auch von den 7.442 genannten Assistenten unterrichten schon 2.491.

Darüber hinaus setzen wir, um das Niveau der vorhandenen Lehrkräfte zu steigern, die Methode der Beurlaubung zu Weiterbildungszwecken ein; seit 1953 organisierte mein Ministerium die Teilnahme(möglichkeit) an Weiterbildungsklassen und nahm insgesamt 1.285 Lehrer vom Ministerium für Hochschulbildung an; von denjenigen, die die Weiterbildung abgeschlossen haben, sind 611 Personen an die Schulen zurückgekehrt, von denen sie gekommen sind; 674 Personen befinden sich noch in der Weiterbildung. Die Zahl derjenigen, die sich für die Weiterbildung an den dafür vorgesehenen Schulen beurlauben lassen oder neue Kurse vorbereiten, ist ebenfalls nicht gering: Laut Statistik für das Jahr 1956 hatten sich national 1.138 Personen an ihren Schulen zu Weiterbildungszwecken beurlauben lassen oder bereiteten neue Kurse vor.

In den kommenden Jahren wollen wir energisch dafür eintreten, daß sich die Ausbildung und die Lehrtätigkeit wegen der starken Entfaltung der Hochschullehrer mehr als verdoppelt; es wird, da ein dringender Bedarf an unterrichtenden Lehrkräften besteht, festgelegt, daß (alle) garantiert Verwendung (in ihrem Ausbildungsberuf) finden. ...

Ungeachtet der großen Zahl eingerichteter Postgraduierten- und Fortbildungsklassen erreichen die Klassen (dennoch) eine Stärke von 40 bis 50 Personen, (so daß) der Erfolg der Anleitung nicht angemessen ist.

Die Ausbildungsmethode legt viel Gewicht auf das Unterrichten im Klassenzimmer; auf eine individuelle Anleitung wird weniger Wert gelegt. Die Grundlagen der Seminarteilnehmer von Fremdsprachen(kursen) sind sehr mangelhaft, (so daß) sehr große Schwierigkeiten bei selbständigen intensiven Studien auftreten. ...

Die wesentlichsten Fehler in der Ausbildungsarbeit der Hochschul-Assistenten sind:

1. Da jedes Jahr zu viele Assistenten (in der Hochschule) verweilen, kann keine strenge Wahl unter den Voraussetzungen der wenigen Studienabsolventen getroffen werden; die gegenwärtige Praxis, Assistenten länger als drei Jahre nach erfolgreichem Studium oder abgeschlossener Fachausbildung als Assistenten zu beschäftigen, ist nicht in Ordnung.

2. Auf Grund mangelhafter Vermittlung von Grundlagenkenntnissen im Fachgebiet besteht nun dringender Bedarf an ausgebildeten Assistenten, die unterrichten können, ...

3. Die Assistenten haben sich allzu hohe Ziele gesteckt und rasche Ergebnisse verfolgt, die alten Lehrer nicht genügend respektiert, selbst das Weiterbildungsstudium für Assistentenarbeit geplant und die politischen Erscheinungen ignoriert.

Die wichtigsten und brennenden Probleme bei der Weiterbildung für die Lehrenden sind mangelhafte Pläne der beauftragten Schulen, keine eindeutigen Zielforderungen bei der Weiterbildung sowie ein Mangel an vollständigen Vorschriften für die Annahme von Lehrern, die sich weiterbilden wollen, ... und bei der Führung der Lehrer in Weiterbildung, ...

Quelle: *Materialauswahl zur gegenwärtigen Lehrerbildung an Hochschulen in China*, S.185-191.

16. Provisorische Bestimmungen zur Festlegung von Titeln für Lehrer an Hochschulen und zu Methoden der Promotion.

(96. Konferenz der Nationalen Konferenzen des Staatsrates vom 16.2.1960)

Damit die Hochschullehrer in ausreichendem Maße Begeisterung und Kreativiät für den Dienst an der sozialistischen Bildungssache entfalten können, müssen sie sich durch Ausbildung zu Lehrern entwickeln, die rot und fachkundig sind; die

Weisungen für ihre Arbeit müssen sich noch verbessern, (dies soll) jetzt in grundlegenden Regelungen festgeschrieben werden.

(1) Die Titel für Hochschullehrer werden unterteilt in die vier Stufen Professor, außerordentlicher Professor, Dozent und Hochschul-Assistent.

(2) Die Festlegung der Titel und die Einstufung der Hochschullehrer soll in der Hauptsache gemäß den ideologisch-politischen Verhältnissen, dem wissenschaftlichen Niveau und den beruflichen Fähigkeiten geregelt werden; gleichzeitig müssen auch noch die Qualifikation und das Dienstalter sowie die Unterrichtsjahre mit berücksichtigt werden.

(3) Hochschullehrer müssen sich unter die Führung der Kommunistischen Partei stellen, das sozialistische System und die grundlegende Linie des sozialistischen Aufbaus befürworten und von ganzem Herzen dem Volk dienen; gründlich den Bildungskurs der Partei durchführen, geflissentlich guten Unterricht abhalten, Produktionsarbeit leisten sowie wissenschaftlich forschen und ideologisch-politisch arbeiten; (sie müssen) die Geschichte verstehen, einen guten ideologischen Arbeitsstil haben, fleißig den Marxismus-Leninismus und die Werke Mao Zedongs studieren; (sie dürfen) nicht darin nachlassen, ihr theoretisches Niveau des Marxismus-Leninismus zu steigern, an der Stählung durch (körperliche) Arbeit aktiv teilzunehmen, bewußt die ideologische Umerziehung durchzuführen sowie stets bemüht sein, das politische Bewußtsein zu erhöhen und die kommunistischen moralischen Anlagen zu vervollkommnen.

(4) Die drei Bedingungen, die in den grundlegenden Regelungen vereinigt sind, fordern bereits in den Hochschulen von den Absolventen ordentlicher Studiengänge (oder Personen, die entsprechende Bildung besitzen) sehr gute schulische Leistungen, das übliche Beobachten und Studieren während einer einjährigen Praktikumszeit ... und den Nachweis, daß sie denjenigen Aufgaben, die für Assistenten festgelegt worden sind, gewachsen sein können; sind sie den Aufgaben eines Assistenten nicht gewachsen, soll das Praktikum fortgeführt werden oder eine Versetzung an einen anderen Arbeitsplatz erfolgen.

(5) Alle drei Bedingungen in den grundlegenden Bestimmungen besagen, daß die Assistenten, die bereits die folgenden Bedingungen erfüllen, gemäß dem Arbeitsbedarf zu Dozenten befördert werden können:

1. (Sie sollen) bereits Erfahrungen in der Tätigkeit der Assistentenarbeit mit sehr guten Leistungen (haben);
2. (sie sollen) das notwendige theoretische sowie das praktische Wissen beherrschen und über Fertigkeiten zum Verständnis des grundlegenden Fachgebietes (verfügen), imstande sein, einen Lehrgang selbständig zu unterrichten und bestimmte Fähigkeiten zur wissenschaftlichen Forschung besitzen;

3. (sie sollen) eine Fremdsprache beherrschen und die Fähigkeit (haben), in dieser zügig fachbezogene Literatur zu lesen ...

(6) Alle drei Bedingungen in den grundlegenden Regelungen fordern, daß die Dozenten, die bereits die folgenden Bedingungen erfüllen, gemäß dem Arbeitsbedarf zu außerordentlichen Professoren befördert werden können:

1. (Sie sollen) die Befähigung zur Unterrichtsarbeit haben, (d.h., daß sie) dem grundlegenden Fachgebiet und dem Abhalten eines Lehrganges mit vergleichsweise hoher Qualität und sehr guten Leistungen gewachsen sein sollen;
2. (sie sollen) grundlegende Kategorien des Wissensgebietes systematisch besitzen, mit solidem theoretischem Wissen und relativ reichen praktischen Erfahrungen in einem bestimmten beruflichen Bereich; die Fähigkeit (haben) zur engen Verbindung der praktischen Durchführung mit dem tiefen Eindringen in die Forschungsarbeit und zur Erzielung beachtlicher Erfolge; ein bestimmtes Niveau zur Abfassung wissenschaftlicher Abhandlungen besitzen, persönlich hinsichtlich der Produktionstechniken einen relativ großen Beitrag geleistet haben oder persönlich hinsichtlich der beruflichen Fertigkeiten ein relativ hohes Niveau besitzen;
3. (sie sollen) eine Fremdsprache gewandt beherrschen...

(7) Alle drei Bedingungen in den grundlegenden Bestimmungen fordern, daß Personen mit hervorragenden Unterrichtsarbeitsleistungen, z.B. dem Verfassen grundlegender wissenschaftlicher Literatur, oder Personen, die bedeutende Erfindungen gemacht haben, die hinsichtlich des wissenschaftlichen Niveaus und dem Lösen praktischer Probleme ihre Fähigkeiten bewiesen haben und die bereits das sehr hohe Niveau eines außerordentlichen Professors besitzen, je nach Arbeitsbedarf zum Professor befördert werden können ...

(8) Alle drei Bedingungen in den grundlegenden Bestimmungen fordern, daß diejenigen, die besonders rasche Fortschritte in der Politik und der beruflichen Tätigkeit gemacht haben, besonders hohe Leistungen hinsichtlich Unterricht, produktiver Arbeit und wissenschaftlicher Forschungsarbeit erbracht haben oder Personen, die als Lehrer besondere Erfindungen gemacht haben, entsprechend dem Arbeitsbedarf bevorzugt befördert werden.

(9) Alle drei Bedingungen in den grundlegenden Bestimmungen fordern, daß diejenigen, die langfristig Hochschulunterrichtsarbeit leisten, deren Unterricht hervorragende Leistungen erbringt und die reichlich praktische Erfahrungen als Dozenten und außerordentliche Professoren besitzen, die aber nichts Wissenschaftliches verfaßt oder die keine hervorragenden Erfindungen gemacht haben, auch befördert werden können, wenn Arbeitsbedarf besteht.

(10) Arbeitspersonal aus organisierten Gruppen, wissenschaftliches Forschungspersonal, Ingenieure und Techniker, Kultur- und Kunstschaffende, in die Heimat zurückgekehrte Auslandsstudenten, Mittelschullehrer und -personal, die irgendwann als Hochschullehrer eingesetzt wurden, sollen nach einer gewissen Zeit einer Prüfung unterzogen werden. Entsprechend den gegenwärtigen politischen Bedingungen der Lehrer und der Forderung nach (erhöhtem) beruflichem Niveau aller Lehrertypen werden ihre Berufsbezeichnungen angemessen festgelegt. Nach den nicht in entsprechenden grundlegenden Bestimmungen offiziell festgelegten Berufsbezeichnungen wurden sie zeitweilig Dozenten genannt.

(11) ... Die Ernennung zum Assistenten muß vom Schulverwaltungskomitee genehmigt werden.

Die Ernennung oder Beförderung zum Dozenten muß vom Schulverwaltungskomitee genehmigt und den Hochschulerziehungs- (Erziehungs-) behörden (-ämtern) der Provinzen, unabhängigen Gebiete und regierungsunabhängigen Städte zum Eintrag in die Akten mitgeteilt werden.

Die Ernennung oder die Beförderung einer Person zum außerordentlichen Professor muß vom Schulverwaltungskomitee nach Diskussion akzeptiert und an die Hochschulerziehungs- (Erziehungs-) behörden (-ämter) der Provinzen, autonomen Gebiete und regierungsunabhängigen Städte zur Genehmigung gemeldet werden, (danach) wird es dem Zentralen Erziehungsrninisterium und den zentral vorhandenen zuständigen Organen als Bericht zur Kenntnisnahme vorgelegt.

Die Ernennung oder die Beförderung einer Person zum Professor muß vom Schulverwaltungskomitee nach Diskussion akzeptiert werden; nach der Prüfung und Genehmigung des Zentralen Erziehungsministeriums wird den Hochschulerziehungs- (Erziehungs-)behörden (-ämtern) Mitteilung gemacht. ...

(14) Anderes Arbeitspersonal, das von seinen Behörden und Einheiten auf Zeit für eine nebenberufliche Unterrichtstätigkeit an die Hochschulen geschickt wird, führt üblicherweise nicht eine der Berufsbezeichnungen, die in den grundlegenden Bestimmungen für nebenberuflichen Unterricht festgelegt sind; bei langfristiger nebenberuflicher Unterrichtstätigkeit an Hochschulen müssen zeitweilig auch die in den grundlegenden Bestimmungen festgelegten Berufsbezeichnungen für nebenberufliches Unterrichten Verwendung finden. ...
<Sammlung von Erlassen und Dokumenten zur Bildung> (1960)

Quelle: *Wichtige Dokumente zur Hochschulbildung*, S.253-256.

17. Ansichten zur Zuteilung wissenschaftlicher Assistenten an ältere Lehrer (an Hochschulen). (28.9.1962)

An alle dem Erziehungsministerium direkt unterstellten Hochschulen:

Zum Verständnis: Innerhalb der Arbeit zur gegenwärtigen schrittweisen Durchführung der Ausrichtung des Bildungswesens und der konzentrierten Verminderung der Lehr- und Verwaltungsarbeit schenken die Schulen, bei der Kalkulation der Lehrerarbeitszeit und der Festlegung eines bestimmten Zeitsolls für die Lehrer, den von den Wissenschaftszweigen und alten Lehrern vergleichsweise vielen unterrichtseinheitlichen Merkmalen und speziellen Bedürfnissen nicht genügend Aufmerksamkeit, so daß die alten Lehrer, die den ihnen zugeteilten wissenschaftlichen Assistenten Unterweisungen geben sollen, dies nicht tun (können), obwohl sogar die Zuteilung der wissenschaftlichen Assistenten stark vermindert wurde. Diese Wirkung durch die Entfaltung der alten Lehrer ist der Ausbildung von Hochschullehrernachwuchs und der Steigerung der Unterrichtsqualität insgesamt abträglich.

Damit weiterhin die Wirkung der alten Lehrer gut entfaltet werden kann, ihre speziellen Fähigkeiten fortgeführt werden, eine Gruppe jugendlicher Lehrer zur Unterstützung ausgebildet wird und (auch) zu den gegenwärtig besonders nahgerückten Problemen zur Ausstattung alter Lehrer mit wissenschaftlichen Assistenten, stellen (wir) folgende Meinungen vor:

1, insgesamt haben die alten Professoren der grundlegenden Wissenschaften ein vergleichsweise hohes wissenschaftliches Niveau, mit dem sie im Normalfall die wissenschaftlichen Assistenten ausstatten sollen;

2, die Verhältnisse der wissenschaftlichen Assistenten sollen üblicherweise allmählich mit den beruflich hervorragenden, ideologisch-politischen (Fähigkeiten) der Dozenten und Assistenten vergleichbar werden; andere alte Experten haben Bedarf an Arbeitsassistenten für experimentelle Arbeiten, die auch unter den Bedingungen unterwiesen werden können, die denjenigen von Assistenten außerordentlicher Professoren entsprechen;

3, bei der Auswahl der wissenschaftlichen Assistenten soll die Meinung der alten Professoren über die (jeweiligen) Personen respektiert werden, gleichzeitig muß (die Wahl) "auf Grund gegenseitiger Zustimmung" (und) nicht durch Zwang geschehen, damit der Vorteil (genützt wird), ein vorzügliches Lehrer-Schüler-Verhältnis zu begründen;

...

Der Umgang zwischen Lehrern und Schülern ist bereits ungezwungen geworden, und es werden die soliden Kenntnisse von alten Lehrern, die zu schwach zum Unterrichten sind, genutzt; wenn sie eine Genehmigung bekommen, können sie

integriert werden, ohne daß sie einer Planerfüllung unterliegen; wir sind der Meinung, daß dieses Problem nur vernünftig gelöst werden kann, wenn die Hochschulen bei entsprechender Anordnung ihre Aufmerksamkeit auf die ungleichen besonderen Arbeitsanforderungen der Lehrer lenken. Wir bitten jede Hochschule, dieser Arbeit Beachtung zu schenken und bis zum Jahresende die Arbeitsbedingungen arrangiert, wissenschaftliche Assistenten an die Lehrer verteilt und über die vollen Namen der Assistenten, ihr Alter, ihre Berufsbezeichnung, ihr Amt, ihre Lohnstufe, ihre besonderen Fähigkeiten, ihre Parteizugehörigkeit usw. eine Liste angelegt zu haben ..., die sie unserem Ministerium zur Mitteilung senden. ...
<Sammlung von Erlassen und Dokumenten zur Bildung> (1962)

Quelle: *Wichtige Dokumente zur Hochschulbildung*, S.308-309.

18. Bericht des Erziehungsministeriums über einige Probleme bezüglich der Lehrerbildung mit der Bitte um Anweisungen. (5.9.1980)

An den Staatsrat:
Im Juni dieses Jahres hat das Erziehungsministerium in Beijing eine Arbeitskonferenz zur nationalen Lehrerbildung einberufen. An dieser Konferenz nahmen verantwortliche Personen aus Erziehungs- (Hochschul-) ämtern (behörden) jeder Provinz, jeder Stadt und jedes autonomen Gebietes teil und insgesamt mehr als 3.000 verantwortliche Personen von Universitäten für Lehrerbildung, Pädagogischen Hochschulen, Pädagogischen Mittelschulen, Pädagogischen Schulen für Vorschulerzieher, Pädagogischen Instituten und Pädagogischen Weiterbildungsinstituten. Das ist die vierte Arbeitskonferenz zur Lehrerbildung auf nationaler Ebene seit Gründung der Volksrepublik. Diese Konferenz wurde unter Teilnahme des Zentralkomitees der Partei durchgeführt. Während der Konferenz studierten die Konferenzteilnehmer die Anweisungen zur Lehrerbildungsarbeit des Zentralkomitees vom Mai dieses Jahres; ... Das Zentralkomitee, das größten Wert auf die Lehrerbildung legt, hohe Erwartungen hegt und Hoffnungen in sie setzt, hat die Richtung für die künftige Arbeit gewiesen und uns alle sehr ermutigt. Die Genossen forderten die Beibehaltung der guten Arbeit in der Lehrerbildung zur normgerechten Ausbildung einer Armee von Lehrkräften; durch die Arbeit soll dazu beigetragen werden, qualifiziertes Personal für den Aufbau der vier Modernisierungen auszubilden.

Im folgenden einige der wesentlichen Probleme, die auf dieser Diskussionskonferenz behandelt wurden:

1. Probleme bezüglich des Status und der Aufgabe der Lehrerbildung

Seit Lin Biao und die "Viererbande" in zehn Jahren schonungslose Verfolgungen und Massaker veranstalteten, wurde die Lehrerbildung ernsthaft gestört. Nach der Zerschlagung der "Viererbande" wurde die Lehrerbildung wiederhergestellt und entwickelt. Bis zum Ende des Jahres 1979 gab es insgesamt 161 nationale Pädagogische Hochschulen mit mehr als 310.000 Studenten; an mehr als 1.000 Pädagogischen Mittelschulen studierten über 480.000 Studenten. Im Vergleich zu (der Situation) vor der Kulturrevolution ist dies ein Resultat, das sich fast verdoppelt hat, aber die Qualität konnte noch nicht wieder an das sehr gute Niveau seit der Staatsgründung anknüpfen.

Innerhalb des Bildungswesens ist die Lehrerbildung die "Werkzeugmaschine der Arbeit", sie bildet die Grundlage für die Heranbildung von ausgebildetem qualifizierten Personal. Weil sich unser Bildungswesen in 80 Jahren, entsprechend dem Bedarf des gegenwärtigen sozialistischen Aufbaus, sehr stark entwickelt hat, muß die Lehrerbildung Beachtung finden, (es muß) gute Arbeit in der Lehrerbildung geleistet und ihr Status innerhalb des ganzen Bildungswesens muß verdeutlicht und erhöht werden. ... Weil (wir) mit der Readjustierung, der Umgestaltung, der Konsolidierung und der Niveauhebung fortfahren und auf der Grundlage dieser Entwicklung mit sicheren Schritten die Qualität steigern wollen, bauen (wir) ein vollkommenes System der Lehrerbildung auf, welches sich zu einer Basis entwickelt, auf der für jede Art obere und untere Grundschule und jeden Kindergarten qualifiziertes Personal ausgebildet werden kann. Jede Provinz, jede Stadt und jedes autonome Gebiet soll, gemäß dem Bedarf und den vorhandenen Möglichkeiten, die Einrichtung von Pädagogischen Instituten aller Stufen einheitlich und umfassend für die Gebiete planen.

Da eine strukturelle Reform der Mittelschulbildung notwendig ist, sollen die Erziehungsbüros und alle Büros, die die Arbeit zu verwalten haben, einen Plan zur Wiederherstellung und Einrichtung aller Arten Pädagogischer Institute für Berufsschullehrer erstellen.

Die wesentliche Aufgabe der Lehrerbildung ist die Ausbildung von Lehrkräften. Das ordentliche Studium an einer Pädagogischen Hochschule dient vor allem der Ausbildung von Mittelschullehrkräften; Pädagogische Fachmittelschulen bilden Lehrkräfte für untere Mittelschulen aus; an Pädagogischen Mittelschulen und Pädagogischen Mittelschulen für Vorschulerzieher werden Grundschul- und Kindergartenlehrkräfte ausgebildet. Um die Qualität der Armee der Lehrkräfte zu garantieren, müssen die grundlegenden Bestimmungen erneuert werden; ... Um durch eine gewissenhafte Ausbildung qualifiziertes Personal heranzubilden, muß der ideologische Fehler, auf die Lehrerbildung herabzuschauen, gründlich berichtigt werden. Unser künftiges Ziel ist, daß alle Lehrer direkt den strengen Studiengang der Pädagogischen Schulen oder anderer Schulen durchlaufen sollen, und außerdem durch die folgenden drei Bedingungen qualifiziert sind: 1. Besitz eines vergleichsweise profunden Wissens; 2. Beherrschung der Erziehungswissenschaft und Verständnis für die Bildungsgesetze; 3. Besitz edler moralischer Eigenschaften und eines gewissen geistigen Niveaus.

2. Probleme bezüglich der Stärkung des erziehungswissenschaftlichen Studiums

Jede Pädagogische Schule, besonders wenn es sich um Pädagogische Hochschulen handelt, soll das erziehungswissenschaftliche Studium achten und stärken; wesentlich ist (dabei) das Studium der Pädagogik, der Psychologie sowie der Unterrichtsmaterialien und -methoden. Sie sollen, unter Führung des Marxismus-Leninismus und des Mao Zedong-Denkens, zuerst Untersuchungen anstellen und gewissenhaft die Erfahrungen zusammentragen. Sie sollen nicht nur die gegenwärtigen politischen Erfahrungen (sammeln), sondern auch die Erfahrungen des Auslandes studieren. ... Die erziehungswissenschaftliche Forschungsarbeit wollen wir in der Praxis hochhalten.

3. Probleme bezüglich der Garantie für die Qualität der Lehrerbildungsstudenten und der Steigerung der Lehrergehälter

Um die Qualität der neuen Studenten, die an Pädagogischen Instituten Aufnahme finden, zu steigern, wollen wir, daß sich von diesem Jahr an jede Provinz, jede Stadt und jedes autonome Gebiet auf die Schwerpunkthochschulen einer bestimmten Provinz konzentriert, gleichzeitig soll es den nationalen Schwerpunkthochschulen (erlaubt sein), viele neue Studenten aufzunehmen. Um Absolventen unterer Mittelschulen, die sowohl über einen guten Charakter als auch über sehr gute Studienleistungen verfügen, zur Meldung für eine Aufnahmeprüfung der Pädagogischen Institute anzuspornen, damit sie zahlreich in der Sache der Volksbildung tätig werden, sollen grundlegende Maßnahmen zur Steigerung des sozialen Status des Volkslehrers getroffen und seine wirtschaftliche Situation und seine Arbeitsbedingungen allmählich verbessert werden. Zentraler Appell der Partei an das Volk ist, daß die Schüler die Lehrer ehren, die Lehrer die Schüler lieben sollen; im nächsten Jahr soll damit begonnen werden, die Arbeitskraft der Lehrer zu steigern, was bereits einen sehr großen Widerhall gefunden hat. ...

4. Probleme bezüglich des Ausbildungsziels an Pädagogischen Mittelschulen

Pädagogische Mittelschulen sollen üblicherweise Absolventen unterer Mittelschulen oder berufslose Jugendliche, die entsprechende Bildung besitzen, aufnehmen und sie, bei drei- oder vierjähriger Studiendauer, zu Lehrkräften für Grundschulen ausbilden. Die Mittelschullehrer führen die Aufnahme neuer Studenten selbständig durch. Nach Absolvierung des Studiums werden die neuen Grundschullehrer gleich in den Kreisen, aus denen sie stammen, tätig. Jede Provinz, jede Stadt und jedes autonome Gebiet soll das Schwergewicht der Arbeit auf zwei oder drei Pädagogische Mittelschulen und eine Pädagogische Schule für Vorschulerzieher legen ...

Die Provinzen und autonomen Gebiete sollen, der Entwicklung und den Möglichkeiten entsprechend, aufmerksam auf gute Arbeitsleistungen der Pädagogischen Schulen für Volkslehrer (einschließlich Kindergärten) achten. Pädagogische Schulen für Minderheiten sollen in der Hauptsache Angehörige der nationalen Minderheiten als Studenten aufnehmen. Die vorhandenen Pädagogischen Schulen für Minderheiten sollen gewissenhaft die Reorganisierung durchführen, die Arbeit stabilisieren, intensiv die Ausbildungsqualität steigern, damit die Gebiete der nationalen Minderheiten (bald) über Grundschullehrer verfügen, die in der Mehrzahl Angehörige der nationalen Minderheiten sind.

...

Quelle: *Materialauswahl zur gegenwärtigen Lehrerbildung an Hochschulen in China*, S.214-218.

19. Bekanntmachung des Dokumentes "Ansichten zur Stärkung des Aufbaus einer Armee von Lehrkräften für Pädagogische Hochschulen", welches das Erziehungsministerium herausgibt. (vom 27.10.1980)

Ansichten zur Stärkung des Aufbaus einer Armee von Lehrkräften für Pädagogische Hochschulen

(1) Laut Statistik von 1979 waren insgesamt mehr als 43.000 Lehrer an den nationalen Pädagogischen Hochschulen (beschäftigt). Darunter waren mehr als 1.500 Professoren und außerordentliche Professoren, was ungefähr 3,4 Prozent ausmacht; mehr als 12.500 Dozenten, ein Anteil von ungefähr 28,9 Prozent; mehr als 29.500 Lehrer und Hochschul-Assistenten, ca. 67,7 Prozent. Dieses Potential ist für den Grad der Entwicklung und der Steigerung der Lehrerbildung an Hochschulen unseres Landes das wertvollste Kapital.

Durch die zehnjährige Verfolgung durch Lin Biao und "die Viererbande" kam es zu ernsthafter Zerstörung des Lehrerpotentials, die Energie der gegenwärtigen Lehrkräfte und der Bedarf an Pädagogischen Hochschulen weicht davon sehr stark ab. ... Vielen der vorhandenen Schulen, vor allem den neugegründeten Instituten, mangelt es entsprechend an Lehrern, so daß die im Unterrichtsplan stehenden Lehrgänge nicht komplett angeboten werden können. Das Problem, woher die Lehrkräfte für Pädagogische Hochschulen kommen sollen, kann (selbst) langfristig nicht sehr gut gelöst werden. Vom Aspekt der Qualität aus betrachtet: Der Gesundheitszustand der Lehrer ist, wegen relativer Schwierigkeiten und Ursachen, die auf Alterung und materielle Bedingungen zurückzuführen sind, üblicherweise nicht sehr gut. Die Lehrer, die nur teilweise arbeitsfähig sind, machen ca. 15 Prozent aus, 5 Prozent können aus Alters- und Gesundheitsgründen (gar) nicht arbeiten. Das berufliche Niveau der Lehrer ist in der Zeit der "Kulturrevolution" gesunken, zahlreiche Lehrer, die ursprünglich Kenntnisse hatten, vernachlässigten diese und neues wissenschaftliches Wissen wurde nicht erworben; zwei Drittel der Jugendlichen bedürfen (der Vermittlung) elementarer Kenntnisse. Allgemein gesagt: das Lehrerpotential benötigt dringend eine kräftige Steigerung, damit sich die Lehrerbildung angemessen entfalten kann.

(2) Nach der Zerschlagung der "Viererbande" verwirklichte jeder Ort gewissenhaft die Politik der Partei gegenüber den Intellektuellen und steigerte die Aktivitäten hinsichtlich der Pädagogischen Schulen, der wissenschaftlichen Forschung und der Fortbildung. In den letzten zwei bis drei Jahren legten zahlreiche Institute und Schulen gewissenhaft Nachdruck auf den Aufbau einer Armee von Lehrkräften, wohl mit anfänglich sichtbarem Erfolg, der aber in der Entwicklung stagnierte, (so daß) ihre Arbeit unter folgenden Gesichtspunkten schrittweise gefestigt werden muß:

1. Festlegung von Bestimmungen zum Aufbau einer Armee von Lehrkräften
Der Aufbau einer Armee von Lehrkräften soll noch in diesem Jahr ins Auge gefaßt werden. Jede Schule soll, gemäß ihrem Bedarf und ihren Möglichkeiten, Bestimmungen für drei bis fünf Jahre treffen und besondere Verhältnisse (schaffen), damit sich jeder Typ Lehrer gut entfalten kann; ...

Die alten Lehrer sollen als Institutsleiter fungieren, damit sie ihre Fähigkeiten im Rahmen von Anleitungen nutzen können. Die alten Lehrer und die alten Experten, die einen vergleichsweise profunden Leistungsstand haben, sind angewiesen, ihre Erfolge in der wissenschaftlichen Forschungsarbeit und ihre Unterrichtserfahrungen in einem Buch aufzuschreiben und Theorien aufzustellen, Materialien zu ordnen, Tonbandaufzeichnungen anzufertigen, Konzepte zu übernehmen usw., ... Erforderliche Arbeitsbedingungen sollen für sie geschaffen und ein Assistent soll ihnen zur Seite gestellt werden. Bei der Auswahl der Assistenten wird darauf geachtet, daß sie im wesentlichen die Meinung der alten Experten achten, ihre "handwerkliche Art und Weise" anwenden, und hart arbeiten, um sich innerhalb dieses und des nächsten Jahres konkret zu qualifizieren. ...

Die Lehrer mittleren Alters sind die Hauptkraft für Unterricht und Forschung. Ihr hohes Niveau beeinflußt direkt die Unterrichtsqualität. Folglich sollen die Ausbildungsvorschriften der Lehrer mittleren Alters auch konkret für die einzelnen durchführbar sein, ein bestimmtes Personal erreichen, die Richtung festlegen, die Aufgaben und die Forderungen bestimmen. Ihre Weiterbildung soll der Verbindung von Unterricht mit wissenschaftlicher Forschungsarbeit Priorität einräumen.

Jede Schule soll ... den gegenwärtigen Unterricht abschnittweise ändern. Die Lehrer, die sich im Beruf befinden oder die sich auf die Berufstätigkeit vorbereiten, stärken die Fachkurse, und sollen einen Plan erstellen, nach dem sie Weiterbildungsmaßnahmen an den angegliederten Instituten anbieten. Vor allem sollen sie an wissenschaftlichem Austausch auf nationaler Ebene, an Kurzzeitausbildungsklassen, an Diskussionssitzungen usw. teilnehmen und dies auch organisieren können. Jede Schule soll das Abhalten von Wahlen und die Ausbildung einer stützenden Lehrerschaft auf den Arbeitsplan setzen. Nach drei bis fünf Jahren harter Arbeit kann jedes wissenschaftliche Fachgebiet über zwei oder drei "Schrittmacher" verfügen, die innerhalb der Armee von Lehrkräften eine stützende Kraft bilden.

Jugendliche Lehrer räumen der Beendigung der Ausbildung üblicherweise Priorität ein; sie können (sie) fortsetzen, (indem) sie in ausreichendem Maße oder teilweise von ihrer ursprünglichen Tätigkeit für (die Weiterbildung) vorübergehend freigestellt werden, als Hilfe, um die grundlegende Theorie und die konkreten Kenntnisse ihres komplexen ordentlichen Faches zu meistern. Bei den jugendlichen Lehrern sind die politischen, fachlichen und gesundheitlichen Bedingungen vergleichsweise gut, der Schwerpunkt muß auf die Ausbildung gelegt werden; ihnen müssen eigens ausgewählte anleitende Lehrer zur Seite gestellt und Anordnungen zu Unterricht und Studium müssen getroffen werden, die (sie) in erster Linie stählen. ...

Pädagogische Hochschulen sollen dem Unterricht Priorität einräumen und gleichzeitig im ordentlich durchgeführten Unterricht Initiativen zur wissenschaftlichen Forschungsarbeit entfalten. Rechtzeitiges Verständnis und Beherrschen der neuen Errungenschaften der wissenschaftlichen Forschung sind der wichtigste Weg zur Erhöhung des Lehrerniveaus. Jedes Institut soll möglichst zu einer Verbindung von Unterricht und wissenschaftlicher Forschungsarbeit finden. ...

(Die Institute) sollen in ausreichendem Umfang wirksame Maßnahmen zur Steigerung des Fremdsprachenniveaus der Lehrer anbieten. Von den Lehrern wird das Beherrschen mindestens einer Fremdsprache gefordert sowie die Fähigkeit, fremdsprachige Fachbücher zu lesen.

2. Stärkung der Verwaltung

... Jede Schule soll regelmäßig ... (über) die berufliche Tätigkeit der Lehrer Akten anlegen. Allmählich soll erreicht werden, daß zu Beginn eines jeden Schuljahres von jedem Lehrer anweisungsgemäß das ganze Jahr über ein Aufgabenbuch über Unterricht, Studium, Weiterbildung usw. geführt wird. Ein Prüfungssystem muß eingeführt werden; die Prüfungsleistungen sollen in die Akten über die berufliche Tätigkeit der Lehrer eingetragen werden und die Hauptgrundlage für eine Beförderung und damit verbundene Titel und Ränge bilden. ...

3. Einrichtung eines Kooperationsnetzes

Zum Aufbau einer Armee von Lehrkräften für Hochschulen, deren Aufgaben schwer und deren Arbeiten zahlreich sind, ist die Einrichtung eines Kooperationstionsnetzes zur Lehrerbildung erforderlich, um eine Arbeitsteilung durchführen und mit vereinten Kräften arbeiten zu können.

Die nationalen Pädagogischen Schwerpunktinstitute bewilligen, abgesehen von der einheitlichen und umfassenden Anordnung zur Erfüllung der Ausbildungspflicht durch das Erziehungsministerium, darüber hinaus den Pädagogischen Instituten jeder Provinz, jeder Stadt und eines jeden Gebietes die Ausbildung von Lehrkräften für einige aufblühende Wissenschaftszweige oder "Lücken". Die Pädagogischen Institute, die dem Erziehungsministerium unterstellt sind, sollen von ihrem Ort aus an anderen Pädagogischen Instituten Lehrkräfte in höheren Jahrgangslehrgängen ausbilden. Die Pädagogischen Institute, die den Provinzen unterstehen, sollen speziell für die Ausbildung von Lehrkräften für die Provinzen verantwortlich sein. Die Bereicherung, Ausbildung und Stärkung von speziellen Fächern für Lehrkräfte ist eine wesentliche, aber schwierige Aufgabe, dazu müssen als erstes und wichtigstes die Voraussetzungen geschaffen werden. Die Erziehungsbüros jeder Provinz, jeder Stadt und jedes autonomen Gebietes sollen Regelungen ausarbeiten und sich dafür einsetzen, daß sie in zwei oder drei Jahren konkret in der Praxis durchgeführt werden, sie sollen Grundlagen für Fachlehrer zusammenstellen und diejenigen Lehrer anhalten, noch einmal Weiterbildungskurse zu besuchen, die das Niveau des Absolventen eines ordentlichen Studiums noch nicht erreicht haben.

(3) ... Gewissenhaft soll die ideologisch-politische Arbeit der Lehrer gefestigt werden; sie sollen angeleitet werden, ihren Weg, rot und fachkundig zu sein, zu beschreiten und das "an den Vier festhalten" zu erreichen (gemeint sind die "Vier Modernisierungen"; Anm.d.Ü.); von ihnen soll gefordert werden, einen edlen moralischen Charakter zu besitzen, die Bildungsgesetze zu beherrschen, ihre berufliche Tätigkeit fleißig und intensiv zu studieren und ihren Schülern ein Vorbild zu sein.

Die Parteipolitik gegenüber den Intellektuellen muß intensiv durchgeführt, die Aktivitäten der Lehrer müssen ausreichend entfaltet, für ältere muß energisch eingetreten, ihre Arbeitsleistungen respektiert und ihre Ansichten über schulische Angelegenheiten müssen bescheiden angehört werden. Es darf auf keinen Fall zugelassen werden, daß noch einmal das Phänomen auftritt, daß Lehrer willkürlich geschlagen oder Vergeltungen usw. durchgeführt werden. In der Praxis soll für die Leiden und Bitternisse der Lehrer, ihre realen Schwierigkeiten bei der Arbeit und im Alltag Sorge getragen werden, man muß ihnen herzliche Anteilnahme gewähren und bei Fragen, die schwierig zu lösen sind, hilfreich zur Seite stehen.

Jedes Jahr sollen an den Oberstufen der Pädagogischen Institute eine bestimmte Anzahl von Doktoranden arbeitsteilig im Unterricht tätig werden. Jede Schule soll, während sie über das Verbleiben oder die Versetzung der Lehrer entscheidet, die gute Qualität entschieden hochhalten; die Wahl ihrer Verwendung soll danach erfolgen, ob sie treu zum Erziehungsauftrag der Partei stehen; ihre beruflichen Kenntnisse sollen materiell abgesichert werden, um damit in Zukunft über hervorragend qualifiziertes Personal zu verfügen ...

Ansichten zur tatkräftigen guten Arbeitsleistung der Pädagogischen Fachmittelschulen

Laut Statistik des Jahres 1979 gab es insgesamt 102 Pädagogische Fachmittelschulen, außerdem 172 Hochschulklassen mit mehr als 180.000 Studenten. ... Damit die Pädagogischen Fachmittelschulen weiterhin gut arbeiten können, muß die Unterrichtsqualität durch das im folgenden Ausgeführte gesteigert werden. ...

4. Unterrichtsarbeit

Unterrichtsplan, Lehrpläne und Lehrmaterialien sind für die Durchführung einer regulären Unterrichtsarbeit die wesentliche Grundlage; vom Erziehungsministerium soll der vorbereitende Unterrichtsplan der Pädagogischen Fachmittelschulen möglichst schnell überprüft, abgeändert und zu einer wirkungsvollen Schrift, die von den Pädagogischen Fachmittelschulen als Lehrplan entsprechend angewendet werden kann, zusammengestellt werden; hervorragend qualifiziertes Personal soll in öffentlicher Diskussion ausgewählt und empfohlen werden, was jeder Pädagogischen Fachmittelschule ... bei ihrer Wahl dient.

Im Mittelpunkt der Pädagogischen Fachmittelschulen muß der Unterricht stehen; gemäß den konkreten Bedingungen soll auch die wissenschaftliche Forschung aktiv entwickelt werden. Die wissenschaftliche Forschungsarbeit soll zu einer Stütze für die Steigerung der Unterrichtsqualität werden. Besondere Aufmerksamkeit soll der Festigung der pädagogischen Forschung geschenkt werden. Gleichzeitig sollen die Lehrer, deren Leistungsstand auf wissenschaftlichem Gebiet von jeher vergleichsweise niedrig war, angespornt werden, grundlegend neue wissenschaftliche Gebiete zu entfalten.

Probeanstellungen und Praktika in der Ausbildung sind ein Hauptkettenglied im theoretischen Praxiskomplex zur Ausbildung normgerechter Unterstufen-Mittelschullehrer, was in hohem Maße beachtet und in der Praxis gut gehandhabt werden muß. Pädagogische Fachmittelschulen, die die Möglichkeiten haben, sollen ihnen angeschlossene Mittelschulen gründen und dafür sorgen, daß die Ausbildungsversuche und Praktika dort erfolgreich sind.

5. Gewissenhafte Handhabung der Einrichtung einer Armee von Lehrkräften

Der Aufbau einer Armee von Lehrkräften, die rot und fachkundig ist, ist die vorrangige Bedingung für eine gute Arbeitsleistung der Pädagogischen Fachmittelschulen. Gegenwärtig befindet sich das Lehrkraftkontingent an den Pädagogischen Fachmittelschulen in einem zahlenmäßig schlechten Zustand, die Qualität ist mangelhaft und eine Ergänzung, Ausbildung und Steigerung ist dringend nötig. Um die Qualität der Lehrer an Pädagogischen Fachmittelschulen zu garantieren, sollen künftig eine bestimmte Anzahl Doktoranden und ausgezeichnete Absolventen von ordentlichen Studiengängen als Lehrkräfte den Pädagogischen Fachmittelschulen zugeteilt werden. Um das qualifizierte Personal für Mittelschulen in unterrichtsmethodischen Lehrgängen zu stärken, können andere, die Unterrichtserfahrungen als Mittelschullehrer haben, ausgewählt und an Pädagogischen Fachmittelschulen als Lehrer tätig werden.

Zur Ausbildung von Lehrern soll ein Plan entworfen werden, der an alle Lehrer unmißverständliche Forderungen stellt. Die Pädagogischen Hochschulen, die den Provinzen unterstehen, sollen die Aufgabe der Ausbildung von Lehrkräften für Pädagogische Fachmittelschulen tragen. ...

Quelle: *Materialauswahl zur gegenwärtigen Lehrerbildung an Hochschulen in China*, S.242-249.

20. Dokumente des Erziehungsministeriums. (81) Bildungskader Nr. 011. Bekanntmachung der probeweise durchzuführenden Bestimmungen bezüglich des Arbeitspensums von Hochschullehrern. (20.4.1981)

An jede dem Erziehungsministerium unterstehende Hochschule:
Heute lassen wir Ihnen die "Probeweise durchzuführenden Maßnahmen zum Arbeitspensum der Hochschullehrer" und die "Vorläufigen Bestimmungen zur finanziellen Vergütung des über dem Soll liegenden Arbeitspensums von Hochschullehrern" (im folgenden kurz "probeweise durchzuführende Methoden" und "vorläufige Bestimmungen" genannt) zukommen; wir nehmen (darin) die im Unterricht vorkommenden Probleme in der Bekanntmachung in Angriff:

1. Die Einführung und die Perfektionierung von Vorschriften zum Arbeitspensum der Lehrer ist eine wesentliche Maßnahme für die wissenschaftliche Verwaltungsarbeit der Hochschulen.

Die Durchführung dieser Vorschriften dient der Entfaltung sozialistischer Aktivitäten der Lehrer und der Stabilisierung der Unterrichtsordnung; sie dient der Steigerung der Unterrichtsqualität und der Entfaltung wissenschaftlicher Forschung; sie dient der Stärkung des Aufbaus einer Armee von Lehrkräften. ...
Erziehungsministerium (20.4.1981)

Dokument 1 Probeweise durchzuführende Maßnahmen zum Arbeitspensum der Hochschullehrer

Um den Aufbau einer Armee von Lehrkräften für Hochschulen zu stärken, um sozialistische Aktivitäten der Hochschullehrer ausreichend zu entfalten, um einen Plan für die Arbeitszuweisungen an die Lehrer zu haben, um die Sollstärke der Lehrer rationell zu errechnen und um die Erfüllung ernsthaft zu garantieren, werden spezielle Maßnahmen getroffen.

1. Das Arbeitspensum der Lehrer umfaßt: die Unterrichtsarbeit (einschließlich Unterrichtsmethoden zur wissenschaftlichen Forschungsarbeit), das wissenschaftliche Forschungsarbeitspensum, das Arbeitspensum zum Aufbau von Laboratorien usw.. Das jährliche Arbeitspensum eines Lehrers umfaßt acht Stunden täglich, fünf Tage pro Woche, aufs Jahr gerechnet macht das 1.680 Stunden. ...

Die Hochschulen sollen das Unterrichtsprioritätsprinzip durchführen, vor allem die garantierte Unterrichtspflicht erfüllen, gleichzeitig soll aktiv an der Entfaltung wissenschaftlicher Forschung, am Aufbau von Laboratorien und (der Ausarbeitung) von Lehrstoffen, an der Ausbildung und Verbesserung der Lehrkräfte usw. gearbeitet werden. Das Unterrichtsarbeitspensum der Lehrer aller Schulen soll üblicherweise insgesamt zwei Drittel des gesamten Arbeitspensums der Lehrer aller Schulen ausmachen. ...

Körperlich schwachen Lehrern, die ein Attest (vorweisen) können, kann während ihrer Krankheit die Arbeitszeit für die Lehre teilweise gekürzt oder ganz gestrichen werden; alten Lehrern kann die Lehrverpflichtung entsprechend ihrem gesundheitlichen Zustand teilweise gekürzt werden.

Damit die Lehrer das Arbeitspensum energisch erfüllen, sich um eine hervorragende Unterrichtsqualität und ein vergleichsweise hohes wissenschaftliches Niveau bemühen und sich um die heranwachsenden Schüler kümmern, sollen (ihnen) Auszeichnungen und Belohnungen gewährt werden. ..., (bei) vergleichsweise hoher Unterrichtseffektivität soll ihnen gemäß den "vorläufigen Bestimmungen zur finanziellen Vergütung des über dem Soll liegenden Arbeitspensums im Unterricht von Hochschullehrern" eine finanzielle Vergütung zukommen.

Lehrer, deren Arbeitshaltung nicht gut ist, die den Anordnungen nicht Folge leisten und nicht in der Lage sind, das Lehrerarbeitspensum zu erfüllen, sollen als Disziplinarstrafe eine Umerziehung durchlaufen. ...

Dokument 2 Vorläufige Bestimmungen zur finanziellen Vergütung des über dem Soll liegenden Arbeitspensums im Unterricht von Hochschullehrern

Um die Hochschullehrer anzuspornen, energisch ihr Unterrichtsarbeitspensum zu erfüllen, nicht darin nachzulassen, ihre Unterrichtsqualität zu erhöhen, muß den Lehrern, die ihr Unterrichtsarbeitspensum über dem Soll erfüllt haben, die vergleichsweise hohe Unterrichtsqualität aufweisen und die sich um die heranwachsenden Schüler kümmern - nach dem sozialistischen Prinzip jeder nach seinen Fähigkeiten, jedem nach seiner Leistung und viel Arbeit, viel Gewinn - gleichzeitig neben dem gewährten wesentlichen Ansporn eine Vergütung für das über dem Soll liegende Unterrichtsarbeitspensum zukommen, (und zwar nach) den speziellen Regelungen in den provisorischen Bestimmungen.

I. Die errechnete Norm für das Unterrichtsarbeitspensum der Lehrer soll entsprechend den "probeweise durchzuführenden Maßnahmen zum Arbeitspensum der Hochschullehrer" (im folgenden kurz "probeweise durchzuführende Maßnahmen" genannt) fest kalkuliert werden. ...

II. Entsprechend den unten genannten Bedingungen soll den Lehrern für über dem Soll des Unterrichtsarbeitspensums Liegendes finanzielle Vergütung gewährt werden:

1. Wenn alle Lehrer 60 Prozent der Gesamtsumme des Unterrichts erreicht haben, der tatsächlich von allen Lehrern innerhalb eines Jahres geleistet wird, erreicht jeder einzelne Lehrer 1.680 Arbeitsstunden für Lehrarbeit im ganzen Jahr und übertrifft somit die jährliche Unterrichtsarbeitszeit von 1.400 Stunden; der überhängende Teil soll den Lehrern als Überstunden vergütet werden.
2. Wenn die Lehrer die 60 Prozent der Gesamtsumme des Unterrichts nicht erreichen, müssen die einzelnen Lehrer je nach Bedarf Überstunden in der Unterrichtsarbeit leisten.
3. Die mit Verwaltungs- und Parteiarbeit betrauten Lehrer (einschließlich politische Schulungsleiter und Klassenlehrer) leisten im Normalfall weniger Unterrichtsarbeit, (jedoch) darf die Verminderung 500 Stunden pro Jahr nicht überschreiten.

Gibt es nach Abzug (der 500 Stunden) eine Sollübererfüllung, soll man den Lehrern eine Überstundenvergütung für die Unterrichtsarbeit zahlen.

III. Als finanzielle Vergütung des über dem Soll liegenden Unterrichtsarbeitspensums der Lehrer, das in einer Einheit von zehn Stunden Unterrichtsarbeitspensum errechnet wird, wird für jede Durchführung von zehn Stunden eine finanzielle Vergütung von vier Yuan gezahlt.

IV. Die finanzielle Vergütung für über dem Soll Liegendes wird ein Mal, am Ende des Schuljahres, gewährt. ...

Quelle: *Wichtige Dokumente zur Hochschulbildung*, Band 2, S.134-142.

21. Zusammenfassendes Protokoll einer Aussprache zur Unterrichtsarbeit an Pädagogischen Fachmittelschulen.
(November 1981)

Vom 9. bis 16. November 1981 wurde in der Stadt Tianjin eine Aussprache zur Unterrichtsarbeit an Pädagogischen Fachmittelschulen abgehalten. ... Auf dieser Konferenz wurden einige der folgenden Fragen mit Nachdruck diskutiert und gelöst:

(1) Ideologische Führung bei der Bestimmung des Unterrichtsplans. ... Im Verlauf der Konferenz wurde die Meinung vertreten, Ausbildungsziel der Pädagogischen Fachmittelschulen sei ein "qualifizierter Lehrer für die untere Mittelschule".

Zwar wurden wegen des zehnjährigen Aufruhrs Lehrer von Mittelschulen versetzt, was einen Mangel an Lehrkräften für Mittelschulen geschaffen hat, daneben war es aber den Bezirken erlaubt, Absolventen von Pädagogischen Fachmittelschulen anzuhalten, sich als Lehrer an obere Mittelschulen zuteilen zu lassen. Doch dies war ein kurzfristiges Phänomen, was abgebrochen werden konnte; ...

...

2. Der Unterrichtsplan soll die Merkmale der Lehrerbildung verdeutlichen und einen klaren Zuschnitt haben. Die Anleitung der Studenten soll weiterhin an "rot und fachkundig" orientiert sein und die Vervollkommnung des moralischen Charakters beachten, so daß die Jugendlichen durch eigene Worte und Taten als Vorbild arbeiten können; gleichzeitig soll das Beherrschen der theoretischen Grundlagen, des konkreten Wissens und der grundlegenden Fertigkeiten für die berufliche Tätigkeit betont werden ...; es soll darauf geachtet werden, die Fähigkeit der Studenten zum Selbststudium, ihre Denkfähigkeit sowie ihre mündliche und schriftliche Ausdrucksfähigkeit zu fördern, wodurch die organisierten Studenten ihre Fähigkeit zu außerschulischen Aktivitäten entfalten (können).

3. Der Unterrichtsplan soll ... sich von der Praxis aus entwickeln. Gegenwärtig sind die Schulen von den Forderungen des Ausbildungszieles abgewichen, ..., die Orientierung des ordentlichen Studiums an Pädagogischen Fachmittelschulen war "einseitig". Die Gründe, die diese Zustände hervorriefen, sind hauptsächlich in den zahlreichen Neugründungen von Pädagogischen Fachmittelschulen, den

mangelnden Erfahrungen und den nicht vorhandenen, nach einheitlichen Gesichtspunkten für die Pädagogischen Fachmittelschulen geeigneten, nationalen Unterrichts- und Lehrplänen zu suchen. ...

Gegenwärtig befinden sich noch sehr viele Pädagogische Fachmittelschulen in der Phase der "Aufbauarbeit"; die Bedingungen wie Effektivität, Ausstattung usw. müssen noch verbessert und gesteigert werden; außerdem haben die Studenten ein vergleichsweise niedriges Lernniveau, ... Folglich muß der Unterrichtsplan die zahlreichen schulischen Bedingungen berücksichtigen: Es soll wenige, aber vorzügliche Lehrgänge geben, das Gewicht soll auf die Grundlagen vermittelnden Kurse gelegt werden und der Unterrichtsplan für ordentliche Studiengänge soll nicht blindlings abgeschrieben werden; unter normalen Bedingungen sollen fakultative Fächer nicht angeboten werden, damit die Lehrer ihre Kraft auf einen guten Unterricht konzentrieren können und die Studenten eine solide Basis für ein gutes Studium im grundlegenden Lehrgang für ihre berufliche Tätigkeit haben. Falls die schulischen Bedingungen vorhanden sind, können in den höheren Jahrgängen Vorlesungsreihen über Spezialthemen angeboten werden, mit deren Hilfe sich die Studenten in die Grundlagenkenntnisse und die Erweiterung des Wissensgebietes vertiefen (können). ...

4. ... Im ausgearbeiteten Unterrichtsplan, unter nicht geänderten konkreten Bedingungen für die Kurse Kommunistische Politik, Fremdsprache und Sport, wurde der Unterricht in Erziehungswissenschaft und in den Fachkursen angemessen verstärkt. Die beiden Lehrgänge Pädagogik und Psychologie machen 5 bis 7,5 Prozent der gesamten Unterrichtszeit aus, Fachkurse üblicherweise 65 bis 80 Prozent der Gesamtunterrichtszeit, (was) eine Stärkung im Vergleich zum Jahr 1978 (bedeutet) . ...

5. Auf dem Prinzip der Verbindung von Theorie und Praxis ist zu verharren, die Praxis als Kettenglied soll gestärkt werden. Unentbehrliches Kettenglied für die Ausbildung normgerechter Unterstufen-Mittelschullehrer ist das Ausbildungspraktikum, das im dreijährigen System sechswöchig, im zweijährigen System vierwöchig gewissenhaft organisiert durchgeführt werden soll.

Außerdem sollen die organisierten Studenten an bestimmter produktiver Arbeit und am militärischen Training teilnehmen. Geisteswissenschaftliche Fachgebiete sollen noch einige soziale Untersuchungen durchführen. Naturwissenschaftliche Fachgebiete sollen das Kettenglied Experiment oder die Berufspraktika stärken. ...

(3) ... Gegenwärtig gibt es national 119 Pädagogische Fachmittelschulen, zum Ende des Jahres 1980 hatten diese Schulen mehr als 100.000 Studenten; jede Provinz, jede Stadt und jedes autonome Gebiet hat außerdem Weiterbildungsan-

gebote in Form von "Pädagogischen Hochschulklassen" veranstaltet, mit mehr als 50.000 Studenten. ...

Quelle: *Materialauswahl zur gegenwärtigen Lehrerbildung an Hochschulen in China*, S.260-263.

22. Artikel "*jiaoshi* (Lehrer)" von Chen Xia (1985)

Die Gebildeten übermitteln der Menschheit das gesammelte Wissen über Kultur und Wissenschaft und führen eine ideologisch-moralische Erziehung durch; ihre Ausbildung wird bestimmt durch den gesellschaftlichen Bedarf an qualifizierten Fachkräften.

... Im chinesischen Altertum war die angemessene Bezeichnung Lehrer/Meister (*shi*). In der Qin-Dynastie verwendete man die Bezeichnung "*shi*" auch für Beamte ohne Rangstufe. Nach der Han-Dynastie sah man vielfach die Konfuzianer als Lehrer (*shi*) an. Zum Ende der Qing-Dynastie gründete man in der neueren Zeit Schulen; eine Zeitlang bezeichnete man die Lehrer (*jiaoshi*) (dieser Schulen) als *jiaoxi* (Lehrer).

...

Die Ehrung der Lehrer hatte im chinesischen Altertum Tradition. ... In der chinesischen Antike wurde die Lehre der Erziehung kompiliert in dem "Buch der Riten" im "Kapitel über das Lehrwesen", in dessen Verlauf erklärt wird: "Der Weg allen Lernens wird durch die Strenge des Lehrers schwer. Aber durch die Strenge des Lehrers wird der Weg geachtet; dadurch erkennt das Volk den Wert des Lernens." Damals dienten die verehrten Lehrer der Festigung der Herrschaft der aufstrebenden Klasse. Gewöhnlich war die traditionelle Lehre des grandiosen Konfuzianimus in den aufeinanderfolgenden Dynastien Chinas Lehrinhalt in der höchsten kaiserlichen Lehranstalt im alten China oder in der privaten höheren Lehranstalt im alten China; die Achtung der großen Meister wurde dank ihrer moralischen und kulturellen Ehrbarkeit über Generationen hochgehalten und schwächte sich in der langen Zeit nicht ab. Jedoch war die Mehrheit der Lehrer, die in privaten Einklassenschulen im alten China für die Volksbildung tätig waren, arme Buchgelehrte. Im halbkolonialen und halbfeudalen alten China war die gesellschaftliche Stellung der Lehrer sehr niedrig. In der sozialistischen Gesellschaft veränderte sich die Stellung und die Funktion der Lehrer durch einen grundlegenden Aufschwung, so daß sie als Lehrer des Volkes bezeichnet werden.

Nach der Gründung der Volksrepublik China fühlte sich eine große Anzahl Lehrer selbstbewußt als im Dienste des neuen chinesischen Volksbildungswesens stehend. Gleichzeitig schenkte die Volksregierung der Entwicklung der Lehrerbildung große Aufmerksamkeit, so daß in großem Umfang neues Lehrpersonal ausgebildet wurde. Heute beträgt die Zahl der Volkslehrer national ca. 9.000.000; sie sind ein wichtiges Potential in dem Heer der Arbeiterklasse, die als fähige Menschen eine bedeutende Kraft sind für den Aufbau der sozialistischen Modernisierung; sie sind die Träger der geistigen Zivilisation im Sozialismus. Die soziale, politische und ökonomische Stellung der Lehrer ist ununterbrochen gehoben worden.

Die Aufgabe der Volkslehrer ist nicht nur die Lehre, sondern im speziellen auch die Erziehung. ... Der Volkslehrer vermittelt die Grundsätze des Marxismus-Leninismus und des Mao Zedong-Denkens und unterweist in moderner Kultur, Naturwissenschaften und Technologie. Die Aufgabe der Volkslehrer im neuen China ist laut nationaler Anforderung die moralische, geistige und körperliche Erziehung und andere Aspekte mehr; eine allseitige Entwicklung wird angestrebt, sie (die Lehrer) sind gebildete Werktätige, die zu einem sozialistischen Bewußtsein erziehen. Volkslehrer sind würdig, den Namen eines Lehrers zu tragen; trotzdem müssen sie sich beruflich in vielen Punkten verbessern. Entsprechend lauten die Hauptforderungen an die Volkslehrer:

Verbesserung des Unterrichts. Lehrer sollen das Unterrichtsmaterial gründlich und intensiv studieren und den Aufbau des Lehrmaterials, in den Hauptpunkten und den Schwierigkeiten, beherrschen; außerdem sollen sie von der Wirklichkeit der Schüler und der Lehrer ausgehen und die Unterrichtsmethode ununterbrochen verbessern; regelmäßig selbständig die Wirkung des Unterrichts überprüfen, die Unterrichtserfahrungen zusammenfassen, die Gesetzmäßigkeiten der Unterrichtsarbeit erforschen und die Unterrichtsqualität ununterbrochen steigern.

Fürsorge für Schüler. Die Lehrer sollen stets über Charakter, Lernfähigkeit, Gesundheit und andere Aspekte der Verhältnisse ihrer Schüler Bescheid wissen und mit Begeisterung ihrem Heranwachsen Aufmerksamkeit schenken. Die Lehrer sollen mit den Schülern Geduld haben und die konkreten Verhältnisse unterscheiden können; das Vertrauenschenken soll mit dem Stellen hoher Anforderungen verbunden sein. Dies begründet zwischen den Staatsbürgern Lehrer und Schüler ein Verhältnis der demokratischen Gleichberechtigung; der Grundsatz "die Schüler sollen den Lehrer ehren, der Lehrer die Schüler lieben" nimmt die neue Ausdrucksform der Freundschaft an.

Mit gutem Beispiel vorangehen. Es reicht nicht nur "mit guten Worten zu belehren", sondern sie (die Lehrer; Anm.d.Ü.) müssen mit "guten beispielhaften Taten" unterrichten. Sie müssen Vorbilder für Kinder und Kleinkinder sein. Die Bemühungen der Lehrer sollen sich darauf richten, subtilen Einfluß auf die Schüler auszuüben.

Fleißig studieren. Die Lehrer sollen ununterbrochen ihr politisches, kulturelles und fachliches Niveau heben. Sie sollen den Marxismus-Leninismus und das Mao Zedong-Denken fleißig studieren und sich mit Politik und aktuellem Zeitgeschehen befassen. Sie sollen Kultur, Naturwissenschaft und technisches Wissen studieren und sich spezielle Fachkenntnisse und pädagogisches (Wissen) aneignen. Angesichts der technischen Revolutionierung müssen die Lehrer aktiv Neuigkeiten aufnehmen und ihr Wissen ständig mehren und erneuern.

Quelle: *Chinesische Enzyklopädie*, S.146 f.

23. Artikel "*jiaoshou* (Professor)" von Zhang Wenyu (1985)

1. Offizieller Name für Beamte im alten China.
2. Heute gebraucht als Bezeichnung des akademischen Ranges oder eines Amtes eines Hochschullehrers.

Zur Zeit der Han- und der Tang-Dynastien gab es an den Lehranstalten Chinas Doktoren, die die Schüler unterrichteten. Bei diesen Doktoren handelte es sich um die späteren Professoren. Die Song-Dynastie begann damit, zentrale und regionale Professuren einzurichten. Neben den konfuzianischen Schulen in den Regionen, Bezirken und Präfekturen der Yuan-Dynastie hatten auch die Präfekturschulen der beiden Dynastien Ming und Qing Professoren. In den letzten Jahren der Qing-Dynastie wurden Einrichtungen für das "neue Lernen" mit ordentlichen Professoren begründet. 1912 veröffentlichte das Erziehungsministerium der Übergangsregierung der Republik China den "Hochschul-Erlaß", in dem die Aufnahme von Professoren und außerordentlichen Professoren geregelt wurde; 1917 wurde der "Hochschul-Erlaß" revidiert, indem er den Hochschulen neben den ordentlichen und außerordentlichen Professoren noch Assistenten bewilligte. Die Bestimmungen aus dem Jahre 1924 schafften die Position des außerordentlichen Professors ab. 1927 veröffentlichte der Bildungsverwaltungsrat der Guomindang-Regierung die "Bestimmungen zur Qualifikation der Hochschullehrer", wonach diese in vier Ränge unterteilt wurden: in Professoren, außerordentliche Professoren, Dozenten und Hochschul-Assistenten. Nach Gründung der Volksrepublik China wurde (diese Einteilung) unverändert beibehalten.

Am 5.3.1960 erließ der Staatsrat die "Provisorischen Bestimmungen bezüglich der Berufsbezeichnungen der Hochschullehrer und ihre Festlegungs- und Beförderungsmethoden" (Vgl. die Übersetzung der "Bestimmungen" in der Dokumentation, S.187-190; in: *Wichtige Dokumente zur Hochschullehrerbildung* wird der Erlaß jedoch mit 16.2.1960 datiert; Anm.d.Ü.), wonach die Festlegung der Berufsbezeichnungen sowie die Beförderung nach ideologischen Gesichtspunkten, wissenschaftlichem Niveau und Fertigkeiten in der beruflichen Tätigkeit als wichtigste Grundlage geregelt werden soll, aber auch Qualifikation und Dienstalter sowie Unterrichtsführung sollen mit in den Entscheidungsprozeß einbezogen werden. Im Hinblick auf die ideologisch-politischen Verhältnisse müssen die Hochschullehrer die Führung der Kommunistischen Partei anerkennen, die sozialistische (Gesellschafts-)Ordnung unterstützen, mit Leib und Seele dem Volk dienen, gewissenhaft den Bildungskurs der Partei durchführen, voller Eifer guten Unterricht erteilen, wissenschaftlich forschen und ideologische Bildungsarbeit leisten; geschichtliches Verständnis und einen guten Arbeitsstil entwickeln, fleißig den Marxismus-Leninismus und das Mao Zedong-Denken studieren und stets das ideologisch-politische Bewußtsein und die Kenntnisse in kommunistischer Moral vertiefen. Gemäß dem Arbeitsbedarf sollen diejenigen zum Professor befördert werden, die, in bezug auf Studienverhältnisse und berufliche Fähigkeiten, in der täglichen Unterrichtsarbeit hervorragende Leistungen bringen, über die richtige Behandlung der wissenschaftlichen Fächer schreiben oder bedeutende Erfindungen machen sowie durch wissenschaftliches Niveau und praktische Problemlösungen unter Beweis stellen, daß sich ihr Niveau bereits auf den Stand eines außerordentlichen Professors gehoben hat. Die Entscheidung über die Beförderung zum Professor muß jeweils von den Schulkommissionen eingehend geprüft und von den Schulen der Kreise (autonomen Bezirke, regierungsunmittelbaren Städte) dem Erziehungsverwaltungsrat des Zentralen Erziehungsministeriums zur Genehmigung vorgelegt werden. ...

Die Hauptverpflichtungen der Professoren sind das Abhalten von Vorlesungen in bestimmten Fächern und (die Anleitung) Postgraduierte(r) zur Erlangung akademischer Titel sowie die Teilnahme an wissenschaftlicher Forschung in wichtigen Teilbereichen und die Auswertung und Begutachtung der Leistungen wichtiger wissenschaftlicher Forschungen. ...

Quelle: *Chinesische Enzyklopädie*, S.149 f.

24. Artikel "*shifan jiaoyu* (Lehrerbildung)" von Li Bingde, Chen Shaochou und Sun Rongrong (1985)

Ausbildung von Lehrkräften der Fachrichtung Erziehung.
Die Erhöhung des Niveaus der Geisteswissenschaften eines jeden Landes und Volkes entscheidet in großem Maße über das Niveau der Lehrer eines jeden Schultyps. - Die Etablierung der Lehrerbildung ist ein grundlegender Bestandteil für die in der Erziehung Tätigen.
...
Für die chinesische Mittelschullehrerbildung erließ die Qing-Regierung am 13.01.1904 das "Statut für die Lehrerbildungsanstalten" (Gui-mao-Edikt), welches besagte, daß die Lehrerbildungsanstalten in zwei Gruppen eingeteilt waren, in die untere Pädagogische Lehranstalt (auf dem Niveau der Mittelschulbildung) und in die obere Pädagogische Lehranstalt (auf dem Niveau der Hochschulbil-

dung), für die die Studienzeit auf insgesamt acht Jahre festgesetzt wurde. Die unteren Pädagogischen Lehranstalten bildeten Lehrkräfte für Grundschulen aus; ...; die Studiendauer betrug fünf Jahre. 1907 wurde das "Statut für Mädchenschulen" erlassen, das den früheren Erlaß zur Pädagogischen Anstalt, der Mädchen die Aufnahme eines Studiums verweigerte, revidierte. Nach der Xinhai- (Bürgerlichen) Revolution veröffentlichte das Erziehungsministerium der Republik China 1912 (die Dokumente) "Die gegenwärtige Lehrerbildung" sowie "Die Bestimmungen zur Pädagogischen Schule", die zur Änderung des Namens untere Pädagogische Lehranstalt in Pädagogische Schulen führte; die Studiendauer war weiterhin begrenzt auf fünf Jahre. 1922 wurde die Studiendauer an den Pädagogischen Schulen von fünf auf sechs Jahre verlängert, die in zwei Abschnitten durchlaufen werden konnten: die untere und die obere Stufe der Pädagogischen Schule. Für die obere Stufe der Lehrerbildung an den Pädagogischen Schulen wurde festgelegt: Aufnahme von Absolventen unterer Mittelschulen; die Studiendauer ist auf drei Jahre begrenzt. Was die erste Zeit der Lehrerbildung betrifft, so waren die Pädagogischen Schulen provisorisch ausgestattet; aufgenommen wurden Absolventen der oberen Grundschulen bei einer festgesetzten Studienzeit von vier Jahren.

In der Zeit von 1927 bis 1947 legte das Volksregime, in den revolutionären Stützpunktgebieten, besonderen Wert auf die Lehrerbildung. 1932 wurde im Zentralen Sowjetgebiet die Pädagogische Schule Lenin gegründet und Xu Te als Rektor eingesetzt; ... 1941 gab es im Shaanxi-Gansu-Ningxia-Grenzgebiet bereits fünf Pädagogische Schulen.

Nach der Gründung der Volksrepublik China faßten die Kommunistische Partei Chinas sowie die Volksregierung Pläne bezüglich der Aufbauarbeit der Lehrerbildung. Ab 1952 wurden Veränderungen am übernommenen alten Ausbildungssystem vorgenommen, die Kurzzeitbildungsprogramme zur Lehrerbildung energisch vorangetrieben und die Grundschullehrerbildung gesteigert. Im ersten Fünfjahresplan wurde auf die Entwicklung der Mittelschullehrerbildung Gewicht gelegt, die Grundschullehrerbildung reduziert und die Kurzkurse wurden eingestellt. Etwa seit 1956 veröffentlichte das Erziehungsministerium der Zentralen Volksregierung zur probeweisen Durchführung die "Bestimmungen zur Pädagogischen Schule", die "Bestimmungen für an Pädagogische Schulen angeschlossene Grundschulen" und das "Gesetz zum Praktikum an Pädagogischen Schulen", veröffentlichte den "Unterrichtsplan für die Pädagogischen Schulen für Vorschulerzieher" und verkündete Leitlinien für den Unterricht in den einzelnen Wissenschaften, für das Lehrprogramm und den Lehrstoff. Zu Beginn der sechziger Jahre hatte das Ministerium die Umwandlung der unteren Pädagogischen Schulen in obere Pädagogische Schulen vollzogen, die Aufnahme von Absolventen mit Grundschulniveau wurde gestoppt. Im Verlauf der "großen Kulturrevolution" wurde der Großteil der Pädagogischen Schulen abgeschafft. Nach der Zerschlagung der konterrevolutionären Gruppe um Jiang Qing im Jahre 1976 wurden alle Pädagogischen Mittelschulen allmählich erneuert, reorganisiert und ausgestattet. Im Juni 1980 berief das Erziehungsministerium eine nationale Konferenz zur Erziehungsarbeit ein, auf der die in den 30 Jahren seit der Staatsgründung gesammelten Erfahrungen zusammengefaßt wurden und Fragen bezüglich einer guten Durchführung der Pädagogischen Mittelschulbildung erörtert wurden. Im Anschluß an die Konferenz veröffentlichte das Ministerium die im Verlauf erörterten Leitlinien "Stellungsnahme des Erziehungsministeriums bezüglich der guten Durchführung der Mittelschullehrerbildung", "Bestimmungen zur Pädagogischen Mittelschule (Probeentwurf)", "Unterrichtsplan für die Pädagogischen Mittelschulen (Probeentwurf)" und den "Unterrichtsplan für die Pädagogische Schule für Vorschulerziehung (Probeentwurf)". Diese Dokumente behandelten das Wesen der Pädagogischen Mittelschule, ihre Aufgabe, ihren Ausbildungsplan und alle Lehrgänge usw., und sie verdeutlichten so diese Bestimmungen. Laut Bestimmungen:

1. Pädagogische Mittelschulen gehören ihrem Wesen nach zu den Fachschulen. Zu den Aufgaben der Pädagogischen Mittelschulen gehört die Heranbildung eines sozialistischen Bewußtseins und einer dialektisch-materialistischen Weltanschauung sowie kommunistischer Moral. In der Grund- oder in der Vorschulerziehung Tätige müssen über Allgemeinbildung und technische Fähigkeiten verfügen, sie sollten Liebe zum Kind empfinden, mit Leib und Seele der sozialistischen Erziehungsanstalt dienen und bei guter Gesundheit sein.

Außerdem sind die Pädagogischen Mittelschulen verpflichtet, Grundschullehrer und Kindergärtnerinnen gemäß den Bedürfnissen und Möglichkeiten auszubilden.

2. Die Ausbildungsdauer der Pädagogischen Mittelschulen ist bestimmt durch zwei Typen: es gibt einen dreijährigen und einen vierjährigen Typ; aufgenommen werden Absolventen der unteren Mittelschule sowie auf Arbeit wartende Jugendliche mit entsprechender Bildung.

3. Die Fächer der Pädagogischen Mittelschulen umfassen Politik, Sprache und Literatur, Didaktik zur Vermittlung des Lesens und Schreibens an Grundschulen, Lehrstoff und Didaktik für die Fächer Mathematik, Physik, Chemie, Biologie an Grundschulen, Fremdsprachen, Geographie, Geschichte, Psychologie, Pädagogik, Sport, Musik, bildende Kunst sowie einen Praktikumslehrgang.

...

Laut Statistik von 1982 wuchs die Zahl der Pädagogischen Mittelschulen seit 1949 von 610 auf 908 an, die Zahl der Schüler stieg von 152.000 auf 411.400. Seit Gründung der Volksrepublik China wurden insgesamt 3.128.000 Studenten an Pädagogischen Mittelschulen ausgebildet, gleichzeitig wurde noch eine große Anzahl Lehrer weitergebildet, die sich bereits im Dienst befanden.

Chinas Lehrerbildungs-Hochschulen: Die ersten Lehrerbildungs-Hochschuleinrichtungen, die Nanyanger Pädagogische Lehranstalt, die staatliche Pädagogische Hochschule von 1897, und die Pädagogische Hochschule Beijing, das Lehrerbildungsinstitut von 1902, waren nicht nur als Schulen ausgerichtet. ...

Im September 1912 veröffentlichte das Erziehungsministerium der Republik China eine Schrift mit dem Titel "Zur gegenwärtigen Lehrerbildung"; diese regelte die Errichtung von Pädagogischen Hochschulen und Pädagogischen Hochschulen für Frauen. Im Februar 1913 wurden die "Bestimmungen zur Pädagogischen Hochschule" bekanntgegeben, welche die differenzierende Einrichtung von Propädeutika, Sportkursen, Kursen für wissenschaftliche Forschung sowie die Einrichtung von Fachkursen an Pädagogischen Hochschulen festlegte. In die Propädeutika und die Fachkurse werden (ohne Ausnahme) nur Absolventen von Mittelschulen aufgenommen. Die Studiendauer der Propädeutika war begrenzt auf ein Jahr, der Sportkurs auf drei Jahre, die Kurse für wissenschaftliche Forschung auf ein Jahr, möglicherweise auf zwei Jahre, und die Fachkurse liefen zwei oder drei Jahre; sowohl die Verordnungen als auch die Anordnungen forderten von den Schulabgängern im Anschluß einen auf ein Jahr festgelegten praktischen Dienst. Nach der Veröffentlichung der Schrift "Zur gegenwärtigen Lehrerbildung" ... wurde für das ganze Land die Einrichtung von sechs nationalen Verwaltungseinheiten für die höhere Lehrerbildung vorgesehen; sie standen unter direkter Verwaltung des Erziehungsministeriums.

1922 wurde ein neues Schulsystem eingeführt, welches das Propädeutikum an der Universität abschaffte und die Mittelschule auf vier bzw. sechs Jahre umstellte (differenziert nach unterer und zwei höheren Schulklassen, jede über drei Jahre). Infolgedessen wurde die Nachfrage nach Pädagogischen Hochschulen in erheblichem Maße gesteigert. Nach 1923 wurden alle Pädagogischen Hochschulen der Reihe nach in Pädagogische Universitäten umgewandelt oder gingen in den Allgemeinen Universitäten auf. Sehr viele Universitäten hatten bereits Erziehungswissenschaftliche Fakultäten gegründet. Einige Universitäten gründeten vermehrt Pädagogische Hochschulen oder Erziehungswissenschaftliche Institute. Später wurden noch einige unabhängige Pädagogische Hochschulen und Erziehungswissenschaftliche Institute gegründet.

Nach der Etablierung der Volksrepublik China erfuhr das System der Hochschuleinrichtungen eine Neuordnung; Pädagogische Hochschulen wurden völlig unabhängig (von anderen Hochschulen) errichtet. 1952 veröffentlichte das Erziehungsministerium den "Erlaß zur Pädagogischen Hochschule (Entwurf)"; er begrenzte die Studiendauer bei Pädagogischen Hochschulen auf vier Jahre, die wesentlich der Ausbildung von Lehrkräften für Mittelschulen dienen sollten; die Studiendauer für Pädagogische Fachmittelschulen wurde auf zwei Jahre begrenzt, Hauptaugenmerk lag auf der Ausbildung von Unterstufen-Mittelschullehrern. 1953 und 1954 wurden zwei aufeinanderfolgende landesweite Fachkonferenzen zur (Situation der) Pädagogischen Hochschule einberufen. Danach wurden zahlreiche Dokumente erlassen, die sich auf die Bildungsreform der Pädagogischen Hochschulen bezogen; festgelegt wurden Unterrichtspläne (oder Unterrichtsentwürfe) zu zahlreichen Fachkursen sowie Lehrprogramme für zahlreiche Wissenschaftszweige; die Pädagogischen Hochschulen wurden weiter standardisiert, um die Unterrichtsqualität zu erhöhen. Die Hochschul-Lehrerbildung entwickelte sich sehr rasch. 1949 gab es nur 12 chinesische Pädagogische Hochschulen mit lediglich 12.000 Studenten; bis zum Jahresende 1982 existierten landesweit 194 Pädagogische Hochschulen, darunter 66 Pädagogische Universitäten und Pädagogische Institute sowie 128 Pädagogische Fachmittelschulen mit insgesamt 281.800 Studenten.

Die Fachrichtungen und Kurse innerhalb der bestehenden landesweiten Pädagogischen Hochschulen decken 17 Fachtypen ab. Außerdem gründeten einige Pädagogische Hochschulen auch andere Fachrichtungen gemäß den Bedürfnissen des nationalen Aufbaus und der Entwicklung der technischen Wissenschaften, darin inbegriffen u.a. die Bibliothekskunde und audiovisuelle Unterrichtsprogramme. Jede Fachrichtung der Pädagogischen Hochschulen richtet folgende fünf Kurse ein: 1. Politikwissenschaft, einschließlich Geschichte der Kommunistischen Partei Chinas, Politökonomie, Philosophie und Unterricht zur Ausbildung der kommunistischen Moral usw.; 2. Fremdsprachenunterricht; 3. Erziehungswissenschaft einschließlich Psychologie, Pädagogik, Fachdidaktik und die Durchführung eines Fachpraktikums; 4. Sportunterricht; 5. Fachkurse einschließlich fachlicher Grundkurse und Wahlfächer.

Bei der Entfaltung wissenschaftlicher Forschung ist die erziehungswissenschaftliche Forschung eine wichtige Aufgabe der Pädagogischen Hochschulen. Manche Pädagogischen Institute führten innerhalb ihrer Erziehungswissenschaftlichen Institute spezielle gründliche Forschungen im Hinblick auf bestimmte Studienfächer durch.

Die Pädagogischen Hochschulen bilden Lehrkräfte aus und verbinden die erziehungswissenschaftlichen Forschungsinstitute mit der Ausbildung von Fachpersonal; gegenwärtig haben einige Pädagogische Hochschulen Postgraduierten-Abteilungen, in die sie Postgraduierte zur Vorbereitung der Verleihung eines Magister- oder Doktorgrades aufnehmen. Die Pädagogischen Hochschulen übernehmen außerdem die Aufgabe der Ausbildung von Lehrkräften für Mittelschulen durch die Veranstaltung von Fernkursen, Abendhochschulen, Ausbildungskursen und Weiterbildungskursen und anderen speziellen Angeboten. Außerdem gehört in den Bereich der Pädagogischen Hochschule auch die gezielte Übernahme der Aufgabe, im Amt befindliche Lehrkräfte für Mittelschulen und erziehungswissenschaftliches Verwaltungspersonal der Pädagogischen Hochschulen und der Pädagogischen Verwaltungshochschulen auszubilden.

Die Entwicklung der Lehrerbildung entspricht der Tendenz der Lehrerbildung in der ganzen Welt und ist durch folgende Merkmale gekennzeichnet:

1. Anforderungen hinsichtlich der Qualifikation der Grund- und Mittelschullehrer zur Vorlage bei Einstellung. Um die Ausbildungsqualität der Grund- und Mittelschulen zu gewährleisten, mußten im ganzen Land sehr viele Bestimmungen zum Ausbildungsniveau ausgearbeitet werden; in den pädagogischen Lehranstalten erwirbt man die Genehmigung zur Tätigkeit als Lehrkraft; dies ist ein Weg, um einen Posten als Lehrer an Grund- und Mittelschulen sowie in Kindergärten zu erhalten. Von den im Amt befindlichen Lehrern sind einige ohne vorschriftsmäßige Qualifikation an die Schulen gekommen, da Bedarf bestand; deshalb müssen vorschriftsmäßige Prüfungen durchgeführt werden; mit dem Bestehen des Examens erwirbt der Lehrer seine Genehmigung, und kann dann offiziell als Lehrer tätig werden. Alle diese Anordnungen bestimmen das hohe Niveau, das man durch die korrekte Beachtung der Lehrerbildung erreichen kann, so daß die Position der Lehrerbildung gehoben wird.

2. Schrittweise Reduzierung der Pädagogischen Mittelschulen, Entwicklung und Steigerung der Lehrerbildung an Hochschulen. Anfänglich etablierte sich die Lehrerbildung im wesentlichen durch die Einführung von Pädagogischen Mittelschulen zur Ausbildung von Grundschul- und Kindergartenlehrkräften. In Übereinstimmung mit der konstanten Erhöhung des Bildungsniveaus verzeichnen auch die technischen Wissenschaften und die Volksbildung eine rasche Entwicklung, die Abgänger von Pädagogischen Mittelschulen dürfen nicht aufhören, sich den Verhältnissen des Entwicklungsbedarfs anzupassen; auch das Niveau der Pädagogischen Hochschulen muß den zahlreichen nationalen Forderungen Genüge leisten, indem die Absolvierung des Studiums in festgelegten Kursen nach Leistungspunkten stattfindet, jeder ein praktisches Jahr ableistet, eine Genehmigung zur Einstellung als Lehrer erwirbt oder das Wissen eines Bakkalaureus und sogar die Befähigung eines akademischen Magistergrades erringt und nach Verlassen (der Hochschule) einen Posten annimmt als Kindergarten-, Grundschul- oder Mittelschullehrer.

3. Beachtung der Weiterbildung im Amt befindlicher Lehrer. Wegen des raschen Entwicklungsgrades der Wissenschaft und Technik müssen die im Amt befindlichen Lehrer, die zwar bereits die gesetzliche Qualifikation errungen haben, ihre wissenschaftlichen Fähigkeiten weiterhin konstant erhöhen und erneuern. Um sich auf den Bedarf der neuen Verhältnisse einzustellen, schenken alle Länder der Steigerung der Weiterbildung im Amt befindlicher Lehrer große Beachtung und verbinden dies mit dem Einsatz verschiedenartiger Maßnahmen. Demzufolge gewährt man den im Amt befindlichen Lehrern Weiterbildungskurse kurzer und mittlerer Länge oder hält Fernkurse ab, die den sich öffnenden Universitäten gleichkommen, oder man schickt die Lehrer zu allge-

meinen Universitäten zur Weiterbildung. Einige Länder haben die Regelung, daß Lehrer nach einigen Jahren Berufstätigkeit für ein Jahr ihre Stelle verlassen, um sich erneut, bei Fortzahlung des Gehaltes, weiterzubilden. Andere Länder arbeiten einen Plan aus, der die Forderung aufstellt, allen Lehrern einmal innerhalb einiger Jahre die Gelegenheit zur Bildung für ein Jahr zu gewähren.

Quelle: *Chinesische Enzyklopädie*, S.319 f.

Summary

The history of education in China can be traced back to a period of several millenia. The classical Chinese concept of the importance of education manifests itself in the ideal that a man must be both morally and intellectually educated. This value was modified by the contact with and influence of foreign countries in the 19th century, when a practical education became more and more important. In China teacher training had originally not been attached great importance to - a teacher was he who felt competent or who had failed in the civil servant examinations. It was only in 1897 that the first modern teacher training school was founded, after the officials had recognized the urgent need for training qualified teachers.

The political leaders of the Communist Party realized that they could not dispense with the intellectuals if they wanted to win the revolution. On the other hand it was obvious that the intellectuals did not support the communist aims sufficiently. Therefore, since 1942 the communists again and again have launched "rectification campaigns". During these "ideological reformations" (*sixiang gaizao*) the old intellectuals, who had been educated in non-communist schools, had to change their views, develop new methods for teaching and research and closely combine with workers and peasants. In October 1950 the council of public administration decided to accept those teachers as "intellectual workers", whose work in pre-revolutionary society had not been exploitative and who had not been class enemies; those teachers who had worked in the public schools of the Soviet areas were given the title of a "revolutionary worker" (*geming zhi yuan*).

The rectification campaigns led to increasing dissatisfaction among the teachers. Already in 1953 the responsible authorities recognized that most students declined to become teachers. However, in view of the serious shortage of teachers, the professional ideological education was strengthened in order to raise the political consciousness for the importance of this profession. The pupils were urged to respect the teachers.

The intellectuals gave vent to their dissatisfaction in the "Hundred Flowers Movement" of the year 1957. Mao Zedong himself asked the intellectuals to express criticism, but neither he nor any other member of the leadership had expected such an outburst of indignation. Already five weeks after the outbreak of this servere criticism, the Party started a "counter-attack" to stop the attacks against the Party. At the beginning of June 1957 the "Anti-Rightist Campaign" was proclaimed and rectification was strengthened once again. Professional competence completely lost its value, only unconditional submission to the Communist Party counted. During the *xiafang* movement hundreds of thousands of intellectuals were sent to the countryside or to work in factories, sometimes for years.

After the "Great Leap Forward" which had been propagated in the years 1958 and 1959, great importance was given to the education of qualified personnel. The political consciousness (red) was to be combined with professional abilities (expert). But already in 1964 ideology had regained the upper hand as regards the problem of the inellectuals. The economic situation of the country began to stabilize so that the support of the intellectuals did not appear as indispensable as before. Especially the years of the "Cultural Revolution" were extremely hard. In the schools heavy attacks were launched against the teachers. During the trials they had to stand for several hours with a crushed head and sometimes the feed bound together having to suffer patiently the criticism of the cadres and pupils. The intellectuals were expelled from society and condemned as "Stinking No. 9" (*chou lao jiu*). As the teachers officially were declared class enemies, their treatment was called a legitimate expression of the class-struggle.

After the acute phase of the "Great Proletarian Cultural Revolution" the educational system started to be reformed from the beginning of the seventies onward. The main task of the educational institutions was redefined by putting the stress on the political and ideological education rather than on the professional qualification of the students. But the social status of the teachers was not changed; they continued to be discriminated by the Party, the state and the society.

Mao Zedong's educational concept had stressed equality, which meant adjustment to the lowest standard and consequently an obstacle for the development of the country; it therefore led to dissatisfaction among the people. It was only after 1976 that the raising of the educational level was stressed again and a return to the issues and themes of the fifties and early sixties took place. In this new political atmosphere the low morale of the teachers improved very soon, particularly because science and technology became more important in view of the "Four Modernizations"; in order to achieve this goal, Deng Xiaoping proposed a reassessment of the role of the intellectuals. In his view, the intellectuals, because of their contributions to science and technology, belonged to the working class. So the intellectuals again were officially confirmed as a valuable part of society; this was reflected in the election of "Special-Grade Teachers" (*teji jiaoshi*).

With the beginning of the year 1989 Beijing students started a demonstration movement calling for freedom and democracy. The movement was violently suppressed by Deng Xiaoping and his followers in June 1989. Thus the period of giving priority to professionalism ended, which had lasted for more than ten years. Rectification meetings have been held again, and the sending-down of teachers to the country-side has again been discussed.

No predictions can be made as to how the conditions for the teachers will develop in the nineties. First efforts to try to ease the situation suggest that there is hope for the future of the teachers. But it is obvious that the leadership will not renounce its claim that the intellectuals and especially the teachers have to subordinate themselves to the authority of the Party.

Finally it must be stated that the concept of the teacher basically has not changed in the People's Republic of China. The view of this social group still depends on the political aims of the Chinese leadership; distrust and suspicion vis-à-vis the teachers for fear of criticism have not yet disappeared. Rectification or repression automatically cause new criticism and dissatisfaction. It is to be hoped that this vicious circle will be overcome before long. The fact that the Chinese Communist Party no longer doubts the importance of the teachers for the development of the country may be taken as a first step into this direction.

Literaturverzeichnis

Monographien und Aufsätze:

Achievement of Education in China / Zhongguo-jiaoyu chengjiu. Statistics / Tongji ziliao 1949-1983, Department of Planning, Ministry of Education, The People's Republic of China, Zhonghua Renmin Gongheguo Jiaoyubu Jihua Caiwusi, Band 1, Beijing 1984, Band 2, Beijing 1986 (Chines./Engl. Ausgabe)

Ayers, William: *Chang Chih-tung and Educational Reform in China*, Cambridge, Massachusetts 1971

Berendsen, Robert D.: *Planned Reforms in the Primary and Secondary School System in Communist China*, U.S. Department of Health, Education, and Welfare - Office of Education, Information on Education Around the World, No.45. Washington, D.C., August 1960

Beijing Rundschau (Hg.): *Vom Kindergarten zur Hochschule. China heute* ("Beijing Rundschau"-Spezialserien), Beijing 1983

Benton, Jean E.: Curricular Issues in Tertiary Teacher Education Training Programs in the People's Republic of China. A paper presented at the VIIth World Congress of Comparative Education, Montreal, Canada, June 26-30, 1989

Bernstein, Thomas P.: *Up to the Mountains and Down to the Villages. The Transfer of Youth from Urban to Rural China*, New Haven and London 1977

Biggerstaff, Knight: *The Earliest Modern Government Schools in China*, Ithaca, New York 1961

Bonavia, David: *Verdict in Peking. The Trial of the Gang of Four*, New York 1984

Brandt, Conrad; Benjamin Schwartz und John K. Fairbank: *Der Kommunismus in China. Eine Dokumentargeschichte*, München 1955

Bundesstelle für Außenhandelsinformation - Ost - Information: *VR China. Fünfjahresplan 1981-85*, Köln, August 1983

Bundesstelle für Außenhandelsinformation - Ost - Information: *VR China. Fünfjahresplan 1986-90*, Köln, Mai 1986

Butterfield, Fox: *China. Alive in the Bitter Sea*, New York 1982

The Cambridge History of China, Vol.14, Eds.: John K. Fairbank and Daniel Twitchett, Cambridge 1987

CCP Documents of the Great Proletarian Cultural Revolution, 1966 to 1967 Hong Kong: Union Research Institute, 1968

Chang, Jen-chi: *Pre-Communist China's Rural School and Community*, Boston 1960

Chao Chung and Yang I-fan: *Students in Mainland China*, Communist China Problem Research Series, No.13, Hong Kong: Union Research Institute, Fifth Printing, Sept. 1968

Chen, Theodore H.: *Chinese Education Since 1949. Academic and Revolutionary Models*, New York 1981

Chen, Theodore H. (Ed.): *The Chinese Communist Regime. Documents and Commentary*, London 1967

Chen, Theodore H.: *The Maoist Educational Revolution*, New York, Washington, London 1974

Chen, Theodore H.: *Thought Reform of the Chinese Intellectuals*, Hong Kong 1960

Chester C. Tan: *Chinese Political Thought in the Twentieth Century*, Newton Abbot 1972

Chi Tung-wei: *Education for the Proletariat in Communist China*, Communist China Problem Research Series, No.6, Hong Kong: Union Research Institute, February 1956

Chih, Yen Wang: *A Study of the Social Studies Program in Chinese Secondary Schools 1929-1949*, Temple University, Ed.D., 1973

China. Facts and Figures, published by the Foreign Languages Press, Beijing, May 1982

China. Issues and Prospects in Education, Annex 1 to China, Long-Term Development Issues and Options (A World Bank Country Study), Washington: The World Bank, 1985

China Educational Sciences, Beijing: The Central Institute of Educational Research, 1986 and 1988 (2 Hefte)

Chinese Yearbook of Education: 1949-1981, Beijing 1984

Chinesische Enzyklopädie, siehe *Zhongguo Da Baike Quanshu*

Christian Education in China, Report of the China Educational Commission of 1921-1922, Shanghai 1922

Chung Shih: *Higher Education in Communist China*, Communist China Problem Research Series, No.2, Hong Kong: Union Research Institute, Fourth Printing, September 1968

Communist China 1955-1959. Policy Documents with Analysis. With a Foreword by Robert R. Bowie and John K. Fairbank, Massachusetts 1962.

Communist China 1965, Vol.II, (Communist China Problem Research Series, No.39), Hong Kong: Union Research Institute, December 1967

Communist China 1966, Vol.II, (Communist China Problem Research Series, No.40), Hong Kong: Union Research Institute, March 1968

Communist China 1967, (Communist China Problem Research Series, No.41), Hong Kong: Union Research Institute, Febr. 1969

Communist China 1968 (Communist China Problem Research Series, No.47), Hong Kong: Union Research Institute, 1969

Compton, Boyd: *Mao's China. Party Reform Documents, 1942-44*, Translation and Introduction by..., Seattle 1952

Connel, William F., et.al. (Ed.): *China at School*, Sydney o.J.

Curran, Thomas D.: *Education and Society in Republican China*, New York: Columbia University 1986

Dangdai Zhongguo Gaodeng Shifan Jiaoyu Ziliaoxuan (Materialauswahl zur gegenwärtigen Lehrerbildung an Hochschulen in China), 1.Teil. hrsg. von der Editionsabteilung Pädagogik ("China heute"), Shanghai: Universitätsverlag der Ostchinesischen Lehrerbildungs-Universität, 1986

Deng Xiaoping: *Ausgewählte Schriften (1975-1982)*, Beijing 1985

Dilger, Bernhard: "Volksrepublik China", in: *Erwachsenenbildung in fünf Kontinenten. Bestandsaufnahme und Vergleich*, hrsg. von W. Leirman und F. Pöggeler, (Handbuch der Erwachsenenbildung, Bd.5), Stuttgart 1979, S.299-311

Dilger, Bernhard: "Volksrepublik China", in: *Vergleichende Sonderpädagogik*, hrsg. von K.J. Klauer und W. Mitter, Handbuch der Sonderpädagogik, Bd. 11), Berlin 1987, S.702-716

Dilger, Berhard und Jürgen Henze: *Das Erziehungs- und Bildungswesen der VR China seit 1969. Eine Bibliographie*, hrsg. von der Arbeitsstelle für vergleichende Bildungsforschung, Bochum, und der Dokumentations-Leitstelle Asien, Hamburg, Bochum, Hamburg 1978

Documents of Chinese Communist Party Central Committee, Sep.1956 to Apr. 1969, Volume 2, Hong Kong: Union Research Institute, 1974

Doolin, Dennis J.: *Communist China. The Politics of Student Opposition*, The Hoover Institution on War, Revolution and Peace, Stanford University, 1964

Edmunds, Charles K.: *Modern Education in China* (Department of the Interior Bureau of Education Bulletin, 1919, No.44), Washington 1919

Eitner, Hans-Jürgen: *Erziehung und Wissenschaft in der Volksrepublik China 1949 bis 1963. Dokumentation und Analyse*, Frankfurt am Main 1964

Emi Siao: *Kindheit und Jugend Mao Tse-Tungs*, Berlin (Ost) 1953

Esmein, Jean: *The Chinese Cultural Revolution*, translated from the French by W.J.F. Jenner, London 1973

Fairbank, John K.: *Chinese Thought and Institutions*, Chicago 1957

Fairbank, John K.: *The Great Chinese Revolution: 1800 to 1985*, London 1987

The Fourth Session of the Sixth National People's Congress. Main Documents, Beijing 1986

Franke, Otto: *Ostasiatische Neubildungen, Beiträge zum Verständnis der politischen und kulturellen Entwicklungs-Vorgänge im Fernen Osten*, Hamburg 1911

Franke, Wolfgang (Hg.): *China-Handbuch*. Unter Mitarbeit von Brunhild Staiger. Eine Veröffentlichung der Deutschen Gesellschaft für Ostasienkunde in Verbindung mit dem Institut für Asienkunde, Düsseldorf 1974

Franke, Wolfgang: *The Reform and Abolition of the Traditional Chinese Examination System*, Cambridge 1968

Fraser, Stewart E. (Ed.): *Education and Communism in China. An Anthology of Commentary and Documents*, Hong Kong 1969

Franz, Helmut u.a. (Hg.): *China unter neuer Führung. Hintergründe und Analysen zur Entwicklung von Gesellschaft, Wirtschaft, Wissenschaft und Kultur nach dem Sturz der "Viererbande" im Herbst 1976*, Bochum 1978

Garms, Eckhard: *China. Zwischen Mao und Moderne. Sozialistische Modelle*, hrsg. vom Institut der deutschen Wirtschaft, Köln, Köln 1981

Grimm, Tilemann: *Erziehung und Politik im konfuzianischen China der Ming-Zeit 1368-1644*, Hamburg 1960

Hawkins, John N.: *Mao Tse-Tung and Education. His Thoughts and Teachings*, Hamden 1974

Hawkins, John N. (Commentary and Translation): *Educational Theory in the People's Republic of China: The Report of Ch'ien Chün-Jui*, Asian Studies at Hawaii, No.6, Asian Studies Program, University of Hawaii 1971

Henze, Jürgen: *Bildung und Wissenschaft in der Volksrepublik China zu Beginn der achtziger Jahre*, Mitteilungen des Instituts für Asienkunde Hamburg, Nummer 132, Hamburg 1983

Hu, Chang - Ho Jiugow: *A General Outline on the Reorganization of the Chinese Educational System*, New York 1917

Hu, Chang-Tu (Ed.): *Chinese Education under Communism*, New York 1962

Hu, Shi Ming and Eli Seifman (Eds.): *Toward a New World Outlook. A Documentary History of Education in the People's Republic of China, 1949-1976*, New York 1976

Informationen zur politischen Bildung, Nr.198: *Die Volksrepublik China*, hrsg. von der Bundeszentrale für politische Bildung, Bonn 1983

Jianguo Yilai Gaodeng Jiaoyu Zhongyan Wenxian (Wichtige Dokumente zur Hochschulbildung seit Gründung der Volksrepublik China), Auswahlband. 2 Teile. Redaktion: Hochschulkader-Fortbildungskurs und Erziehungswissenschaftliches Forschungsinstitut, Ostchinesische Lehrerbildungs-Universität, Shanghai 1987

Johnson, Chalmers A.: *Freedom of Thought and Expression in China. Communist Policies Toward the Intellectual Class*, (Communist China Problem Research Series, No.21), Hong Kong: Union Research Institute, 3.Aufl., 1967

Kampf - Kritik - Umgestaltung: proletarische Schule und Universität in China, Kommunistische Jugend- und Erziehungsarbeit, Teil 1, Berlin 1971 (mehr nicht erschienen)

Kan, David: *The Impact of the Cultural Revolution on Chinese Higher Education*, Dissertations and Theses on Contemporary China, Hong Kong: Union Research Institute, 1971

Keenan, Barry: *The Dewey Experiment in China. Educational Power in the Early Republic*, Harvard East Asian Monographs, No.81, Cambridge 1977

Kuntze, Peter: *China unter Mao. Rechtsputsch in der Volksrepublik?* München, Wien 1978

Länderkurzbericht Volksrepublik China 1983, Statistik des Auslandes, hrsg. vom Statistischen Bundesamt Wiesbaden, Stuttgart und Mainz, Februar 1983

Lang, Ting Chih: *School Systems in Communist China (1949 to 1963)*, Utah: Utah State University, Logan, 1974

Leben im heutigen China, hrsg. vom Verlag für fremdsprachige Literatur, Beijing 1986

Lewis, Ida Belle: *The Education of Girls in China. Teachers College*, (Columbia University Contribution to Education, No.104), New York 1919

Liu, William T. (Ed.): *Chinese Society under Communism: A Reader*, New York 1967

Lo, Billy L.C.: *Research Guide to Education in China after Mao 1977-1981*, University of Hong Kong: Centre of Asian Studies, 1983

Lu, Ting-yi: *Education Must Be Combined With Productive Labour*, Peking 1958

MacFarquhar, Roderick: *The Hundred Flowers Campaign and the Chinese Intellectuals*, New York 1960

Mao Papers. Mit einem Essay über den literarischen Stil Mao Tse-tungs und einer Bibliographie seiner Schriften von Jerome Ch'en, München 1972

Mao Tse-tung: *Ausgewählte Schriften*. Aus dem Chinesischen übersetzt, hrsg., eingeleitet und mit einem Kommentar und Anmerkungen versehen von Tilemann Grimm. In Zusammenarbeit mit Christine Herzer und Bodo Wiethoff, Frankfurt am Main 1963

Mao Zedong Texte. Schriften, Dokumente, Reden und Gespräche. Deutsche Bearbeitung und chinesische Originalfassung, hrsg. von Helmut Martin, München, Wien, 1. und 2.Band: 1979; 3. und 5.Band: 1982

Materialauswahl zur gegenwärtigen Lehrerbildung an Hochschulen in China, siehe *Dangdai Zhongguo Gaodeng Shifan Jiaoyu Ziliaoxuan*

Mauger, Peter u.a.: *Erziehung und Ausbildung in China*, Stuttgart, 2.Aufl. 1977

Mehnert, Klaus: *Maos Erben machen's anders*, München, Zürich 1980

Mit überlieferten Vorstellungen radikal brechen. Dokumente über die Fortführung der Revolution im Erziehungswesen in China, übersetzt, hrsg. und mit weiteren Dokumenten versehen von Luise Beppler u.a., Heidelberg 1974

Miyazaki, Ichisada: *China's Examination Hell. The Civil Service Examinations of Imperial China*, New York & Tokyo 1976

Monroe, Paul: *Essays in Comparative Education*, Republished Papers (Studies of the International Institute of Teachers College, Columbia University, No.7), New York 1927

Montaperto, Ronald and Jay Henderson (Ed.): *China's Schools in Flux*. Report by the State Education Leaders Delegation, National Committee on United States - China Relations, New York 1979

Mu Fu-Sheng: *The Wilting of the Hundred Flowers. Free Thought in China Today*, London 1962

Müller, Wilfried und Hubert-Günter Striefler (Hg.): *China im Spiegel der Weltpresse. Dokumentation ausgewählter Beiträge und Daten zu politischen und wirtschaftlichen Entwicklungen 1984 und 1985* (Aktuelle Fachinformation Nr.1), Hamburg 1985

Münch, Joachim und Matthias Risler: *Berufliche Bildung in der Volksrepublik China. Strukturen, Probleme und Empfehlungen*, hrsg. vom Europäischen Zentrum für die Förderung der Berufsbildung, Luxemburg 1986

Myrdal, Jan: *Bericht aus einem chinesischen Dorf*, München, 2.Aufl. 1971

Neugebauer, Ernst: *Anfänge pädagogischer Entwicklungshilfe unter dem Völkerbund in China. 1931 bis 1935*, Mitteilungen des Instituts für Asienkunde Hamburg, Hamburg 1971

Orleans, Leo A. (Ed.): *Science in Contemporary China*, Stanford, California 1980

Ostkolleg der Bundeszentrale für politische Bildung (Hg.): *VR China im Wandel* (Studien zur Geschichte und Politik, Band 267), Bonn, 2.Aufl. 1988.

Paine, Lynn: Continuity and Change in Chinese Education. (Paper prepared for the annual meeting of the American Educational Research Association, April 1984)

Paine, Lynn: Teachers and Texts: Transmitting Knowledge (Paper prepared for presentation at the Annual Meeting of the Comparative and International Education Society, Washington, D.C., March 12-15, 1987)

Paine, Lynn: Teaching as a Virtuoso Performance: The Model and Its Consequences for Teacher Thinking and Preparation in China (Paper prepared for presentation to the International Study Association on Teacher Thinking, Leuven, Belgium, October 14, 1986)

Paloczi-Horvath, Georg: *Der Herr der blauen Ameisen, Mao Tse-tung*, Frankfurt am Main 1963

Pan, Stephen and Raymond J. de Jaegher: *Peking's Red Guards. The Great Proletarian Cultural Revolution*, New York 1968

Parker, Franklin and Betty J. Parker: *Education in the People's Republic of China, Past and Present. An Annotated Bibliography*, New York & London 1986

Payne, Robert: *Mao Tse-tung. Ruler of Red China*, New York 1950

Pen Chen Shü: *Die chinesische Erziehungslage im Hinblick auf die europäischen Reformen*, Weimar 1928

Ping Wen Kuo: *The Chinese System of Public Education* (Contributions to Education, No.64), New York: Teachers College, Columbia University, 2.Aufl. 1915

Price, Ronald F.: *Education in Communist China*, London 1970

Ridley, Charles P., Paul H.B. Godwin and Dennis J. Doolin: *The Making of a Model Citizen in Communist China*, Stanford, California 1971

Robinson, Thomas W. (Ed.): *The Cultural Revolution in China*, Berkeley 1971

Ruge, Gerd: *Begegnung mit China. Eine Weltmacht im Aufbruch*, Düsseldorf, Wien 1978

Sakakida Rawski, Evelyn: *Education and Popular Literacy in Ch'ing China*, Ann Arbor: The University of Michigan 1979

Science and Technoloy in the People's Republic of China, Paris: Organisation for Economic Co-Operation and Development, 1977

Seybolt, Peter J. and Gregory Kuei-Ke Chiang (Eds.): *Language Reform in China. Documents and Commentary*, White Plains, New York 1979

Seybolt, Peter J.: *Revolutionary Education in China. Documents and Commentary*, New York 1973

Sharpes, Donald K.: Educating Minority Teachers in the People's Republic of China. A Paper Presented to the VIIth World Congress of Comparative Education, The University of Montreal, Canada, June 26 to 30, 1989

Shih Ch'eng-chih: *The Status of Science and Education in Communist China and a comparison with that in USSR*, (Communist China Research Series, No.30), Hong Kong: Union Research Institute, August 1962

Siao-yu: *Maos Lehr- und Wanderjahre*, München 1973

Skipwith Burgess, Clara: *Decision-Making in the Education System in Selected Cities of the People's Republic of China*, New York 1975

Staiger, Brunhild (Hg.): *China. Natur, Geschichte, Gesellschaft, Politik, Staat, Wirtschaft, Kultur*, Tübingen, Basel 1980

Stauffer, Milton T. (Ed.): *The Christian Occupation of China. A General Survey of the Numerical Strength and Geographical Distribution of the Christian Forces in China Made by the Special Committee on Survey and Occupation China Continuation Committee, 1918-1921*, Shanghai 1922 (Reprint Series No.71), reprints by Chinese Materials Centre, San Francisco 1979

Straka, Gerald A.: *Schule und Hochschule in der Volksrepublik China. Gegenwärtige Struktur, Statistiken, Bilder, Eindrücke* (Bremer Beiträge zur Vergleichenden Bildungsforschung, Bd.1), Bremen 1983

Swetz, Frank: *Mathematics Education in China: Its Growth and Development*, Cambridge, Massachusetts, 1974

Teng, Ssu-yü and John K. Fairbank: *China's Response to the West. A Documentary Survey 1839-1923*, Cambridge, Massachusetts, 4.Aufl., 1972

Tsang, Chiu-Sam: *Society, Schools and Progress in China*, Oxford 1968

Tseng Ching, Martin: *Das chinesische Bildungs- und Erziehungswesen seit der Revolution von 1911*, Köln 1931

Unger, Jonathan: *Education under Mao. Class and Competition in Canton Schools, 1960-1980*, New York 1982

Vetter, Chou Hsiu-Fen: *Korruption und Betrug im traditionellen Prüfungssystem Chinas. Eine Untersuchung über die Situation in der Qing-Dynastie* (Hochschulsammlung Philosophie: Geschichte; Bd.9), Freiburg (Breisgau) 1985

Wakeman Jr., Frederic: *History and Will. Philosophical Perspectives of Mao Tse-tung's Thought*, Berkeley: University of California Press, 1973

Wang Hsueh-wen: *Chinese Communist Education: The Yanan Period*, Taiwan: Institute of International Relations, o.O. 1975

Wang Sing-tai: *Changes in Chinese Communist Education*. Published by World Anti-Communist League, China Chapter Asian People's Anti-Communist League, o.0., August 1972

Wang Yu und Zhang Zhenhua (Hg.): *Bildung und Wissenschaft* (China Buchreihe), Beijing 1985

Watson, Andrew: *Living in China*, London & Sydney 1975

Weggel, Oskar (Hg.): *Die Alternative China. Politik, Gesellschaft, Wirtschaft der Volksrepublik China*, Hamburg 1973

Weggel, Oskar: *China. Zwischen Marx und Konfuzius*, München, 2.Aufl.1987

White, Gordon: *Party and Professionals. The Political Role of Teachers in Contemporary China*, New York 1981

Wichtige Dokumente zur Hochschulbildung, siehe *Jianguo Yilai Gaodeng Jiaoyu Zhongyan Wenxian*

Wiethoff, Bodo: *Grundzüge der älteren chinesischen Geschichte*, Darmstadt 1971

Wiethoff, Bodo: *Grundzüge der neueren chinesischen Geschichte*, Darmstadt 1977

Wittig, Horst E.: *Bildungswelt Ostasien. Pädagogik und Schule in China, Japan und Korea*, Paderborn 1972

Wu, Chien-Sung: *Ideology, Higher Education, and Professional Manpower in Communist China, 1949-1967*, New Mexico, o.O. 1971

Wu, Yuan-li (Ed.): *China. A Handbook*, Newton Abbot 1973

Xue Muqiao (Ed.): *Almanac of China's Economy TM 1981. With Economic Statistics for 1949-1980*, compiled by the Economic Research Centre, the State Council of the People's Republic of China and the State Statistical Bureau, New York and Hong Kong 1982

Yeh, Wen-Hsing: *The Alienated Academy: Higher Education in Republic China*, Berkeley 1984

Zhongguo Da Baike Quanshu, Jiaoyu, (*Chinesische Enzyklopädie, Erziehung*), hrsg. von Dong Chuncai, Beijing, Shanghai 1985

Zweite Tagung des VI. Nationalen Volkskongresses der Volksrepublik China. Hauptdokumente, Beijing 1984

Periodica:

Beijing Rundschau (bis 1978: *Peking Rundschau*)

Jg.III, Nr.1, 4.Januar 1966, S.21-23: "Das System der Lern- und Arbeitsschulen zeigt seine Vorteile"
Jg.IV, Nr.11, 14. März 1967, S.15 f.: *Renmin Ribao*, Leitartikel vom 7.März: "Wiederaufnahme des Unterrichts und Fortsetzung der Revolution an den Elementar- und Mittelschulen"
Jg.VI, Nr.14, 8.April 1969, S.10-12: "Unter Führung der Arbeiterklasse: Die Intellektuellen der Tjinghua-Universität schreiten auf dem Weg der Revolutionierung voran"
Jg.10, Nr.20, 22.Mai 1973, S.4: "Lehrer für das Studium der politischen Theorie"
Jg.12, Nr.52, 30.Dezember 1975, S.14-16: "Veränderungen an der Peking-Universität"
Jg.14, 5.Juli 1977, S.22-24: "Zerrüttung des Verhältnisses zwischen Lehrern und Schülern"
Jg.15, Nr.21, 30.Mai 1978, S.24 f: "Lehrerinnen der Sonderklasse"
Jg.16, Nr.14, 10.April 1979, S.9-14: Zhang Wen: "Gesellschaftswissenschaften: Laßt hundert Schulen miteinander wetteifern"
Jg.16, Nr.21, 29.Mai 1979, S.3: "Laßt hundert Schulen miteinander wetteifern"
Jg.17, Nr.41, 14.Oktober 1980, S.26: "Sommerferien für Lehrer"
Jg.18, Nr.33, 18.August 1981, S.6: "Amtsdauer für Hochschulrektoren"
Jg.18, Nr.37, 15.September 1981, S.6 f.: "Erfolge und Richtlinien"
Jg.20, Nr.21, 24.Mai 1983, S.10, 21: "Grund- und Mittelschullehrer ausgezeichnet"
Jg.20, Nr.40, 4.Oktober 1983, S.27 f.: "Fakten und Zahlen: Das Erziehungswesen Chinas"
Jg.22, Nr.19, 14.Mai 1985, S.4: Xin Xianrong: "Erhöhung der gesellschaftlichen Stellung der Lehrer"
Jg.22, Nr.31, 6.August 1985, S.6-8: "Beamte sollen die Provinzlehrer schulen"
Jg.22, Nr.35, 3.September 1985, S.7 f.: "Soziale Stellung der Lehrkräfte verbessern"
Jg.22, Nr.50, 17.Dezember 1985, S.9 f.: "Qualifizierte Lehrer nötig"
Jg.23, Nr.6-7, 11.Februar 1986, S.26 f.: "Fakten und Zahlen: Die Entwicklung des Erziehungswesens zwischen 1981 und 1985"
Jg.23, Nr.22, 3.Juni 1986, S.25-28: "Ausbildung der Kinder von klein auf"
Jg.23, Nr.24, 17.Juni 1986, S.5 f.: "Mehr Autonomie für Hochschulen"
Jg.23, Nr.26, 1.Juli 1986, S.25: "Der ideale Lehrer" (*Jin Wanbao*-Abendzeitung "Heute")
Jg.23, Nr.29, 22.Juli 1986, S.4 f.: Wei Liming: "Fachausbildung im Brennpunkt"
Jg.23, Nr.33, 19.August 1986, S.24-26: Fang Fuyao: "Lehrerfortbildung"
Jg.23, Nr.39, 30.September 1986, S.18-22: Zhang Zhongqi: "Wirtschaftsentwicklung 1977 bis 1985"

Jg.23, Nr.40, 7.Oktober 1986, S.I-XII: "Beschluß des Zentralkomitees der Kommunistischen Partei Chinas über die Leitprinzipien für den Aufbau der sozialistischen geistigen Zivilisation" (angenommen von der 6. Plenartagung des XII. Zentralkomitees der Kommunistischen Partei Chinas am 28. September 1986)

Jg.23, Nr.47, 25. November 1986, S.16-18: Xue Huanyu: "Entwicklung und Zukunft der chinesischen Hochschulbildung" (aus der Zweimonatsschrift "Zukunft und Entwicklung" Nr.2/1986)

Jg.24, Nr.8, 24.Februar 1987, S.22-26, 29: Hu Junkai und Zhao Yiming: "Chinesische Studenten und die Hochschulbildung"

Jg.24, Nr.9, 3.März 1987, S.20-27, 29: "Statistisches Kommuniqué über die volkswirtschaftliche und gesellschaftliche Entwicklung 1986". Herausgegeben vom Staatlichen Statistikamt der Volksrepublik China am 20.Februar 1987

Jg.24, Nr.30, 28.Juli 1987, S.8 f.: "Schlechter Gesundheitszustand der 40-50jährigen Intellektuellen"

Jg.24, Nr.31, 4.August 1987, S.30 f.: "Verschiedene Arten der Hochschulbildung" (aus *Ban Yue Tan* ("Halbmonatsforum"), Nr.8/1987)

Jg.24, Nr.50, 15.Dezember 1987, S.6 f.: "China erhöht Lehrergehälter"

Jg.25, Nr.4, 26.Januar 1988, S.32-34: "Jeder wünscht für sein Kind gute Lehrkräfte, aber keiner wünscht, daß sein Kind Lehrer wird - Direktorin Zhang über die Schwierigkeiten und die Freuden der Lehrkräfte"

Jg.25, Nr.17, 26.April 1988, S.I-XXXII: Li Peng, amtierender Ministerpräsident des Staatsrats: "Bericht über die Tätigkeit der Regierung, erstattet auf der 1.Tagung des VII. Nationalen Volkskongresses am 25.März 1988"

Jg.25, Nr.24, 14.Juni 1988, S.15-19: Li Li: "Reform der Hochschulbildung"

Jg.25, Nr.41, 11.Oktober 1988, S.19-21: Wei Liming: "Fortschritte der Sondererziehung"

Jg.25, Nr.48, 29.November 1988, S.41 f.: "Zahlen und Fakten zur Reform (VII): Fortschritt bei Bildung und Erziehung, Zahl der Hochschulabsolventen gewaltig gestiegen", vom Staatlichen Statistikamt

Jg.26, Nr.3, 17.Januar 1989, S.9 f.: "Besorgniserregende 'Flucht aus der Schule'"

Jg.26, Nr.10, 7.März 1989, S.I-X: "Die volkswirtschaftliche und gesellschaftliche Entwicklung 1988. Kommuniqué des Staatlichen Amtes für Statistik der VR China"

Jg.26, Nr.15, 11.April 1989, S.I-XXXII: Li Peng, Ministerpräsident: "Die Richtlinie, das wirtschaftliche Umfeld zu verbessern, die Unordnung in der Wirtschaft zu überwinden und die Reform zu vertiefen, unbeirrbar durchsetzen", Bericht über die Tätigkeit der Regierung, erstattet am 20.März 1989 auf der 2.Tagung des VII. Nationalen Volkskongresses

Jg.26, Nr.18, 2.Mai 1989, S.II-XXIV: Yao Yilin, Stellvertretender Ministerpräsident und Vorsitzender der Staatlichen Planungskommission: "Über den Planentwurf für die volkswirtschaftliche und gesellschaftliche Entwicklung 1989", Bericht auf der 2.Tagung des VII. Nationalen Volkskongresses am 21.März 1989

Jg.26, Nr.24-25, 20.Juni 1989, S.8 f.: "Mehr Geld für Schulen"
Jg.26, Nr.29, 18.Juli 1989, S.23-25: "Probleme des Bildungswesens. Zahlen und Fakten des Staatlichen Statistikamtes"
Jg.26, Nr.33, 15.August 1989, S.9 f.: "Partei braucht Intellektuelle"
Jg.27, Nr.5-6, 6.Februar 1990, S.5: "Das Bildungswesen reformieren"
Jg.27, Nr.9, 27.Februar 1990, S.I-X: "Volkswirtschaftliche und gesellschaftliche Entwicklung 1989. Kommuniqué des Staatlichen Statistikamtes der VR China"
Jg.27, Nr.16, 17.April 1990, S.I-XXVIII: Li Peng, Ministerpräsident: "Für eine weiter anhaltende politische, wirtschaftliche und gesellschaftliche Entwicklung unseres Landes kämpfen", Tätigkeitsbericht der Regierung, erstattet am 20.März 1990 auf der 3.Tagung des VII. Nationalen Volkskongresses
Jg.27, Nr.20, 15.Mai 1990, S.6 f.: "Die Rolle der Intellektuellen"
Jg.27, Nr.27, 3.Juli 1990, S.7 f.: "Freiheit für Fang Lizhi und Li Shuxian"

Canadian and International Education

Vol.8, No. 2, 1979, pp.47-57: S.R. Butler and P.J. Sheean: "Changes in Chinese Education since the Death of Mao Zedong"
Vol.16, No.1, 1987. Special Issue: *China's Education and the Industrialized World. Studies in Cultural Transfer*, Ruth Hayhoe and Marianne Bastid, Eds., pp.114-122: Yu Qinglian: "The Strategic Position and Prospects of Teacher's Education"
Vol.16, No.1, 1987. Special Issue: *China's Education and the Industrialized World. Studies in Cultural Transfer*, Ruth Hayhoe and Marianne Bastid, Eds., pp.133-145: Wang Congfang: "Pre-Service and In-Service Teacher Education in China"

CHINA aktuell

Jg.VII, Februar 1978, S.10 (Ü 18): "Wissenschaftspolitische Maßnahmen" (New China News Agency, 30.12.77)
Jg.VII, Februar 1978, S.19-25: Rüdiger Machetzki: "Einkommen und materielle Lebensverbesserung in der Volksrepublik China"
Jg.VII, März 1978, S.115 f. (Ü 30): "Empfehlungen des Erziehungsministeriums zu Lehrerfragen"
Jg.VII, April 1978, S.174 (Ü 25): "Wiedereinführung der Dienstgrade nun auch an den Universitäten"
Jg.VII, April 1978, S.174 (Ü 26): "Aufnahme von Forschungsstudenten in die Akademie der Sozialwissenschaften"

Jg.VII, Mai 1978, S.248-258: Oskar Weggel: "Die neue Verfassung der VR China: Einheit, 'Einengung des Kampffeldes' und Entwicklungsenthusiasmus" (Teil 1)
Jg.VII, Juni 1978, S.317 f. (Ü 22): "Nationale Konferenz übers Erziehungswesen"
Jg.VII, Oktober 1978, S.628 (Ü 21): "Kader sollen von Wissenschaftlern lernen"
Jg.VII, Dezember 1978, S.803 (Ü 45): "Keine körperliche Arbeit mehr für Lehrer, Wissenschaftler und Techniker"

China Daily

May 29, 1985: Beschluß des ZK der KPChinas über die Reform des Bildungssystems

China News Analysis

No.334, August 5, 1960: "Reform of Education"
No.554, March 5, 1965: "Secondary Education"
No.660, May 19, 1967: "The Anti-Academic Year of 1966/67"
No.792, February 20, 1970: "Schools: Curriculum and Textbooks"
No.906, January 12, 1973: "The Universities, 1970-1972"
No.1108, February 3, 1978: "Schools. Part II: Secondary and Primary Schools"
No.1128, August 4, 1978: "The Daring Thoughts of Little P'ing"

The China Quarterly

No.8, 1961, pp.106-134: Robert D. Barendsen: "The Agricultural Middle School in Communist China"
No.8, 1961, pp.149-159: Munemitsu Abe: "Spare-Time Education in Communist China"
No.8, 1961, pp.511-546: Susan Shirk: "The 1963 Temporary Work Regulations for Full-time Middle and Primary Schools: Commentary and Translation"
No.49, January/March 1972, pp.76-87: Mao Tse-tung: "The Great Union of the Popular Masses"
No.49, January/March 1972, pp.88-105: Stuart R. Schram: "From the 'Great Union of the Popular Masses' to the 'Great Alliance'"
No.62. April/June 1975, pp.271 -296: Jan S.Prybyla: "Notes on Chinese Higher Education: 1974"
No.81, March 1980, pp.1-65: Suzanne Pepper: "Chinese Education After Mao: Two Steps Forward Two Steps Back and Begin Again?"

No.93, March 1983, pp.125-137: C. Montgomery Broaded: "Higher Education Policy Changes and Stratification in China"
No.98, June 1984, pp.189-219: Marianne Bastid: "Chinese Education Policies in the 1980s and Economic Development"

Chinese Education

Vol.I, No.1, Spring 1968, pp.3-58: "Chronology of the Two-Road Struggle on the Educational Front in the Past Seventeen Years" (*Jiaoyu Geming*, May 6, 1967)
Vol.I, No.2, Summer 1968, pp.3-10: Kuo T'ung: "Taking a Joyous Step Forward in the Education Revolution" (A Visit to Peking's Shih-chang-shan Middle School) (*Zhongguo Xinwen*, February 16, 1968)
Vol.I, No.2, Summer 1968, pp.61-62: "Chairman Mao Tse-Tung's March 7 Directive Concerning the Great Strategic Plan for the Great Proletarian Cultural Revolution" (*Renmin Ribao*, March 8, 1968)
Vol.I, No.2, Summer 1968, pp.68-81: Chou Ch'ang-tsung: "The Revolutionary Tradition of Learning" (*Shanghai Jiaoyu*, 1965, No.4)
Vol.I, No.3, Fall 1968, pp.3-14: "School Management by Poor and Lower-Middle Peasants as Shown by the Practice of Three Production Brigades in the Educational Revolution" (*Renmin Ribao*, October 28, 1968)
Vol.II, No.1-2, Spring-Summer 1969, pp.68-102: "Collection of Laws and Decrees of the Central People's Government" (Part I) (People's Publishing House, Beijing 1952, pp.575-597)
Vol.II, No.3, Fall 1969, pp.15-27: "A New Type of School that Combines Theory with Practice" (An Investigation Report on the Wukow Part-Time Tea Growing and Part-Time Study Middle School in Wuyuan County, Kiangsi Province) (*Hongqi*, 1968, No.4, pp.24-31)
Vol.II, No.3, Fall 1969, pp.28-36: "A Primary School Run by the People under the Control of the Poor and Lower-Middle Peasants. From the Experience of the Growth of Sung-shu Primary School, One Can See the Direction in Which Rural Education is Heading" (An Investigative Report from Liaoning Province) (*Hongqi*, 1968, No.5, pp.46-51)
Vol.II, No.4, Winter 1969/70, pp.27-52: Wang Chün: "Current Trends in the Reform of Higher Education in Communist China" (*Zhonggong Yanjiu*, Taipei, Vol.3, No.5 (May 1969), pp.71-79
Vol.II, No.4, Winter 1969/70, pp.53-62: "Educational Program for Rural Middle and Primary Schools" (Draft for Discussion) (*Renmin Ribao*, May 12, 1969)
Vol.III, No.1, Spring 1970, pp.3-6: "Educational Revolution Group of the Worker's Mao Tse-tung Thought Propaganda Team of East China Normal University: Fully Condumate Revolution on the Educational Front" (*Renmin Ribao*, May 14, 1969)

Vol.III, No.1, Spring 1970, pp.54-64: "Collection of Laws and Decrees of the Central People's Government, 1951" (People's Publishing House, Beijing 1953, pp.467-483)

Vol.III, No.4, Winter 1970/71, pp.220-227: Chekiang Provincial Revolutionary Committee Writing Group: "The Proletarian Educational Revolution Has a Bright Future - Refuting the Theory that 'There Is Not Much of a Future for Teachers'" (*Hongqi*, 1970, No.4)

Vol.III, No.4, Winter 1970/71, pp.228-264: Fang Cheng: "Reform Work in the Chinese Communist Educational System" (*Zuguo Yuekan*, Hong Kong, 1965, No.11)

Vol.IV, No.1, Spring 1971, pp.5-35: "Quotations from Chairman Mao" (*Hongqi*, 1970, No.8, pp.1-4)

Vol.IV, No.1, Spring 1971, pp.74-85: Investigation Team of the Yü-lin Special Region Revolutionary Committee and the Kuei-p'ing Hsien Revolutionary Committee: "Train Workers To Have Socialist Conciousness and Culture (Investigation Report on the 'May 7' Labor School in Kuei-p'ing Hsien, Kwangsi)" (*Hongqi*, 1970, No.8, pp.40-45)

Vol.IV, No.2, Summer 1971, pp.92-100: Revolutionary Committee of Ku-t'ien Hsien: "The Farther One Goes on the Great Road of the 'May 7 Directive', the Faster It Becomes (Investigation Report on the Educational Revolution in the First Middle School, Ku-t'ien Hsien, Fukien)" (*Hongqi*, 1970, No.8, pp.46-49)

Vol.IV, No.2, Summer 1971, pp.111-118: Investigation Team of the Kwangtung Provincial Revolutionary Committee: "Four New Kinds of Schools (Comprehensive Report on Four Kinds of Short-Term Schools in the Areas of Industry, Agriculture, Health, and Education, Managed by Each Hsien (Shih) of Kwangtung Province)" (*Hongqi*, 1970, No.8, pp.55-57)

Vol.XVII, No.4, Winter 1984/85, pp.22-40: Han Jinzhi, Xiao Yan'nuo, and Wei Huazhong: "The Formation and Development of Youth Ideals" (*Jiaoyu yanjiu*, No.11, November 1981, pp.6-12)

Vol.XVII, No.4, Winter 1984/85, pp.72-73: "Why Don't Middle School Students Like To Take Politics Classes?" (*Beijing Qingnian Bao*, May 22, 1984, reprinted in *Baokan Wenzhai*, May 29, 1984, p.3)

Vol.XVIII, No.1, Spring 1985, pp.62-70: Xuan Zhaokai, Zhang Jiang, and Xie Wen: "An Investigation of the Evaluation of Various Professions" (*Shehui*, No.4, August 1984, pp.20-23)

Vol.XVIII, No.1, Spring 1985, pp.71-72: Chang Di: "To Be a Teacher Is a High Honor" (*Liaoning Qingnian*, No.13, July 1, 1984, p.11)

Vol.XVIII, No.4, Winter 1985/86, pp.44-46: Li Xun: "Fudan University Systematically Develops Teaching Reform" (*Zhongguo Jiaoyu Bao*, October 6, 1984, p.1)

Vol.XVIII, No.4, Winter 1985/86, pp.100-106: Zhang Faling: "On the Feasibility of Teachers Colleges Enrolling Part of Their Students Through Recommendation" (*Gaojiao Zhanxian*, 2/1985, pp.27-29)

Vol.XIX, No.3, Fall 1986, pp.1-111: "China Education Almanac (1949-1981)"

Vol.XIX, No.4, Winter 1986/87, pp.15-17: Xia Caiying and Ai Min: "Change the Academic Rank Assessment System into a 'Selective Appointment System'", (*Kaifa Bao*, Tianjin, May 24, 1985, p.3)

Vol.XIX, No.4, Winter 1986/87, pp.27-41: Li Keming: "Initial Reform in South China Teachers University" (The Chinese People's University Reprint Series 2 (1985): 19-24)

Vol.XIX, No.4, Winter 1986/87, pp.70-71: Yang Zhihan: "Nanjing Teachers University Trains More High School Teachers" (*Guangming Ribao*, November 5, 1985, p.2)

Vol.XIX, No.4, Winter 1986/87, pp.94-106: Fu Weili and Jiao Er: "On the Relations Between the Rank and Age Structure of Teachers in Institutions of Higher Education" (The Chinese People's University Reprint Series 6 (1985): 81-86)

Vol.XX, No.1, Spring 1987, pp.10-29: Wang Hui, Zhang Chunru, Liu Xuelan, and Zeng Deshan: "An Investigation into the Current Status of Primary and Secondary School Principals in Tianjin City" (*Jiaoyu Keyan Ziliao*, 10, January 1985: 16-24)

Vol.XX, No.1, Spring 1987, pp.30-42: Wang Hui, Zhang Chunru, and Wang Hongquan: "On the Importance of Improving the Essential Quality of Teachers. Analysis of Survey Data Regarding the Condition of Primary and Secondary School Teachers in Tianjin City" (*Jiaoyu Keyan Ziliao*, 10, January 1985: 24-29)

Vol.XX, No.1, Spring 1987, pp.43-63: He Bin: "Troubles and Needs of School Teachers: Survey and Analysis" (*Jiaoyu Lilun Yu Shijian*, 5, 1/1985: 16-22)

Vol.XX, No.3, Fall 1987, pp.86-110: Chen Xianrong: "The Phenomena of Dropping Out and Criminal Delinquency among Middle and Primary School Students in Beijing" (*Shehui Xueyu Shehui Diaocha*, 2/1985: 28-35)

Vol.XX, No.4, Winter 1987/88, pp.7-12: Shanghai Municipal Committee, Chinese Alliance for Democracy: "An Analysis of Problems Concerning the Quality of Junior Middle Education in Shanghai" (*Shanghai Jiaoyu Keyan*, 1, 1987 (overall issue No.31), January 15, 1987: 28, 14)

Vol.XX, No.4, Winter 1987/88, pp.69-77: Shanghai Municipal Committee, Chinese Alliance for Democracy: "Problems in General and Compulsory Education in Shanghai, and Underlying Cause" (*Shanghai Jiaoyu Keyan*, 1, 1987 (overall issue No.31, January 15, 1987: 26-27)

Comparative Education

Vol.20, No.1, 1984, Special Anniversary Number (8): *Education in China*

Die deutsche Schule

Jg.76, 1984, H. 6, S.494-505: Gerald A. Straka: "Lehrer in der Volksrepublik China"

Frankfurter Allgemeine Zeitung

Nr.202, 1.9.1989, S.16: Petra Kolonko: "Rache an den Studenten. Die neuesten Maßnahmen der chinesischen Führung zur Disziplinierung der Hochschulen"

Foreign Broadcast Information Service

Vol.I, No.153, 8 August 1978, E15-E16: "People's Daily Suggests Reducing Teachers' Burden" (Beijing *People's Daily* in Chinese, 14 Jul 78, p.2 WA)

Vol.I, No.6, 9 January 1979, p.E19: "Official Bodies Call for Selecting Special-Grade Teachers"

Vol.I, No.8, 11 January 1979, p.E15: "New Institutes of Higher Education To Be Established"

Vol.I, No.62, 29 March 1979, p.L12: "Special-Grade Teachers" (Beijing Xinhua in English, 14 March)

Vol.I, No.162, 20 August 1979, pp.L9-L10: "Fang Yi Speaks on Education Work at Teachers' Meeting" (Beijing Xinhua Domestic Service in Chinese, 17 Aug 79)

Vol.I, No.162, 20 August 1979, p.L11: "Vice Premier Wang Zhen Praised Role of Teachers" (Beijing Xinhua in English, 19 Aug 79)

Vol.I, No.35, 20 February 1980, pp.L2-L4: "Teachers Role in Four Modernizations Hailed at Beijing Party, Fang Yi Speech" (Beijing Xinhua Domestic Service in Chinese, 18 Feb 80)

Vol.I, No.63, 31 March 1980, p.L7: "State Council Issues Regulations on Titles for Teachers" (Beijing Xinhua in English, 31 Mar)

Vol.I, No.88, 5 May 1980, p.L8: "Renmin Ribao Calls for Respect for Teachers" (Beijing Xinhua in English, 5 May)

Vol.I, No.122, 23 June 1980, p.L9: "Teachers Training Takes New Stride Forward" (Beijing Xinhua Domestic Service in Chinese, 22 Jun 80)

Vol.I, No.25, 6 February 1981, pp.L3-L4: "Chen Yun, Hu Yaobang Address Teachers' Meeting" (Beijing Xinhua Domestic Service in Chinese, 5 Feb 81)

Vol.I, No.225, 23 November 1981, pp.K11-K12: "State Council Increases Schoolteachers' Salaries" (Beijing *China Daily* in English, 22 Nov 81 p.1), (Report: "State To Increase Pay of 12 Million Teachers")

Vol.I, No.106, 3 Jun 85, pp.K1-K11: "'Text' of Wan Li Speech at Educational Conference" (Beijing Xinhua, 30 May)

Issues & Studies

Vol.IV, No.7, April 1968, pp.24-36: Wang Hsueh-wen: "An Analytic Study of the Chinese Communist 'Educational Revolution'"

Vol.VI, No.4, January 1970, pp.79-86: "Mao Tse-tung's Comments on Educational Reforms"

Vol.VI, No.5, February 1970, pp.7-10: "Maoist 'Reeducation' of College Professors"

Vol.VI, No.6, March 1970, pp.42-55: Wang Hsueh-wen: "The Problem of the Schooling System In the Maoist Educational Reform"

Vol.VI, No.9, June 1970, pp.37-46: Wang Hsueh-wen: "Maoist Reform of Universities of Arts"

Vol.VI, No.12, September 1970, pp.15-17: "Initial Overview of the Maoist Transformation of Science-Engineering Schools"

Vol.VII, No.3, December 1970, pp.21-31: Wang Hsueh-wen: "The Maoist Transformation of Science-Engineering Colleges"

Vol.VII, No.8, May 1971, pp.56-63: Wang Hsueh-wen: "The Maoist Current Policy and Attitude Toward Intellectuals"

Vol.IX, No.4, January 1973, pp.36-47: Wang Hsueh-wen: "Conditions of New and Old Teachers on the Chinese Mainland"

Vol.IX, No.8, May 1973, pp.69-83: Wang Hsueh-wen: "A Study of Chinese Communist Education During the Kiangsi Period" (Part II)

Vol.X, No.8, May 1974, pp.16-29: Wang Hsueh-wen: "The Education in Mainland China: The Struggle Between Reform and Anti-Reform Advocates"

Vol.XVI, No.12, December 1980, pp.38-52: Wang Hsueh-wen: "Educational Reform on the Chinese Mainland - Besetting Problems"

Das neue China

10.Jg., Nr.2/1983, S.5-8: Bernhard Dilger: "Bildung und Erziehung in der Volksrepublik China"

Pädagogik und Schule in Ost und West

17.Jg., Januar 1969, H.1, S.5-9: Horst E. Wittig: "Schule und Produktion in der Volksrepublik China. Zur neuen revolutionären Richtung im chinesischen Erziehungssystem"

18.Jg., Januar 1970, H.1, S.20-22: "Hochschulreform in der Volksrepublik China am Beispiel der Tjinghua-Universität" (aus *Beijing Rundschau*, Jg.VI, Nr.14, 8.April 1969, S.10-12 (gekürzt))

18.Jg. (1970), H.5-6, S.141-145: Wittig, Horst E.: "Bildungsreform und Kulturrevolution in der VR China. Ein Beitrag zur Auslandspädagogik und zur gegenwartsbezogenen pädagogischen Ostasienforschung", Dritter Teil und Schluß

35.Jg. (1987), H.4, S.189-193: Dietrich von Queis: "Leben, Lehren und Lernen in China. Aus dem Innenleben einer Universität"

Selections from China Mainland Magazines

No.707-708, June 28-July 6, 1971, pp.3-9: Writing Group, CCP Kiangsu Provincial Committee: "Strengthen the Building of the Ranks of Urban Primary and Middle School Teachers" (*Hongqi*, No.6, June 1, 1971)

No.707-708, June 28-July 6, 1971, pp.27-39: "Run Spare-Time Education Well According to Chairman Mao's Directive - Report on an Investigation of Kaochiaoliukou Production Brigade of Chünan Hsien, Shantung (*Hongqi*, No.6, June 1, 1971)

No.707-708, June 28-July 6, 1971, pp.40-49: "A Network for Popularizing Socialist Education - Report of an Investigation Conducted in Nanan hsien, Fukien Province" (*Hongqi*, No.6, June 1, 1971

No.707-708, June 28-July 6, 1971, pp.50-58: "'May 7 Directive' Is the Guideline for Educational Revolution - Report on an Investigation of Hsin-i Middle School, Hsin-i Hsien, Kwangtung" (*Hongqi*, No.6, June 1, 1971)

No.707-708, June 28-July 6, 1971, pp.114-121: "A 'Mobile University' for the Training of Teachers with Greater, Faster, Better and More Economical Results - the Work Methods and Experience of Kwangtung Normal College's Mobile Tutorial Teams" (*Hongqi*, No.6, June 1, 1971)

No.707-708, June 28-July 6,1971, pp.146-153: "Reform of Teaching Material Is a Profound Ideological Revolution - Report on Reform of Teaching Material in Northern Communications University" (*Hongqi*, No.6, June 1, 1971)

Social Sciences in China

1986, H.1, S.49-68: Zeng Zhaoyao: "On the Development of Teacher Training in China"

Summary of World Broadcasts

Part 3: The Far East, 16 November 1978, FE/5970/BII/17: "Peking and Shanghai Exempt Teachers and Scientists from Labour"

Survey of China Mainland Press

No.3709, June 1, 1966, pp.26-:27: "Spare-Time Education Successfully Organized in Southeast China Province" (New China News Agency (NCNA) - English, Fuzhou, May 26, 1966)

No.3721, June 20, 1966, pp.18-19: "Importance of Workers' Spare-Time Education Discussed at National Conference" (NCNA - English, Fuzhou, June 14, 1966)

No.3722, June 21, 1966, pp.16-17: "Nanking University Teachers, Students Condemn Counter-revolutionary Criminal Acts of Kuang Ya-ming" (NCNA - English, Nanjing, June 16, 1966)

No.3727, June 28, 1966, pp.4-7: "Run Workers' and Staff Members' Spare-Time Schools as Positions for Propagating Mao Tse-tung's Thinking" - *Kuang-ming Jih-pao* editorial (Beijing, *Guangming Ribao*, June 12, 1966)

No.3737, July 13, 1966, pp.12-13: "Students May Help Their Teachers Make Revolution" - *Chung-kuo Ch'ing-nien Pao* editorial (Beijing, *Zhongguo Qingnianbao*, June 28, 1966)

No.3748, July 28, 1966, pp.18-20: "A Teacher Brings Education by Boat to South China Fishermen's Children" (NCNA - English, Guangzhou, July 24, 1966)

No.4053, November 2, 1967, pp.6-7: "Peking Municipal Revolutionary Committee and the Military Training Command Headquarters of the Peking Garrison Area Convene On-the-Spot Conference on Middle and Primary Schools Reopening Classes While Carrying on the Revolution" (NCNA - Beijing October 25, 1967)

No.4053, November 2, 1967, pp.11-14: "North China Middle School Revolutionizing Its Educational System" (NCNA - English, Beijing, October 30, 1967)

No.4057, November 8, 1967, pp.8-10: "Jen-min Jih-pao Features Tentative Programs for Transforming Education" (NCNA - English, Beijing, November 3, 1967)

No.4057, November 8, 1967, pp.11-14: "Revolutionary Teachers and Students of Shanghai K'ungchiang Middle School Conduct Revolutionary Mass Criticism and Repudiation on the One Hand and Explore Ways of Teaching Reform on the Other" (NCNA - Shanghai, October 24, 1967)

No.4057, November 8, 1967, pp.17-18: "Primary, Secondary Schools Begin New School Year, Carry on Revolution" (NCNA - English, Beijing, November 5, 1967)

No.4063, November 20, 1967, pp.11-12: "Peking Ts'aoch'angti Middle School Draws Two 'Eight-Point Regulations' Stipulation Respect for Teachers and Love for Students" (NCNA - Beijing, November 11, 1967)

No.4063, November 20, 1967, pp.13-15: "Peking Ts'aoch'angti Middle School Establishes a New Type of Relationship Between Teachers and Students on the Basis of Mao Tse-tung's Thought" (NCNA - Beijing, November 11, 1967)

No.4063, November 20, 1967, pp.16-17: "Establish a New Type of Relationship Between Teachers and Students", by Ch'ao Chünwu (Beijing, *Renmin Ribao*, October 27, 1967)

No.4128, February 29, 1968, pp.8-12: "The Black Program for Fostering Intellectual Aristocrats - Comment on the Ten-Year (1963-1973) Plan for Cultivation of Faculty Members for South China Engineering College", by the "Educational Revolution" Liaison Center, South China Engineering College (Guangzhou, *Xinhuagong Bao*, January 13, 1968)

No.4404, April 29, 1969, pp.1-4: "Propaganda Team and Revolutiorary Teachers and Students of Nank'ai University Conscientiously Implement Chairman Mao's Policy of Intellectuals" (NCNA - Tientsin, April 21, 1969)

No.4435, June 12, 1969, pp.1-4: "Remolding of School Teachers. Worker-PLA Propaganda Team in Shichiachuang No.1 Middle School Conscientiously Carries Out Chairman Mao's Policy Toward Intellectuals" (Beijing, *Renmin Ribao*, May 27, 1969)

No.4435, June 12, 1969, pp.5-8: "Carry Out Policy and Rouse Enthusiasm of Middle and Primary School Teachers - Experience of Uniting with, Educating and Remolding Middle and Primary School Teachers in Ts'aichiakang Commune" (Beijing, *Renmin Ribao*, May 30, 1969)

No.4450, July 8, 1969, pp.7-8: "In Refutation of the 'Doctrine That Teaching School Is a Misfortune'", by Wu Ssu-chiu of a Certain Unit of the PLA (Beijing, *Guangming Ribao*, June 21, 1969)

No.4536, November 13, 1969, pp.1-4: "Emphasis of Teachers' Higher Training Should Be Placed in the Countryside", by Worker-PLA Mao Tse-tung's Thought Propaganda Team Stationed in Kirin Teachers' University (Beijing, *Guangming Ribao*, October 23, 1969)

No.4549, December 3, 1969, pp.1-8: "Young Generals Ascend Teacher's Platform. A Pioneering Achievement of Educational Revolution by Ts'ao-ch'angti Middle School of Peking (an Investigation Report)" (Beijing, *Guangming Ribao*, November 18, 1969)

No.4549, December 3, 1969, pp.9-11: "A Good Experience in Educational Revolution", by our own commentator (Beijing, *Guangming Ribao*, November 18, 1969)

No.4586, January 28, 1970, pp.63-67: "Go Deep into the Realm of Teaching To Lead Reform of Thinking", Workers' Propaganda Team Stationed in Hunan Provincial No.1 Normal School, and Revolutionary Committee of Hunan Provincial No.1 Normal School (Beijing, *Renmin Ribao*, January 16, 1970)

No.4587, January 29, 1970, pp.92-98: "One Way To Reform Old Science Colleges", Investigation Report on May 7 Chemical Work of the Department of Chemistry, Northwest University (Beijing, *Guangming Ribao*, January 18, 1970)

No.4624, March 26, 1970, pp.92-95: "Training New Type Teachers with Greater, Faster, Better and More Economical Results", by Investigation Group of Propaganda Team Stationed in Kwangsi Normal College and Revolutionary Committee of Kwangsi Normal College (Beijing, *Guangming Ribao*, March 12, 1970)

No.4765, October 26, 1970, pp.10-12: "Apply Mao Tse-tung's Thought to the Training of a Force of Teachers", by the Revolutionary Committee of Yün-chiang Commune, Juian hsien, Chekiang (Beijing, *Renmin Ribao*, October 15, 1970)

No.4765, October 26, 1970, pp.13-15: "Proceed from the Needs of the Three Great Revolutions and Run Well Teachers' Training Classes", an Investigation Report of the 'May 7' Teachers Training Class of Shachou Hsien (Beijing, *Renmin Ribao*, Oct.15, 1970)

No.4766, October 27, 1970, pp.50-53: "The Question of Whom Do We Serve Is a Fundamental Question", by Headquarters of the Worker-PLA Mao Tse-Tung's Thought Propaganda Team Stationed in Hopei Teachers' College and the Revolutionary Committee of Hopei Teachers' College (Beijing, *Guangming Ribao*, October 16, 1970)

No.4775, November 9, 1970, pp.90-93: "Use Chairman Mao's Brilliant Philosophical Thinking To Guide the Conscious Remolding of World Outlook of Teachers", by Revolutionary Committee of No.1 Middle School of Poli Commune, Polo Hsien (Beijing, *Guangming Ribao*, October 21, 1970)

No.4784, November 23, 1970, pp.1-4: "Use Chairman Mao's Philosophical Thought To Strengthen Re-Education of Intellectuals" (Beijing, *Guangming Ribao*, November 11, 1970)

No.4785, November 24, 1970, pp.53-57: "Operation of Open-Door Schools Is A Profound Revolution", by Kung Chün-ko (Beijing, *Guangming Ribao*)

No.4786, November 25, 1970, pp.90-93: "The Role of Worker-Peasant Lecturers in Educational Revolution", by Office of Educational Revolution, Revolutionary Committee of 'May 7' Agricultural University of Heilungkiang and Report Team of the Heilungkiang Provincial Revolutionary Committee (Beijing, *Guangming Ribao*, November 13, 1970)

No.4790, December 2, 1970, pp.84-89: "Give Prominence to Proletarian Politics and Grasp Well the Ideological Revolutionization of Teachers", by Revolutionary Committee of Peking Municipal No.31 Middle School (Beijing, *Guangming Ribao*, November 20, 1970)

No.4790, December 2, 1970, pp.90-92: "Grasp Revolutionary Criticism During the Revolution in Education, Help the Masses of Teachers Remolding Their World Outlook" (Beijing, *Guangming Ribao*, November 9, 1970)

No.4791, December 3, 1970, pp.143-145: "A 'May 7' Middle School in Hupeh Province Builds Base Areas of Learning Industrial Work and Farming, Pushing Forward Deep-Going Development of Educational Revolution" (NCNA - Wuhan, November 24, 1970)

No.4798, December 14, 1970, pp.1-6: "Use Chairman Mao's Philosophical Thinking To Direct Teaching", by Revolutionary Committee of Cultural and Educational Bureau of T'ang ku Ch'ü, Tientsin Municipality (Beijing, *Guangming Ribao*, December 1, 1970)

No.4930, July 6, 1971, pp.1-7: "An Effective Way for Remolding Existing Teachers - An Investigation Report on Several Institutes of Higher Learning in Peking Municipality", by Kuang-ming Jih-pao Correspondent (Beijing, *Guangming Ribao*, June 19, 1971)

No.4934, July 12, 1971, pp.22-25: "Kwangtung Teachers' College Sends Mobile Groups To Train Teachers for Rural Areas" (NCNA - English, Guangzhou, July 1, 1971)

No.5005, November 2, 1971, pp.64-69: "Seriously Carry Out the Party's Policy Toward Intellectuals, Tightly Grasp the Remolding of Teachers' World Outlook", by the Party Branch of Paichiachuang Worker-Peasant-Soldier School, Peking Municipality (Beijing, *Guangming Ribao*, October 13, 1971)

No.5005, November 2, 1971, pp.74-77: "Train Teachers by Various Teams To Meet the Needs of Development of the Revolution in Education", by Party Branch of the Teachers' Training School of Ch'ao-an Hsien, Kwangtung Province (Beijing, *Guangming Ribao*, October 13, 1971)

No.5013, November 12, 1971, pp.238-245: "Firmly Grasp the Education and Remolding of Pre-Cultural Revolution Teachers", by Worker-PLA Mao Tse-tung's Thought Propaganda Team Stationed in Kirin Medical College and Revolutionary Committee of Kirin Medical College (Beijing, *Guangming Ribao*, October 30, 1971)

No.5013, November 12, 1971, pp.246-249: "Strengthen the Building of a Force of Middle and Primary School Teachers - CCP Ch'üchiang hsien committee and hsien revolutionary committee adhere to Chairman Mao's teachings and effectively promote through implementation of Chairman Mao's proletarian educational line in schools" (Beijing, *Guangming Ribao*, October 31, 1971)

No.5026, December 2, 1971, pp.190-194: "A Way To Elevate On-the-Job Teachers To a Higher Level - How We Run Middle Schools Education Tutorship Stations on a City-Wide Basis" (Beijing, *Renmin Ribao*, November 20, 1971)

No.5026, December 2, 1971, pp.195-197: "Receive Political Re-Education and Pursue Further Professional Studies - 'The Teachers' Study Day' of the No.5 Middle School of Haik'on Municipality, Kwangtung Province" (Beijing, *Renmin Ribao*, November 20, 1971)

No.5107, April 6, 1972, pp.102-103: "Mobilize the Revolutionary Activism of the Teachers - Conscientious Implementation of the Party's Policy for Intellectuals", by the Party Committee of Amoy University (Beijing, *Guangming Ribao*, March 22, 1972)

No.5107, April 6, 1972, pp.104-107: "Vigorously Grasp Line Struggle, Maintain Using and Transforming Teachers at the Same Time - The Conscientious Implementation of Policy by the Party Committee of Wuhan University Further Mobilizes the Revolutionary Activism of the Teachers and Gives an Impetus to the Sustained Development of the Revolution in Education" (Beijing, *Guangming Ribao*, March 22, 1972)

No.5107, April 6, 1972, pp.108-111: "Adopt Various Ways To Raise the Standard of the Teachers", by Revolutionary Committee of Yüt'ien Hsien, Hopei Province (Beijing, *Guangming Ribao*, March 22, 1972)

No.5109, April 10, 1972, pp.9-11: "Combine Educational Revolution with Line Education for Teachers - The Party Branch of Weihai No.2 Middle School Helps Teachers To Transform Their World Outlook Continuously, Draw a Line of Distinction Between Right and Wrong and Give Play to Their Role in Educational Revolution" (Beijing, *Guangming Ribao*, March 26, 1972)

No.5179, July 21, 1972, pp.191-193: "Actively Train People-Run School Teachers, Consolidate General Education in the Countryside. - Meihua Commune Adopts Effective Measures To Raise Political and Vocational Levels of People-Run School Teachers" (Beijing, *Renmin Ribao*, July 8, 1972)

No.5179, July 21, 1972, pp.194-195: "Tightly Grasp Vocational Study for In-Service Teachers" (Beijing, *Renmin Ribao*, July 8, 1972)

No.5179, July 21, 1972, p.196: "Give Teachers Sufficient Time for Preparing Lessons and Doing Teaching Research" (Beijing, *Renmin Ribao*, July 8, 1972)

No.5179, July 21, 1972, pp.196-197: "Whether or not a teacher makes full preparation before teaching a lesson has very great influence on the quality of teaching" (Beijing, *Renmin Ribao*, July 8, 1972)

No.5179, July 21, 1972, p.198: "Teachers away on Loan to Outside Agencies Should Return Quickly to Their Posts" (Beijing, *Renmin Ribao*, July 8, 1972)

No.5204, August 29, 1972, pp.1-6: "Remolding of Teacher's Role into Full Play in the Educational Revolution - Some of Our Experiences in Carrying Out the Party's Policy Toward Intellectuals", by Bureau of Education, Changchun Municipality, Kirin Province (Beijing, *Renmin Ribao*, August 16, 1972)

No.5204, August 29, 1972, pp.7-8: "Unite With the Vast Majority of Teachers", by the Party Branch of No.19 Middle School, Nanking Municipality (Beijing, *Renmin Ribao*, August 16, 1972)

No.5207, September 1, 1972, pp.152-153: "Understanding of Teaching by the Development Method", by the Party Branch of Middle School No.5 of Haik' ou Municipality, Kwangtung Province (Beijing, *Guangming Ribao*, August 21, 1972)

No.5209, September 6, 1972, pp.51-53: "Firmly Grasp Training and Improvement of Young Teachers", by Party Branch of Foreign Language Department, Liaoning First Normal College (Beijing, *Guangming Ribao*, August 24, 1972)

No.5219, September 20, 1972, pp.97-99: "Give Play to the Party of the Old Teachers", by the Party Branch and the Revolutionary Committee of Paoking Street No.2 School, T'iehhsi Ch'ü, Shenyang Municipality (Beijing, *Renmin Ribao*, September 9, 1972)

No.5247, November 2, 1972, pp.143-147: "Party Committee of Peking University Carries Out Party's Policy Toward Intellectuals and Promotes Development of Educational Revolution" (Beijing, *Guangming Ribao*, October 20, 1972)

No.5253, November 10, 1972, pp.213-214: "Further Arrange Proper Jobs for Teachers. - The Party Committee of Hunan Normal College Takes into Consideration the Needs of the Development of the Educational Revolution and Teachers' Concrete Conditions in Doing Work. Teachers Are Enabled To Give Play to Their Professional Skills and Make a Proper Contribution to the Proletarian Revolutionary Cause" (Beijing, *Guangming Ribao*, October 28, 1972)

No.5253, November 10, 1972, pp.215-216: "Guide the Progress of Young Teachers Along the Red-and-Expert Road. - The Party Committee of Talien (Dairen) Technical College Takes Line Education as the Lever. Various Teaching Groups, Teaching-Material Compiling and Printing Groups and Scientific Research Groups Practice Three-in-One Combination with a View To Learning from Each Other and Seeking Mutual Improvement" (Beijing, *Guangming Ribao*, October 28, 1972)

No.5262, November 24, 1972, pp.153-155: "Raise the Vocational Level of the Teachers", by Various Teams - Group in Charge of Education of the Weihai Municipal Revolutionary Committee, Shantung Province (Beijing, *Renmin Ribao*, November 13, 1972)

No.5262, November 24, 1972, pp.156-158: "Grasp Conscientiously the Vocational Study of Teachers", by Wuhu Municipal Educational Bureau, Anhwei Province (Beijing, *Renmin Ribao*, November 13, 1972)

No.5263, November 27, 1972, pp.8-9: "Tutorial Posts Set Up in Wuhan Municipality To Help Middle and Primary School Teachers Raise Political and Professional Levels" (Beijing, *Guangming Ribao*, November 13, 1972)

No.5263, November 27, 1972, pp.10-11: "Shench'ih Hsien Committee Organizes Middle and Primary School Teachers by Various Means To Carry Out Activities of Professional Advancement" (Beijing, *Guangming Ribao*, November 13, 1972)

No.5274, December 12, 1972, pp.41-46: "Further Mobilize the Enthusiasm of Teachers, Develop Revolutionary Mass Criticism in Academic Field", by CCP Committee of Chungshan University (Beijing, *Guangming Ribao*, December 1, 1972)

No.5325, March 2, 1973, pp.159-163: "Strive To Reform the Original Force of Teachers in Teaching Practice", by the CCP General Branch Committee of the Department of History, Normal University of Shanghai (Beijing, *Guangming Ribao*, February 20, 1973)

Union Research Service

Vol.1, No.29, Dec. 23, 1955, pp.1-15: "Intellectuals Must Reform in Order To Keep Pace"
Vol.2, No.15, February 24, 1956, pp.217-231: "Two Policies Toward Private Education"
Vol.3, No.15, May 22, 1956, pp.203-216: "The Problem of Intellectuals in Communist China"
Vol.4, No.14, August 17, 1956, pp.199-213: "Compulsory Universal Education"
Vol.4, No.24, September 21, 1956, pp.440-457: "Organization of School Teachers in Communist China"
Vol.7, No.4, April 12, 1957, pp.38-51: "Too Many Students - Not Enough Schools"
Vol.7, No.9, April 30, 1957, pp.100-112: "Professors Shoulder Heavy Burden"
Vol.7, No.16, May 24, 1957, pp.15-19: "Rectification Campaign in Education"
Vol.26, No.3, January 9, 1962, pp.34-53: "Aged Professors Again Respected"
Vol.26, No.4, January 12, 1962, pp.54-70: "Education Through Correspondence and Over the Radio"
Vol.26, No.11, February 6, 1962, pp.175-189: "Middle and Junior School Teachers and Quality of Teaching"
Vol.27, No.18, June 1, 1962, pp.305-321: "Current Trends in Mainland University Education"
Vol.29, No.8, October 26, 1962, pp.109-127: "Raising the Standard of the Intellectuals of Higher Education"
Vol.29, No.17, November 27, 1962, pp.259-274: "The Outlook for This Year's University, Middle and Primary School Graduates"
Vol.30, No.6, January 18, 1963, pp.81-97: "The Current State of People-Operated Schools"
Vol.31, No.15, May 21, 1963, pp.694-714: "Chinese Communists Lay Stress on Raising the Educational Quality of Middle and Primary Schools"
Vol.31, No.19, June 4, 1963, pp.771-791: "Six Years of Agricultural Middle Schools in Kiangsu"
Vol.32, No.15, August 20, 1963, pp.272-291: "Recent Developments in the University Education of Communist China"
Vol.34, No.17, February 28, 1964, pp.281-291: "New Measures for Secondary Education"
Vol.35, No.16, May 26, 1964, pp.258-283: "Further Efforts in Adjusting Primary and Secondary Education"
Vol.36, No.25, September 25, 1964, pp.367-383: "Communist China Promotes Education by Correspondence"
Vol.38, No.10, February 2, 1965, pp.144-160: "Part-Work and Part-Study Primary Schools"
Vol.38, No.21, March 12, 1965, pp.311-327: "Recent Developments in Spare-Time Education in the Countryside"

Vol.38, No.26, March 30, 1965, pp.384-399: "Teachers Do Not Like Students from Worker-Peasant Families"

Vol.42, No.1, January 4, 1966, pp.1-16: "Two Systems of Part-Work and Part-Study Education"

Vol.42, No.4, January 14, 1966, pp.48-62: "Spare-Time Education of Chinese Peasants"

Vol.42, No.23, March 22, 1966, pp.340-353: "Teachers Become Part-Time Workers"

Vol.47, No.3, April 11, 1967, pp.30-43: "Teachers and Students of Middle Schools Orderd To Return to Their Schools To Make Revolution"

Vol.47, No.11, May 9, 1967, pp.150-165: "Teachers and Students of Primary Schools Told To Return to Their Schools To Make Revolution"

Vol.47, No.21, June 13, 1967, pp.291-304: "Teachers and Students Receive Training from PLA Men"

Vol.47, No.24, June 23, 1967, pp.337-351: "Efforts To Improve Relations Between Teachers and Students After the Re-Opening of Schools"

Vol.53, No.27, December 31, 1968, pp.353-369: "Public Primary Schools To Be 'Sent Down' to Rural Production Brigades"

Vol.54, No.2, January 7, 1969, pp.15-30: "How Should Primary and Secondary Schools in Cities Be Run?"

Vol.54, No.3, January 10, 1969, pp.31-45: "The Worker Propaganda Team Stationed in Universities and Colleges"

Vol.61, No.19, December 4, 1970, pp.250-264: "Recent Developments in Educational Revolution in Hunan Province"

Vol.64, No.19, September 3, 1971, pp.248-261: "Primary and Secondary Education in the Cities and Countryside of Hunan Province"

Vol.65, No.2, October 5, 1971, pp.15-28: "The Compilation of Teaching Material for Colleges"

Vol.67, No.20, June 9, 1972, pp.264-287: "Education in the Rural Areas"

Vol.68, No.16, August 25, 1972, pp.218-231: "Educational Reform in Universities"

Vol.69, No.5, October 17, 1972, pp.58-71: "The Five-Year Popular Primary Education"

Vol.70, No.1, January 2, 1973, pp.1-16: "The Spare-Time Education of Industrial Workers"

Vol.71, No.17, May 29, 1973, pp.225-239: "The Popularization of Rural Five-Year Primary Education"

Vol.74, No.7, January 22,1974, pp.86-97: "A New Form of Higher Education"

Vol.75, No.8, April 26, 1974,pp.96-108: "Primary and Secondary Schools in Kwangtung Province Launched Revolution in Education During the Campaign of Criticizing Lin Piao and Confucius"

Vol.76,No.6, July19, 1974, pp.66-78: "The Reform of Teaching Method in the Current Educational Revolution"

Glossar (Deutsch/Chinesisch)

Ärztliche Betreuung auf Staatskosten	gongfei yiliao 公费医疗
Akademie	xuetang 学堂
Akademischer Grad (oder Titel)	xuewei 学位
Akademischer Grad und Titel der frühen zentralen kaiserlichen Staatsprüfungen	jinshi 进士
Akademischer Grad und Titel der staatlichen Prüfungen auf Provinzebene während der Ming- und Qing-Zeit	juren 举人
Allgemeine Volksbildung	puji jiaoyu 普及教育
Amt für allgemeine Verwaltung der verschiedene Länder betreffenden Angelegenheiten (das Auswärtige Amt im China der späten Qing-Zeit)	zongli geguo shiwu yamen 总理隔国事务衙门
Arbeit (produktive)	laodong 劳动
Assistent (Hochschul-)	zhujiao 助教
Ausbildung, Erziehung	jiaoyu 教育
Bakkalaureus	xueshi 学士

Behörde zur sprachlichen Ausbildung	tongwenguan 同文官
Berufsschule	zhuanye xuexiao 专业学校
Bestimmtes Fach unterrichten	shouye 授业
"Chinesische Bildung als Grundlage, westliche Lehren für den (praktischen) Gebrauch"	zhongxue weiti, xixue weiyong 中学为体, 西学为用
Dekan	xizhuren 系主任
"Die Schüler sollen den Lehrer ehren, der Lehrer die Schüler lieben."	zun shi ai sheng 尊师爱生
Doktor	boshi 博士
Dorflehrer	xiangshi 乡师
Dozent	jiangshi 讲师
Dozent (seit der Ming-Dynastie)	jiaoyu 教语
Dozent, Vortragender	jiangyanzhe 讲演者
Erziehungsamt	jiaoyuchu 教育处
Erziehungsbehörde	jiaoyuju 教育局

Experte, Spezialist	zhuanjia 专家
Fachrichtung, Fachgebiet	zhuanye 专业
Fakultät	xi 系
Fernkurs, Fernlehrgang	hanshouke 函授科
Forschungsinstitut	yanjiusuo 研究所
Freizeitbildung	yeyu jiaoyu 业余教育
Gelehrte(r)	xuezhe 学者
Grundschulbildung	chudeng jiaoyu 初等教育
Grundschule	xiaoxue 小学
Grundschule (klassische Bezeichnung)	xiaxiang 下想
"Halb Arbeit, halb Studium"	bangong bandu 半工半读
Halbtagssystem	banrizhi 半日制
Hauptfach des Studiums	zhuxiuke 主修科
Hauptstadtprüfung	huishi oder gongju 会试 公举

Heranbilden, ausbilden, erziehen	peiyang 培养
Hochschule	daxue 大学
Hochschule (klassische Bezeichnung)	shangxiang 上想
Ideologische Umerziehung	sixiang gaizao 思想改造
Institut, Hochschule	xueyuan 学院
Kindergarten	you'eryuan 幼儿园
Kindergrippe oder Kindertagesstätte	tuo'ersuo 托儿所
Klasse	ban 班
Klassenzimmer	jiaoshi 教室
Kommunistische Partei Chinas	Zhongguo Gongchangdang 中国共产党
Kurs, Fach	yimen ke 一门课
Landwirtschaftliche Mittelschule	nongye zhongxue 农业中学
"Laßt hundert Blumen blühen, laßt hundert Schulen miteinander wetteifern." (zuerst: 3.3.1957; Glossary of Chinese)	baihua qifang, baijia zhengming 百花齐放，百家争鸣

Lehren	jiaodao 教导
Lehren (generell)	jiaoshu 教抒
Lehren, mahnen	xun 训
Lehrer	jiaoshi 教师
Lehrer (Form der Anrede)	xiansheng 先生
Lehrer (respektvoll)	laoshi 老师
Lehrer (seit der Ming-Dynastie)	xunyao 训要
Lehrer (in der Qing-Dynastie, "Neue Schule")	jiaoxi 教习
Lehrer (Bezeichnung der Prüfungs-assistenten bei der Provinzprüfung)	fangshi 方师
Lehrer, Ausbilder, Dozent	jiaoyuan 教员
"Lehrer der Sonderklasse"	teji jiaoshi 特级教师
Lehrerbildung	shifan jiaoyu 师范教育
Lehr- und Verwaltungspersonal, Lehrer und Angestellte	jiaozhiyuan 教职员
Leiter der Unterrichtsforschungsgruppe	jiaoyanzuzhang 教研组长

Lernen	xue 学
Lernen, studieren	xuexi 学习
Lese- und Schreibkurse	shiziban 识字班
Magister (Geisteswissenschaften)	wenke shuoshi 文科硕士
Magister (Naturwissenschaften)	like shuoshi 理科硕士
Meisterlicher Lehrer	zuoshi 作师
Minister der Riten	libu 礼部
Ministerium für Erziehung/Bildung	jiaoyubu 教育部
Ministerium für das Hochschulwesen	gaodeng jiaoyubu 高等教育部
Mittelschulbildung	zhongdeng jiaoyu 中等教育
Mittelschule	zhongxue 中学
Moralische, geistige und körperliche Erziehung	de, zhi, tiyu 德，智，体育
Niveau, Qualifikation	chengdu 程度
Obere Grundschule	gaoji xiaoxue 高级小学

Obere Mittelschule	gaoji zhongxue 高级中学
Oberer Lehrer	fushi 父师
Obligatorisches Fach eines Lehrgangs	kemu bixiuke 科目必修科
Pädagoge	jiaoyujia 教育家
Pädagogik	jiaoyuxue 教育学
Pädagogische Fachmittelschule	shifan zhuanke xuexiao 师范专科学校
Pädagogische Hochschule	gaodeng shifan xuexiao 高等师范学校
Pädagogisches Institut	jiaoyu xueyuan 教育学院
Pädagogisches Institut für Berufsschullehrer	zhuanye shifan yuanxiao 专业师范院校
Pädagogische Lehranstalt	shifan xuetang 师范学堂
Pädagogische Mittelschule	zhongdeng shifan xuexiao 中等师范学校
Pädagogische Schule	shifan xuexiao 师范学校
Pädagogische Schule für Vorschulerzieher	you'er shifan xuexiao 幼儿师范学校
Pädagogisches Weiterbildungsinstitut für Lehrer	jiaoshi jinxiu xueyuan 教师进修学院

Präsident, Rektor	yuanzhang 院长
Privatakademie	shuyuan 书院
Professor, ordentlicher	jiaoshou 教授
Professor, außerordentlicher	fujiaoshou 副教授
Prüfung, Examen	kaoshi 考试
Prüfungsassistent	tong kaoguan 通考官
Revolutionärer Arbeiter	geming zhiyuan 革命职员
Schnellehrgang zur Aneignung eines bestimmten Wissensstoffes	suchengke 速成科
Schüler	mensheng 门生
Schulbildung, schulisches Lernen	xiuye 修业
Schuldirektor, Rektor	xiaozhang 校长
Schule	xuexiao 学校
"Schule bei offener Tür"	kaimen banxue 开门办学
Schule oder Lehrgang beenden	biye 毕业

Schule verlassen oder abbrechen	sanxue 散学
Schuljahr, Jahrgang, Klassenstufe	nianji 年级
Schuljahr	xuenian 学年
Selbststudium	zixue 自学
Semester, Schulhalbjahr	xueqi 学期
Sommerferien	shujia 暑假
Spezialisierung	zhuanyehua 专业化
Staatliche Verwaltung	guojia bande 国家办得
Staatliche Verwaltung mit kollektiver Unterstützung	guojia ban, jiti bangzhude 国家办，集体帮助得
Staatsrat	guowu yuan 国务院
Stellvertretender Prüfer	fu kaoguan 副考官
Stellvertretender Rektor	fu yuanzhang 副院长
"Stinkende Nr.9"	chou lao jiu 臭老九
Student (seit der Ming-Dynastie)	shengyuan 生员

Student, Schüler	xuesheng	学生
Studienfach	xueke	学科
Studieren, prüfen	yanjiu	研究
Umerziehungsstudien	gaizao xuexi	改造学习
Universität, Hochschule	daxue	大学
Universität für Lehrerbildung	shifan daxue	师范大学
Untere Grundschule	chuji xiaoxue	初级小学
Untere Mittelschule	chuji zhongxue	初级中学
Unterer Lehrer	shaoshi	少师
Unterrichten	jiangshou	讲授
Unterrichten, lehren	jiao	教
Unterrichtsabteilung, Abteilung für Unterrichtsangelegenheiten	jiaowuchu	教务处
Unterrichtsforschungsgruppe	jiaoxue yanjiuzu oder jiaoyanzu	教学研究组 教研组
Unterrichtsleiter	jiaodao zhuren	教导主任

Unterrichts-, Schulverwaltung	jiaowu 教务
Verantwortlicher Prüfer	zheng kaoguan 正考官
Verschickung aufs Land zur Umerziehung	xiafang 下放
Verwalten (eine Schule usw.)	ban 办
"Vom Volk unterhaltene Schule"	minban xuexiao 民办学校
Wanderschule (Lehrer geht von Dorf zu Dorf)	xunhui xiaoxue 巡回小学
Winterferien	hanjia 寒假
Wissenschaft, Gelehrsamkeit	xueshu 学术
Zentralkomitee (der Kommunistischen Partei Chinas)	Zhongyang Weiyuanhui 中央委员会

Sigrid Jordan

Berufliche Bildung

als Bestandteil der Bildungssysteme in den sozialistischen Ländern Ost- und Südostasiens

- Mongolei, China, Nordkorea, Vietnam, Laos, Kambodscha -

Mitteilungen des Instituts für Asienkunde Hamburg, Nr. 208
Hamburg 1992, 190 S., DM 28,-

Die vorliegende Broschüre ist eine Zusammenstellung von Informationsstudien (1991 aktualisiert) zu Berufsbildungssystemen sozialistischer Länder in Ost- und Südostasien. Im Auftrag des Staatssekretariats für Berufsbildung der DDR angefertigt, bestand das Ziel der Arbeit darin, die aktuelle Bildungssituation, insbesondere in der beruflichen Bildung, unter Beachtung von Entwicklungstendenzen seit Errichtung der Volksrepubliken zu erfassen, zu analysieren und darzustellen. Entsprechend der Verwendung dieser Studien für die internationale Zusammenarbeit mit den damaligen Partnern der DDR waren Wertungen und Vergleiche nicht Bestandteil der Aufgabe.
Mit der Zusammenfassung von sechs Studien in dieser Broschüre wurde der Versuch unternommen, eine Übersicht über die beruflichen Bildungssysteme einer Region vorzulegen, in der die DDR viele Jahre im Rahmen von Kulturabkommen Berufsbildungshilfe leistete und die nach der Wende für die Entwicklungspolitik der Bundesrepublik nicht ohne Bedeutung ist.
Der interessierte Leser wird feststellen, daß der Informationsgehalt zu den einzelnen Berufsbildungssystemen recht unterschiedlich ist, aber alle Systeme mehr oder weniger eine Nähe zum ehemaligen sowjetischen Bildungssystem zeigen. Schwierigkeiten beim Aufbau des allgemeinbildenden Schulsystems haben zwangsläufig Auswirkungen auf den Aufbau der beruflichen Ausbildung. Das bedeutet, daß diese auch in einem Land wie China noch immer das schwächste Glied im Bildungssystem ist. Vietnam als das ehemalige "Bildungsvorbild" für Laos und Kambodscha mußte seine Vorreiterrolle aufgeben und kämpft mit einem Abgleiten seiner Berufsausbildung. In Kambodscha ist noch immer keine minimale allgemeine und berufliche Grundbildung garantiert. Die Mongolei ist auf dem Weg zu einer eigenen national orientierten Berufsbildungspolitik, und Nord- und Südkorea werden vielleicht in nicht allzu ferner Zeit vor den Problemen des Zusammenführens zweier unterschiedlicher Bildungssysteme stehen.

Zu beziehen durch:

Institut für Asienkunde
Rothenbaumchaussee 32
W-2000 Hamburg 13
Tel.: (040) 44 30 01-03
Fax: (040) 410 79 45